Das andere Amerika

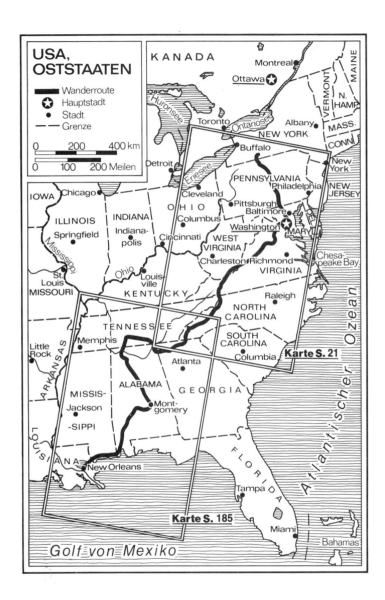

Peter Jenkins

Das andere Amerika

Zu Fuß durch
die Vereinigten Staaten

Peter Jenkins' Reise zu Fuß durch die USA liegt schon fast 20 Jahre zurück. Sicherlich haben einige der Ortschaften und Städte sich verändert, doch die Menschen, die große Weite und die ungestörte, grandiose Landschaft in den geschützten Regionen sind die gleichen geblieben.

Die Deutsche Bibliothek – CIP-Einheitsaufnahme
Ein Titeldatensatz für diese Publikation ist bei
der Deutschen Bibliothek erhältlich

REISEN · MENSCHEN · ABENTEUER
4. überarbeitete Auflage 2000
Sierra bei Frederking & Thaler Verlag, München
in der Verlagsgruppe Bertelsmann GmbH
www.frederking-und-thaler.de
Alle Rechte vorbehalten
© 1989 Frederking & Thaler GmbH, München
© 1979 William Morris Inc., N.Y.
Titel der Originalausgabe: „A walk across America"
Titelfoto: Mauritius Bildagentur, Mittenwald/Cosmo
Fotos: Peter Jenkins, Charles Clark (1), Scott V. P. Jenkins (1),
Martin Rogers (4), James Vright (1)
Karten: Gert Köhler, München
Infos: Christof Eckardt
Lektorat der überarbeiteten Auflage: Susanne Härtel, München
Umschlaggestaltung: Atelier Bachmann & Seidel, Altötting
Produktion: Sebastian Strohmaier, München
Papier: Das Papier wurde aus chlorfrei gebleichtem Zellstoff hergestellt
ISBN 3-89405-019-5
Printed in Germany

Inhalt

Gespräche am Ofen	7
Mount California	12
Es wird ernst	20
Thanksgiving und fünf rote Äpfel	30
Homers Berg	46
Mein Code	67
Fünfzehn Riesen-Hamburger	72
Auf neuen Wegen ins neue Jahr	78
Der große, schwarze Schatten	91
Sterbenskrank	94
Spießrutenlaufen	99
Meine neue Familie	106
Im Sägewerk	134
Unter gefährlichem Verdacht	142
Der Schweinestall	153
Der Wirbelsturm	158
Wiedersehen und Abschied	167
Die blauäugige Dogge	184
Auf der Farm	195
Ein Waldspaziergang	215
Leb wohl, Cooper!	220

Alabama ist ganz anders	226
Eingekreist!	235
Gouverneur Wallace	243
Miss Margaret und M. C.	252
Baumdoktor in Mobile	261
Die Erweckung	267
Am Golf von Mexiko	277
Infos	281

Gespräche am Ofen

„Du bleibst hier, mein Sohn! In diesem Schneesturm gehst du nirgendwohin! Setz dich, aber sofort!" Der riesige Mann hatte sich drohend vor der Tür des kleinen Dorfladens aufgebaut. Die Hitze des Ofens hatte mich aufgetaut, und ich wollte mich gerade wieder auf die Socken machen, aber dieser Kerl war so rund wie der Ofen und so stämmig wie eine alte Eiche, und sein strenger, böser Gesichtsausdruck hätte wohl auch ein wütendes Nashorn zum Stehen gebracht. Ich wollte nicht diskutieren und keinen Ärger machen, also nahm ich meinen Rucksack wieder ab und hoffte, daß sich der Mann wieder beruhigen würde.

Ich lehnte den Rucksack gegen eine Kiste mit Schweinefutter und setzte mich neben einen Farmer in einem abgetragenen Overall. Zu meiner Rechten saß ein Mann, der, genau wie ich, gar nicht so recht in diese Versammlung von Bauern paßte. Der weißhaarige Herr sah aus wie ein Gelehrter, trug einen neuen, blauen Overall, hatte eine goldgefaßte Brille mit scharfen Gläsern auf der Nase und große, weiche Hände.

Neben dem weißhaarigen Mann saß ein Bursche Anfang Zwanzig, also ungefähr in meinem Alter. Er hatte eine imprägnierte Armeejacke an, und sein Haar, viel zu lang für diese ländliche Gegend, quoll unter einer gelbgrünen Baseball-Mütze hervor. Die abgenutzten schwarzen Stiefel mit den Militärgamaschen sagten mir, daß er kürzlich erst aus Vietnam zurückgekommen sein mußte. Neben dem ehemaligen Vietnam-Soldaten hockte sein kleiner Sohn und starrte meinen goldfarbenen Rucksack an.

Der Mann, der mich angebrüllt hatte, kam jetzt auch zu uns

herüber, die wir rund um den warmen Ofen saßen, auf dem ein Topf stand.

„Glaubst du wirklich, du kannst da draußen in diesem Schneesturm herumlaufen?" schimpfte er in einem breiten Dialekt. „Es liegt schon ein halber Meter Schnee, und es ist kein Ende in Sicht! Bist du verrückt?"

„Na, beruhigen Sie sich doch, Tommy", sagte der weißhaarige Herr sanft, „vielleicht hat der Bursche einen guten Grund, in diesem gottverdammten Wetter herumzulaufen."

„Doc", brüllte Tommy, „ich konnte heut früh kaum meine Kühe füttern, so schlimm war dieses Sauwetter. Warum, zum Teufel, glauben Sie, hänge ich hier noch rum? Dieser Bursche muß übergeschnappt sein."

„Tommy", sagte der Doktor, „warum sind Sie nicht mal für einen Augenblick still, damit ich den Burschen selbst fragen kann."

Jetzt geht das wieder los, seufzte ich innerlich. Zum hundertsten Male soll ich nun die Frage beantworten, warum ich zu Fuß durch Amerika wandere. Nicht, daß ich nicht darüber sprechen oder keine Fragen beantworten wollte. Aber ich wußte es ja wirklich selbst nicht genau, warum ich das machte. Ich holte tief Luft. „Also, mein Name ist Peter Jenkins, und ich gehe zu Fuß durch Amerika. Gestartet bin ich im Oktober oben im Staate New York, und nun will ich hinunter in den Süden und dann hinüber zur Westküste."

Der Doktor machte ein Gesicht, als hätte er statt der erwarteten Zwillinge Fünflinge ans Licht der Welt gebracht.

„Warum, in Gottes Namen", platzte er heraus, „warum tun Sie denn das?"

„Um das Land kennenzulernen!"

Der Doktor starrte mich an.

„Und wie sieht's aus?" fragte er.

„Wissen Sie, Doc, immer besser. Von Tag zu Tag besser."

Tommy war auf und ab gegangen. Er schwieg jetzt und dachte offensichtlich angestrengt nach. Dann brach er ein Stück Tabak ab und begann zu kauen. „Hör mal zu, Pete, du könntest doch bei uns übernachten, ha? Meine Frau backt dir einen Haufen Brötchen und brät dir ein prima Steak."

Er wollte mich immer noch vor dem gräßlichen Sturm bewahren und lockte mit einer Versuchung, der ich kaum widerstehen konnte. Es fiel mir schwer, auf die heißen Brötchen zu verzichten, aber ich lehnte seine Einladung ab. Diesmal stand er mir nicht im Weg, als ich zu meinem Rucksack hinüberging, den ich vorher mit Einkäufen für die nächsten Tage vollgestopft hatte. Er griff zu und stemmte mit einem Stöhnen den über einen halben Zentner wiegenden Rucksack auf meinen Rücken.

„Donnerwetter", staunte er, „den kann ich ja kaum hochheben! Dauernd dieses Ding zu schleppen, muß ja härter sein, als an einem heißen Sommertag Heuballen aufzuladen." Er spuckte den Tabaksaft zielsicher in einen Napf. „Pete, du bist in Ordnung!"

Ich öffnete die eisbedeckte Tür und pfiff nach Cooper. O ja, Cooper! Mein Hund, mein Freund. Von der Rasse der Malamutes aus Alaska. Ich pfiff, aber zum erstenmal erschien er nicht sofort. Das kam mir komisch vor, denn Cooper wartete immer auf mich, ganz gleich, wie lange ich weg war.

Aber diesmal war er nirgends zu sehen. Ich pfiff, so laut ich konnte, und schrie: „Cooper! Komm hierher, wir wollen weitergehen!"

Links von mir sah ich plötzlich einen explodierenden Haufen Schnee. Und mittendrin steckte der grinsende Cooper. Er kam angetobt und sprang mit solcher Wucht an mir hoch, daß es mich über einen Meter zurückwarf. Ich wäre umgefallen, wenn der alte Tommy nicht hinter mir gestanden hätte. So prallte ich von ihm ab.

Was dann passierte, gehörte zu den schönsten Augenblicken

Cooper liebte den Schnee

auf unserer ganzen langen Wanderung. Ich hatte mich beim Zusammenprall um die eigene Achse gedreht und stand nun all diesen einfachen Leuten gegenüber, die mir in diesem eisigen, wirbelnden Schnee auf Wiedersehen sagen wollten.

Zuerst kam der kleine Bub und schenkte mir eine Tafel Schokolade, die ihm sein Vater gekauft hatte. Dann bewunderte der Doktor die gewaltigen Ausmaße von Cooper und sagte frierend: „Ich denke, ich brauche mir keine Sorgen um Sie zu machen, wenn so jemand auf Sie aufpaßt." Er schwieg einen Augenblick und fuhr dann fort: „Was wir da drin im Laden gesagt haben, das war bloß, weil wir besorgt waren."

Der kleine, dürre Farmer in seinem alten Overall, der bisher kein Wort gesagt hatte, kam zu mir herüber, drückte mir die Hand und steckte mir eine Fünf-Dollar-Note zu. „Das können Sie sicher mal brauchen. Bitte, nehmen Sie das Geld." Ich war so verblüfft, daß ich kein Wort herausbrachte. Aber das brauchte ich auch nicht.

Alle winkten uns nach, als Cooper und ich hinaus in die weiße Wildnis stapften. Nun gehörte die Straße und die Welt nur uns ganz allein.

Der Schnee fiel in großen, schweren Flocken aus dem grauen Himmel herunter. Cooper liebte den Schnee, und ich liebte Cooper. Für die meisten Leute war er wahrscheinlich nur irgendein Hund, aber für mich war Cooper mein bester Freund und mein ständiger Begleiter und Kamerad. Er war fast schon so etwas wie mein Kind, denn ich kannte ihn, seit er ein hilfloses, fünf Wochen altes Hundebaby gewesen war und mit seinem schlüpfrigen Fell eher wie ein Seehund ausgesehen hatte. Jetzt war Cooper über zwei Jahre alt und eines der schönsten Tiere, das ich je gesehen habe. Sein dickes Fell glänzte, und sein muskulöser Körper hatte eine perfekte Form.

Wenn Cooper in einen Raum voller Menschen kam, oder wenn er sich geschickt durch einen Wald voller Tiere bewegte, dann hatte er das Auftreten eines Königs. Er war ein Kraftbündel von fast einem Zentner Gewicht, und mit seinen schnellen Reflexen konnte er jedes Tier jagen und erlegen, das er aufspürte.

Cooper und ich bewegten uns mühelos vorwärts, und ich war dankbar für das körperliche Training, das wir auf uns genommen hatten, bevor wir im Bundesstaat New York gestartet waren. Dieser unser Fußmarsch durch Amerika war nämlich nicht etwa einer plötzlichen Laune entsprungen, war kein momentaner Einfall oder ein Spleen, den man von einer Sekunde auf die andere im Kopf hat. Ich habe keineswegs ein Bündel Unterwäsche, ein paar Socken und Kleidungsstücke in meinen Rucksack gestopft, nach Cooper gepfiffen und bin dann losgegangen. Nein, dieser Marsch war das Ergebnis einer langen inneren Auseinandersetzung.

Mount California

Ich werde nie den Tag vergessen, als ich die Entscheidung darüber traf, was Cooper und ich in Zukunft tun würden. Es war an einem heißen Sommertag im Jahr 1973, kurz nach meinem Abschluß an der Alfred-Universität. Auf dem Heimweg von meinem Arbeitsplatz als Assistent in der Uni sah ich, wie Stu Wigent, der Wachmann der Universität, die Türen überprüfte. Stu sah immer sauber und gepflegt aus, und seine körperliche Verfassung war erstaunlich gut für einen über Sechzigjährigen. An seiner blauen Uniform hatte noch nie jemand auch nur den kleinsten Riß bemerkt, er hielt sich aufrecht und gerade wie ein Ausbilder bei der Armee. Der Glanz seiner Knöpfe und Abzeichen wetteiferte mit dem der Sonne.

Stu und ich waren während meines vierjährigen Studiums an der Alfred-Universität gute Freunde gewesen. Wenn ich nachts in meiner Bude arbeitete, war er oft heraufgekommen und hatte mir Geschichten aus seinem abwechslungsreichen und faszinierenden Leben erzählt. Von ihm lernte ich genausoviel wie von meinen Professoren.

An diesem bestimmten Tag herrschte eine drückende Schwüle, wie sie so typisch ist für den Sommer im Bundesstaat New York. Als ich Stu an den Türen sah, rief ich hinüber: „He, Stu! Wie geht es denn so?"

Er winkte mich zu sich heran. „Komm, wir gehen ins Büro. Ich wollte sowieso gerade mein Abendbrot essen."

Im Büro machten wir es uns bequem, und er angelte nach seiner Lunchbox, die ihn, wie er mir mal erzählt hatte, über Millionen von Meilen begleitet hatte, als er noch Lastwagen gefahren hatte.

„Pete", sagte er und griff nach einem mit Fleisch belegten Sandwich, „was tust du eigentlich noch hier in Alfred?"

Seine Frage war mir ziemlich peinlich, und ich schämte mich auch ein bißchen. „Also, Stu, meine Frau und ich...", ich räusperte mich, „also wir haben uns getrennt, und ich will aus diesem gottverlassenen Land abhauen und irgendwo neu anfangen." Zum Schluß war meine Stimme ein wenig fester geworden. Und ehe er überhaupt reagieren konnte, brach es aus mir heraus: „Hör mal, Stu, du weißt doch, in was für einem erbärmlichen und bemitleidenswerten Zustand dieses Land ist. Wo meinst du, soll ich hingehen?"

Er hörte auf zu kauen, und sein Gesicht lief rot an. Ich wußte, daß ich etwas gesagt hatte, was ihn furchtbar ärgerte.

„Jetzt hör mir mal gut zu, Pete", sagte er grimmig, „ich bin nicht dein Vater, und die Sache mit deiner Frau geht mich nichts an. Aber ich muß dir doch ein paar Dinge sagen, bevor du dich irgendwohin verdrückst."

Ganz gegen seine Gewohnheit nahm er einen großen Schluck Kaffee und fuhr fort: „Was weißt du schon? Du bist ja noch nicht einmal ganz trocken hinter den Ohren. Diese ganzen Krawalle, die hier bei uns passieren? Gut, es gibt sie, aber ist das vielleicht was Neues?" Er funkelte mich an wie ein Preisboxer und schüttelte den Kopf. „Nein, mein Herr. Das gibt es seit Tausenden von Jahren, und früher war's vielleicht noch schlimmer. Peter, du solltest aufhören, diesen superschlauen Leuten vom Fernsehen und von den Zeitungen zu glauben, und auch nicht mehr diesen Verrückten zuhören, die dieses Zeug produzieren, das sie Musik nennen."

Er lehnte sich nach vorne und stützte sich mit verschränkten Händen auf. „Wenn ihr Studenten aus diesem Land abhauen oder es niederbrennen wollt, dann solltet ihr euch das zweimal überlegen. Wenn du gehen willst, dann geh, aber es ist deine verdammte Pflicht, erst mal diesem Land eine Chance zu geben! Es ist, verdammt noch mal, das großartigste Land auf der ganzen Welt, und wenn du mir nicht glaubst, dann überzeug dich selbst."

Natürlich glaubte ich nicht, was er über die Großartigkeit Amerikas sagte, aber die Art wie er es sagte, beeindruckte mich sehr.

Es klang nicht so wie eine der Reden von Richard Nixon, unserem Präsidenten, oder wie all dieses doppelzüngige Zeug über den Krieg in Vietnam. Als Stu sein Abendessen beendet hatte, schwirrte mir der Kopf von Hunderten von Fragen.

Zu Hause rief ich Cooper und machte mit ihm einen langen Spaziergang, um meine Gedanken zu ordnen. Stus Worte wirbelten mir im Kopf herum, kamen und gingen wie eine Neonlichtreklame, die sich an- und ausschaltet. Nach fünf oder sechs Meilen hatten sie sich in meinem sturen Schädel geklärt. Ich traf eine Entscheidung. Cooper und ich würden die Vereinigten Staaten von Amerika zu Fuß durchwandern. Das war's! Wir würden diesem Land eine letzte Chance geben, und diesmal wollte ich Stus Rat folgen und mir eine eigene Meinung bilden.

Die ganze Nacht lag ich unter einem dünnen, weißen Laken. Aber das nützte nicht viel. Ich schwitzte, warf mich von einer Seite auf die andere und verdrehte das Laken zu einem dicken, harten Knoten, während ich unentwegt nachdachte und grübelte. Ich überlegte, wie es wohl war, wenn man das Land zu Fuß durchquerte. Würde ich das schaffen? War ich nicht schon verrückt, wenn ich überhaupt mit diesem Gedanken spielte? Was müßte ich alles mitnehmen? Würde Cooper durchhalten? Die ganze Nacht über jagten mir solche Gedanken durch den Kopf. Und sie beschäftigten mich, bis der Tag heraufdämmerte. Endlich, als die Vögel schon mit voller Lautstärke sangen, fiel ich in einen tiefen Schlaf. Mein letzter bewußter Gedanke war, daß ich eine Kondition brauchte wie nie zuvor in meinem ganzen Leben!

Diesmal würde das Training nicht so harmlos wie auf dem College sein. Diesmal würden Leben und Überleben davon abhängen, wie gut ich in Form war. Das war nicht wie ein Training für die Olympischen Spiele oder für eine Ringer-Saison, denn ich konnte ja nicht jeden Tag ein paar Stunden durch Amerika wandern, mich dann unter eine warme Dusche stellen und anschließend Mutters gutes Essen und mein weiches Bett genießen.

Wenn ich wirklich dieses ganze Land durchwandern wollte, dann mußte ich so trainieren, daß mein Körper Tag und Nacht, über endlose Wochen und Monate, gewaltige, fast übermenschliche Strapazen aushalten konnte. Ich kam mir vor, als würde ich mich auf einen Krieg vorbereiten, und sonderbarerweise versetzte mich das in eine prickelnde Stimmung. Natürlich fand auch Cooper die Idee ganz hervorragend!

Am nächsten Morgen rannte ich mit neuem Schwung die 400 Meter zur Universität. Zuerst richtete ich es so ein, daß ich jetzt von acht bis zwölf Uhr arbeiten konnte. So blieb mir genügend Zeit, von mittags bis zum Einbruch der Dunkelheit für mein großes Vorhaben zu trainieren. Ich ging zu dem Leichtathletik-Trainer Cliff Dubriel und bat ihn um ein paar Tips.

Coach Dubriel hielt mir einen kleinen Vortrag. „Zuerst mußt du dir draußen in den Bergen eine Laufstrecke quer durchs Gelände suchen, Pete. Dann testest du, wie lange du brauchst. Zuerst wirst du abwechselnd rennen und gehen. Trainier jeden Tag, bis du die ganze Strecke ohne Pause in einem schnellen Lauftempo schaffst. Such dir keine Strecke aus, die zu lang und zu bergig ist, sonst verlierst du den Mut. Nach ein paar Tagen hast du deine wahrscheinlich wichtigste Lektion gelernt: Niemals aufgeben! Jeder Muskel, jeder Knochen, jedes Gelenk wird dir so weh tun, als ob sie durch einen Fleischwolf gedreht worden sind. Du mußt unbedingt lernen, die Qualen und Schmerzen auszuhalten und durchzustehen. Gelingt es dir nicht, den Schmerz zu besiegen, dann schaffst du es nie."

Ich bekam von ihm ein Paar spezielle Laufschuhe für den Langstreckenlauf und einen freundlichen Klaps auf die Schulter. „Ich bin überzeugt, daß du es schaffst, Pete! Komm immer wieder mal her und erzähl mir, wie's dir geht, okay?"

Nach diesem Gespräch hatte ich das Gefühl, daß dieser Fußmarsch durch Amerika tatsächlich zu verwirklichen war. Dubriel hatte mich davon überzeugt, daß ich es tatsächlich schaffen könnte, wenn ich nur hart genug trainierte.

Ich pfiff nach meinem besten Freund, und Cooper kam hereingetrottet. Er sah aus wie ein nasser Büffel, dick und über und über bedeckt mit diesen grünen Sommer-Algen, die in den seichten Bächen und in den kleinen Teichen wachsen. Nachdem jetzt feststand, daß wir die große Wanderung wagen würden, sah ich Cooper mit anderen Augen an.

„Cooper", sagte ich streng, „du bist fett!" Mißbilligend schüttelte ich den Kopf. „Los jetzt, mein Freund, wir suchen uns eine schöne Rennstrecke von sechs oder sieben Meilen und bringen uns in Form. Ich glaube, du hast es viel nötiger als ich."

Ich stemmte die Hände in die Hüften und sah auf sein ziemlich desinteressiertes Gesicht hinunter. „Gut, wenn du lieber weiter so herumfaulenzen willst, dann laß ich dich eben hier, du fetter, fauler Malamute!"

Ich schüttelte seinen jetzt weit über hundert Pfund schweren Körper von meinen nun ebenfalls grün gewordenen Füßen und ging auf den höchsten Hügel zu. Cooper erhob sich langsam wie ein gichtkranker alter Mann und folgte mir widerwillig.

Bis zum Fuße des Hügels war es etwa eine Meile (1 Meile = 1,6 km), und von hier unten sah es aus, als könnte man nie und nimmer hinaufgehen, geschweige denn rennen. Aber wir schleppten uns tatsächlich bis ganz nach oben, standen dann neben dem kleinen Fernsehturm und blickten hinunter auf das Städtchen Alfred. Nach zwei Meilen Fußmarsch im Sommer hatte ich nur noch einen Wunsch: heimgehen und schlafen! Aber inzwischen rannte Cooper mit hängender Zunge durch die braunen Felder, wie ein Wolf, der eine Woche lang einen Elchbullen gejagt hatte. Cooper war nun voller unerschöpflicher Energie, und nichts hätte ihn dazu gebracht, heimzugehen. Und so folgte ich ihm weitere vier, fünf Meilen über die Hügel, wobei unser überflüssiges Fett dahinschmolz und die Muskeln wuchsen.

Cooper verlor ungefähr fünf Pfund auf dieser Vier-Stunden-Tour, die dann unsere Trainingsstrecke wurde, welche es zu besiegen galt. Die Strecke ergab ein Viereck, das aus einer besseren Straße bestand, durch sehr spärlich besiedeltes Bauernland, aber an vielen herrlichen Weiden vorbeiführte.

Der mörderische Berg ließ mich alles vergessen, was mich in den letzten Monaten beschäftigt und gequält hatte. Er brachte mich fast um, und ich wünschte, ich wäre nie geboren worden. Ihn zu besiegen, zu erobern, wurde zu einer Zwangsvorstellung, zu einer brennenden Leidenschaft, denn es schien genauso unmöglich, wie das Empire State Building zu überspringen.

Von unserem Training hingen Leben und Überleben auf unserer Wanderung ab

Aber uns war auch klar, wenn wir bis zum Herbst nicht auf diesen Mörder-Berg hinaufrennen konnten, würden wir niemals unseren Marsch durch dieses weite, endlose Land schaffen. Wir nannten ihn Mount California, den Berg Kalifornien, nach dem Ziel unserer Wanderung.

Es war am 2. August, an einem schwülwarmen Donnerstag, als Cooper und ich den Gipfel des Mount California im Dauerlauf erreichten. Die letzten hundert Meter taten so weh, als ob ich auf eine explodierende Handgranate gefallen wäre. Aber ich hielt durch. Natürlich hatte Cooper überhaupt keine Schwierigkeiten, auf diesen Berg hinaufzurennen. Was das Ganze sollte, verstand er nicht, aber die unverhoffte Belohnung, die uns an diesem herrlichen Sommertag erwartete, begriff er sofort.

Da lag *das* perfekte, bislang unentdeckte Schwimmbad, das sich ein Mann und ein Hund nur vorstellen konnten. Das Wasser des kleinen Sees war tief, kühl und klar. In vollem Tempo stürzten wir uns kopfüber in das erfrischende Naß. Ich schwamm zum anderen Ende des Teiches, wobei Cooper versuchte, neben mir zu bleiben. Gewöhnlich endete das damit, daß er mit dem Schwimmen aufhörte und es sich auf meinem sonnenverbrannten Rücken bequem machte, und es machte ihm gar nichts aus, wenn mir seine Krallen die Haut zerkratzten. Es ist wahr, mein Freund Cooper folgte mir zu Lande und zu Wasser.

An diesem siegreichen Augusttag schwammen wir besonders lange, ehe wir heimgingen. Nachdem der Mount California bezwungen war, wußte ich nun, daß wir den Marsch durch das ganze Land schaffen würden. Auf dem Heimweg, den uns ein wunderbarer Sonnenuntergang verschönte, beschloß ich, daß wir am 15. Oktober 1973 zu unserer großen Reise aufbrechen würden.

Ich hatte mir vorgenommen, ein paar hundert Dollar in Reiseschecks mitzunehmen, und immer nur sehr wenig Bargeld bei mir zu haben. Ich wollte das Geld, das Cooper und ich brauchten, unterwegs verdienen. Zu Hause anrufen und um Hilfe bitten, das kam nicht in Frage. Ich würde das nur ein einziges Mal, unter ganz besonderen Umständen, tun. Wenn das Geld knapp wurde, wollte ich mir einen Job suchen und dann so lange an diesem Ort bleiben, bis ich genug Geld für die Weiterreise verdient hatte.

Was brauchte ich noch, um mich unterwegs wie zu Hause zu fühlen? Mein neuer, goldfarbener Rucksack faßte über siebzig Pfund. Natürlich konnte ich nicht mit dem üblichen Gepäck auf diese große Fahrt gehen, mit einem Kleidersack oder einem riesigen Koffer. Was ich so bei mir hatte, würde ja nicht in dem Kofferraum eines geräumigen amerikanischen Autos befördert oder von fleißigen Kamelen getragen werden, sondern mein Rücken war dazu ausersehen, und mir war klar, daß meine Ausrüstung genauso „zusammenschmelzen" müßte wie mein verweichlichter Körper im harten Training, wo ich 20 Pfund verloren hatte.

Ich schaffte es tatsächlich, mein Gepäck ziemlich klein zu halten. Einige Paar dicke Socken, damit es meine armen Füße wenigstens einigermaßen bequem hatten, eine Menge Baumwoll-Unterwäsche, ein paar dickere T-Shirts, vier flotte Turnhosen in Grün und Purpurfarben, lange Trainingshosen für die kalten Nächte und Bluejeans. Kein Amerikaner, der seine fünf Sinne beeinander hat, würde auch nur im Traum daran denken, ohne Bluejeans durch Amerika zu wandern!

Es wird ernst

In der Nacht zum 15. Oktober leuchteten die Bäume unter einem klaren Himmel im bläulichen Mondlicht. Es war unsere letzte Nacht in den sicheren Armen der Zivilisation. Eine große

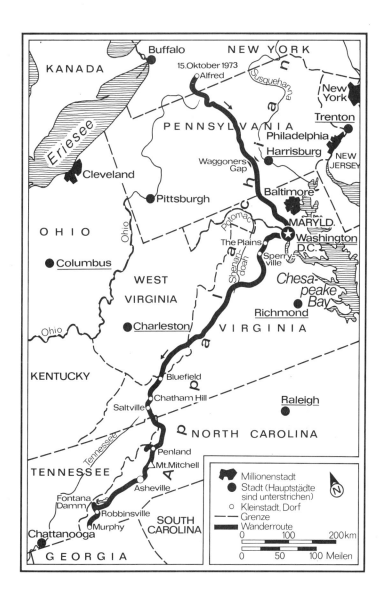

Aufregung hatte mich gepackt: Es war soweit!

Der Morgen kam, und ich kann mich nicht mehr erinnern, ob ich nun geschlafen hatte oder nicht. Cooper hatte im Haus schlafen müssen, damit ich sicher war, daß er sich nicht mit einer seiner vielen Freundinnen aus dem Staube machte. Voller Erwartung zogen wir los, hinein in einen herrlichen, in allen Farben glänzenden Herbsttag. Ungefähr fünfzig Leute hatten sich eingefunden, um uns Lebewohl zu sagen. Natürlich waren auch Coopers viele Freunde und Freundinnen erschienen. Fragen Sie mich nicht, woher Coopers Herzallerliebste wußte, daß es losging. Aber da war sie, die kleine, mollige Labradorhündin mit Namen Satch.

Der erste Tag in Begleitung der vielen Freunde verging schnell und voller Aufregungen. Ich war ja diesen Freunden dankbar, die den ersten Tag mit uns zusammen verbrachten, aber ich war auch froh, als sie uns am Abend verließen. Schließlich unternahmen wir ja diese Reise, um allein zu sein.

In der ersten Nacht blieben nur mein jüngerer Bruder Scott, der im zweiten Semester an der Universität studierte, und ein Freund von ihm namens Charlie bei Cooper und mir. Wir schliefen wie die Könige in dem weichen Bett aus Tannennadeln in der Nähe eines klaren Baches, der aus den Appalachen herunterfloß. Mein neuer Wecker, die Sonne, weckte uns am nächsten Morgen mit ihren wärmenden Strahlen, die durch die Zweige der riesigen Kiefern, Fichten und Tannen fielen. Scott und Charlie verabschiedeten sich, noch ehe ich mein blaugoldenes Zelt abgebaut hatte. Cooper und ich waren jetzt allein. Der gewaltige Fußmarsch hatte begonnen.

Cooper, der unsere Einsamkeit spürte, kam zu mir und leckte meine Hand, während ich unsere Sachen zusammenpackte. Ich warf den Rucksack über die Schultern, und wir gingen am Fluß entlang, auf die Pennsylvania-Route 449 zu, in Richtung auf den gewaltigen Golf von Mexiko. Endlich war ich allein. Keine

Eltern, keine Freunde, keine Frauen, keine Lehrer, keine Chefs. Dieses überwältigende Gefühl von Freiheit war völlig neu für mich. Nur ich und Cooper, die Wälder und die Tiere.

Während wir bar aller Sorgen auf der nur mäßig befahrenen Straße dahinwanderten, gab ich mir das Versprechen, mich immer an zwei Gesetze zu halten. Das erste stammt von den Sioux-Indianern: „Mit allen Lebewesen und allen Sachen sollen wir umgehen wie mit Verwandten!" Das zweite hatte ich während meines Trainings aufgestellt, wo ich viele Schlafplätze von Rotwild gesehen hatte. Dieses Gesetz lautete so: „Jeden Morgen wollen wir unseren Lagerplatz so verlassen, wie es ein Reh oder ein Hirsch tun würde. Höchstens ein paar hundert niedergedrückte Grashalme sollen noch davon künden, daß wir hier gewesen sind."

Die ersten rund zehn Tage unseres Marsches verliefen unter einem Motto, das ich mein „schweres Kreuz" nannte. Es ist eine Sache, pro Tag sieben oder acht Meilen ohne Rucksack zu rennen, aber eine ganz andere, zu Fuß mit dem Rucksack durch Amerika zu wandern. Ich bildete mir ein, daß wir den Marsch durch dieses gewaltige Land schaffen könnten, wenn wir die 475 Meilen zur Hauptstadt Washington ohne Probleme bewältigen würden. Wenn nicht, dann würde ich eben meine Familie in Connecticut anrufen und nach Hause gehen. Immer wieder betrachtete ich ängstlich die Landkarte der Vereinigten Staaten, und jedesmal überkam mich ein Gefühl der Hilflosigkeit, so als sollte ich in meiner Garage ein Raumfahrzeug für die Landung auf dem Mond bauen.

Vor allem wollte ich ja bodenständige Menschen kennenlernen, wollte herausfinden, wie sie waren, wie sie lebten, wie sie arbeiteten, um ihren Lebensunterhalt zu verdienen. Das alles konnte ich nicht in Touristen-Hotels oder Feriendörfern erfahren, denn die Menschen, die mich interessierten, lebten und wohnten ganz woanders. Außerdem würde man es sicher nicht gerne sehen, wenn Cooper auf den breiten Doppelbetten in den Hotels oder Motels schlief. Nein, wir wollten die Welt, die wir durchwanderten, mit den Menschen, die darin zu Hause waren, mit allen Fasern kennenlernen und erleben.

Vielleicht klingt das ein bißchen hochtrabend, aber so in etwa könnte man den Sinn unseres Fußmarsches beschreiben. Doch zunächst einmal galt es, Washington zu erreichen. Und diese Stadt war noch ganz schön weit weg. Wir tauchten ein in die friedlichen Wälder und Täler von Pennsylvania mit seinen Farmen. Als die wirklich harten Tage vorbei waren, fühlte ich mich innerlich wie gereinigt. Es war, als ob die klaren Flüsse und die zarten Wolken meine Seele gewaschen hätten, und ich sah die Welt nun mit ganz anderen Augen. Ich war bereit, sie zu bestaunen und sie in mich aufzunehmen.

Cooper genoß sein junges Leben in vollen Zügen. Während unseres Trainings hatte er das Jagen gelernt, und zwar so gut, als hätte es ihm eine kluge, erfahrene Wölfin beigebracht. Unglücklicherweise mußte er heute noch eine harte Prüfung bestehen. Gewöhnlich umkreiste er mich im Höchsttempo in weiten Bögen und ging auf Abenteuer aus, wobei er natürlich doppelt oder dreimal so weit lief wie ich. Einmal hatte er schon einen Schwarm wilder Truthühner in einen kahlen Ahornbaum gejagt und war vor Stolz fast geplatzt. Diesmal verschwand er im dichten Unterholz. Auf der kurvenreichen Pennsylvania-Straße hatte ich ihn bald aus den Augen verloren.

Ich genoß gerade die Stille und das sanfte, morgendliche Gurren der Tauben, da drang ein erschrecktes, klagendes Geheul aus dem Wald vor mir. Es klang nach Cooper, aber ich war mir nicht sicher, denn solche Laute hatte ich noch nie von ihm gehört. Ich warf meinen Rucksack auf den Boden und rannte in den Wald hinein. Da, nach ungefähr 50 Metern entdeckte ich ihn, nur zum Teil sichtbar im dichten Unterholz. Er schlich um

Auf einer Straße in Pennsylvania

irgend etwas herum, es schien, als hätte er ein Waldmurmeltier gestellt, eines seiner liebsten Beutetiere. Ich ging näher hin und sah ein rundliches, sich langsam bewegendes Tier, das bestimmt kein Waldmurmeltier war. Ganz im Gegenteil. Es war ein Stachelschwein!

Dieser verrückte Cooper war übersät mit Stacheln. Sie steckten in seiner Nase, rund um die Augen, in seiner Zunge und überall auf seinem Kopf. Trotzdem versuchte er immer wieder, dieses dumme Stachelschwein zu packen und zu beißen und war fest entschlossen, es zu töten. Wie toll grub er seine Zähne in die Stacheln, und das schauerliche Geheul erscholl von neuem.

Ich warf mich auf ihn, packte ihn und riß ihn zurück, ehe er einen neuen Angriff starten konnte. Er war so besessen von seiner Jagdleidenschaft, daß er mich böse anknurrte, als ich ihn wegzog. Einen Moment lang hatte ich richtige Angst vor ihm. Er versuchte mich abzuschütteln, aber ich hielt ihn fest wie ein Schraubstock.

Bevor das Stachelschwein davonwatschelte wie eine Dreizentnerfrau zum Kaffeeklatsch, schlug es noch mit seinem tödlichen Schwanz nach Cooper und verfehlte uns beide um Haaresbreite. Nun konnte ich Cooper etwas näher untersuchen. Er sah aus wie ein Nadelkissen. Mit aller Gewalt versuchte er, mit seiner Pfote die Stacheln aus seiner Nase und seiner Zunge herauszubringen und stieß sie dabei nur noch tiefer hinein. Ich machte mir große Sorgen, denn wenn die Stacheln zu tief in seinen Körper eindrangen, konnten sie lebenswichtige Organe verletzen.

Während unseres Trainings war uns das schon einmal passiert. Aber damals hatten wir gleich einen Tierarzt aufsuchen können, der Cooper betäubte und ihm die Stacheln entfernte. Ich hatte mir dann von dem Tierarzt Tabletten verschreiben lassen, die Cooper binnen zwei Minuten betäubten. Sie befanden sich in meinem Rucksack.

Ich trug den zappelnden Cooper auf die Straße, wo ich meinen Rucksack abgeworfen hatte. Mit einer Hand hielt ich ihn fest, mit der anderen kramte ich die Pillen aus dem Rucksack und zwang ihn, eine zu schlucken. Zehn ewig lange Minuten vergingen, in denen Cooper sich vor Schmerz immer verrückter aufführte, denn die Stacheln trieben ihn zum Wahnsinn. Die Pille wirkte einfach nicht, so zwang ich ihn, noch zwei weitere zu schlucken. Meine Verzweiflung wuchs, war doch weit und breit keine Hilfe in Sicht. Endlich, nach fünf weiteren teuflischen Minuten, bewegte sich Cooper nicht mehr. Er war betäubt. Aber was sollte ich jetzt tun?

Ein alter, dunkelgrüner Lieferwagen schaukelte gemächlich um die Kurve. Ich rannte auf die Straßenmitte und winkte wild mit beiden Armen. Der Fahrer bremste ab, sah Cooper am Straßenrand liegen und hielt.

„Bitte, helfen Sie uns", sagte ich hastig, fast wie eine Mutter, deren einziges Kind gerade von einem Auto angefahren worden war.

„Was ist denn passiert?" fragte der Mann ruhig, als er die Tür öffnete. Seine Kleidung war voller Holzspäne und Sägemehl. Er beugte sich hinunter zum starr daliegenden Cooper. „Mein Gott, den hat es aber erwischt. Ich hol gleich eine Zange und zieh ihm die Stacheln raus." Er rannte zu seinem Lastwagen, kam zurück und sagte: „Machen Sie sich nur keine Sorgen. Das ist meinen Jagdhunden schon öfter passiert, wie oft weiß ich schon gar nicht mehr. Wissen Sie, ich könnte schon als Zahnarzt arbeiten", fügte er grinsend hinzu. Es kostete diesen ländlichen Samariter über eine halbe Stunde seiner kostbaren Mittagszeit, bis er die widerborstigen Stacheln herausgezogen hatte. Er tat dies so sanft, als entferne er Holzsplitter aus der Hand seiner kleinen Tochter. Die ganze Zeit über kniete ich am Boden und hielt Cooper fest, der rasch wieder zu sich kam. Unser neuer Freund beeilte sich, um mit diesem bärenstarken Hund nicht in noch nähere Berührung zu kommen. Als er den letzten Stachel entfernte, versuchte Cooper seinen verwirrten Kopf zu heben und begann mit seiner Pfote seine durchlöcherte Nase zu betasten.

Der „Zahnarzt" sprang schnell hoch und ging zu seinem Lieferwagen. „Vielen Dank auch", rief ich ihm nach. „Sie wissen gar nicht, was Sie für uns getan haben." Er fuhr weg, ohne ein Wort zu sagen, winkte uns aber noch freundlich zu. Ich hatte nicht einmal Zeit gehabt, ihn nach seinem Namen zu fragen. Aus einem schrecklichen Ereignis war nun ein kleines Wunder geworden. Ein Unbekannter hatte uns selbstlos geholfen. Ich hatte nicht gewußt, daß es so etwas noch gab.

Obwohl Coopers Kopf noch stark geschwollen war, machte er sich schon am Nachmittag wieder auf die Jagd. Aber von nun an hütete er sich davor, jemals wieder einem reizbaren Stachelschwein zu nahe zu kommen.

Als wir in Alfred aufgebrochen waren, hatte ich gehofft, die Strecke bis Washington in zwei Wochen zu schaffen. Cooper und ich legten ein zügiges Tempo vor, die Meilen purzelten nur so dahin. Ohne Mühe legten wir im Schnitt über 30 Meilen am Tag zurück, denn alles was wir wollten, war gehen, gehen und nochmals gehen.

Wie war es nur möglich, daß mein schwerer Rucksack so leicht zu tragen war? Ich spürte ihn kaum. Ob Sie es glauben oder nicht, während des Tages und auch im Mondlicht, kam es mir manchmal so vor, als flöge ich. Diese grenzenlose Freiheit blies uns förmlich auf Washington zu. Nur einmal machten wir einen denkwürdigen Halt, oben auf dem Berg, der Waggoners Gap heißt und dicht bei Carlisle liegt.

Einen Tag verbrachten wir dort zusammen mit unseren fliegenden Kameraden in rund 500 Meter Höhe. Ich lag auf dem harten Felsen und beobachtete die Schwärme von Falken und Habichten, die zu Tausenden über uns hinwegschossen. Auch sie waren frei und segelten durch die Lüfte, ohne ihre stromlinienförmigen Flügel zu bewegen. Sie glitten auf den warmen Luftströmen dahin, die aus den fruchtbaren Tälern zu den Bergen der Appalachen aufstiegen. Die grazilen Bewegungen dieser Vögel verzauberten mich förmlich. Ich lag wie angewachsen auf dem Felsen und beobachtete ihren Flug.

Von dieser Welt waren für mich an jenem stürmischen Tag dort oben auf dem Waggoners Gap nur Cooper und mein Rucksack. Schweren Herzens stiegen wir den Berg hinunter und gingen auf die Landesgrenze von Maryland zu, als zwei Falken auf dieser unsichtbaren Luftströmung an uns vorübersegelten. Da schwor ich mir, daß uns nichts in unserer Freiheit einschränken sollte, während wir durch Amerika wanderten.

Am 16. Tag, am 30. Oktober 1973, waren wir ziemlich nahe an die Hauptstadt herangekommen. Es war ein kühler Dienstag, und unsere Schritte auf dem Highway 97 waren tatsächlich länger geworden. Wir bewegten uns so leicht wie ein Herbstblatt, das zu Boden flattert, und so schnell wie ein Windstoß aus dem Norden. Nach 16 Tagen und ungefähr 475 Meilen kam es mir so vor, als hätten Cooper und ich gerade nur einen Abendspaziergang um den Block gemacht. So leicht war uns alles gefallen, wirklich!

Unsere Generalprobe hatte bewiesen, daß wir die Wanderung durch Amerika wagen konnten. Nachdem ich meinen Termin bei der *National Geographic Society,* für die ich Berichte schreiben und Bilder machen wollte, wahrgenommen hatte, hielt uns nichts mehr in Washington. Ausgerüstet mit einer Kamera, die uns die Gesellschaft zur Verfügung stellte, machten wir uns wieder auf den Weg.

Thanksgiving und fünf rote Äpfel

Als wir Washington verlassen hatten und in Richtung Westen gingen, wurde es immer kälter. Gegen Mittag des zweiten Tages schüttelte mich die Kälte bis auf die Knochen durch. Ich überlegte kurz und beschloß dann, die Route zu ändern und mich nach Süden zu wenden, in wärmere Gefilde. Es tat mir zwar leid, daß ich nun West-Virginia nicht kennenlernen würde, aber ich wollte ja schließlich am Leben bleiben. Cooper wäre natürlich lieber weiter nach Westen gegangen, denn je höher der Schnee lag, um so besser gefiel es ihm.

Wir wanderten also südlich auf den Appalachian Trail zu, dem wir folgen wollten, bis er in Georgia endete. Fünfeinhalb Tage, nachdem wir Washington verlassen hatten, stießen wir in Sperryville (Virginia) auf diesen berühmten Wanderweg. Es war schon dunkel. Der Vollmond schien hell, und so waren die ersten Stunden auf dem holprigen, unebenen Trail nicht ganz so beschwerlich. Nach vier Meilen auf dem jetzt sehr schmalen und felsigen Pfad fanden wir Schutz unter einem Felsvorsprung und verbrachten dort eine kurze, kalte Nacht. Bevor ich in meinen warmen Schlafsack kroch, saßen Cooper und ich noch eine Weile am Rande des Felsens und genossen die vom Mondschein verzauberte Landschaft.

Das Panorama ließ mein Herz höher schlagen, aber instinktiv wußte ich, daß ich die bodenständigen Amerikaner wohl kaum auf diesem wunderschönen Wanderweg kennenlernen würde. So traf ich eine weitere wichtige Entscheidung, eine von jenen vielen, die sich auf den Ausgang unserer Wanderung auswirkten. Cooper und ich würden den vielbegangenen und vielbesungenen Appalachian Trail wieder verlassen.

Auf dem berühmten Wanderweg „Appalachian Trail"

Zwei Tage später bogen wir von dem Wanderweg ab und lenkten unsere Schritte zu einer größeren Stadt, wo ich mir feste Wanderstiefel kaufen konnte. Meine Treter hatten mir zwar von Alfred bis hierher gute Dienste geleistet, aber für das naßkalte Wetter, das uns erwartete, waren sie nicht geeignet. Auf meiner Landkarte war Charlottesville die nächstgelegene Stadt, und so machten wir uns dorthin auf den Weg.

Erfüllt von der Lust am Wandern, zogen wir viele mondbeschienene Nächte mit den schreienden Wildgänsen Richtung Süden. In Charlottesville, einer Universitätsstadt, fanden wir gleich den richtigen Laden, wo es die gewünschten Wanderstiefel gab. Sie waren ganz schön schwer und kosteten mich eine hübsche Summe. Aus Alfred war ich mit 600 Dollar in Reiseschecks abgereist und hatte gehofft, nicht mehr als fünf Dollar pro Tag ausgeben zu müssen, wobei das meiste fürs Essen geplant war. Hoffentlich waren diese Stiefel nun das Teuerste, was ich mir auf der Wanderung kaufen mußte.

Charlottesville ist ein ganz gemütliches Städtchen, aber ich wollte so schnell wie möglich weiter. Im Morgengrauen des nächsten Tages wandten wir uns direkt nach Westen, kehrten rasch in die faszinierenden Appalachen-Berge zurück, wobei ich die neuen Stiefel in kürzester Zeit einlief. Auf der Straße nach Waynesboro bemerkte ich ein kleines Reklameschild, das die Leute ermahnte, dankbar zu sein, da Thanksgiving* und damit der gefüllte Truthahn und andere gute Sachen in Aussicht standen. Aber wir würden ja nichts von dem Fest haben. Cooper und ich würden einsam und allein in den Wäldern sein und um unser Leben fürchten, denn um diese Zeit herum begann die

---

* Thanksgiving Day ist der „Danksagungstag", der bereits 1621 von den Pilgervätern zum Dank für das erste in der Wildnis überstandene Jahr eingeführt wurde. Er wird immer am letzten Donnerstag im November gefeiert. – Anm. d. Red.

Jagd-Saison. Der Gedanke schoß mir durch den Kopf, daß wir beide vielleicht nie mehr ein Thanksgiving erleben würden. Wenn man sich um diese Zeit in den Wäldern herumtreibt, hängt das Leben von einem nervösen Abzugfinger ab. Ich hatte schon die unglaublichsten Geschichten über solche Vorfälle gehört. Jagdlüsterne Kerle hatten schwarzweiße Holsteiner Milchkühe über den Haufen geknallt, weil sie sie für große braune Hirsche gehalten hatten. Oft waren auch schon Menschen zu Schaden gekommen, die irgendwelche Dummköpfe für Wild angesehen hatten. Da konnten mir wohl auch meine teuren Stiefel kaum helfen, rechtzeitig einem todbringenden Geschoß zu entgehen.

Am Tag vor Thanksgiving erreichten wir die östliche Grenze des George-Washington-Nationalparks, nachdem wir die große Ebene, die Buffalo Gap heißt, durchquert hatten. Wir wandten uns nun nach Süden, Richtung Augusta Springs in Virginia. Wir waren ständig auf der Hut, denn die Schießerei war noch in vollem Gange. Am Thanksgiving selbst besuchten wir einen Dorfladen, wo es fast alles zu kaufen gab. Ich schaute mich nach Lebensmitteln um, die Mutters Truthahn und die anderen leckeren Sachen ersetzen mußten. Da waren frische Preiselbeeren, schöne braune Eßkastanien, riesige Süßkartoffeln – überhaupt viele Sachen, die liebevoll an zu Hause erinnerten. Ach was, sagte ich mir, vergiß die verrückten Jäger, kauf alles, was gut aussieht, geh damit in die Wälder und bereite dir und Cooper ein Festmahl. Natürlich müßten wir uns verstecken wie die Hirsche, aber mit Hilfe von Coopers Spürnase würden wir schon den richtigen Platz finden.

Cooper bewachte meinen Rucksack, während ich in der nächsten halben Stunde mein Geld mit vollen Händen zum Fenster hinauswarf. Ich kaufte und kaufte. Orangefarbene riesige Süßkartoffeln, tiefrote Preiselbeeren, richtige Butter – zu Hause gab es bei uns zu Thanksgiving immer nur richtige Butter –, Cheddar-Käse, Äpfel und Eßkastanien. Ich stapelte die

Leckerbissen auf dem abgegriffenen Ladentisch und ging zu meinem Rucksack, um die Schecks herauszuholen. Cooper machte ein fröhliches Gesicht und wedelte heftig mit dem Schwanz. Natürlich, das war ja auch Coopers Thanksgiving. Ich mußte auch für ihn etwas kaufen. So erstand ich für Cooper drei Pfund erstklassiges Hackfleisch vom Rind und eine Menge altbackenes Brot. Fleisch und Brot wollte ich mischen und daraus für meinen Kumpel ein spezielles Festmahl bereiten.

Es dauerte fast noch eine halbe Stunde, bis ich alles in meinem Rucksack verstaut hatte. Der Ladenbesitzer zeigte uns einen Weg, der ungefähr vier Meilen von dem Highway 42 ab in die dichten, mit Herbstblättern übersäten Wälder führte. Anfangs standen die Bäume dicht beieinander, dann entdeckte Cooper einen Erdhügel. Er war einem schmalen Wildwechsel gefolgt, der uns zu unserem feinen „Restaurant" für das Thanksgiving brachte.

Als ich oben ankam, lag Cooper schon gemütlich da und wartete auf den Festschmaus. Sein hungriger Gesichtsausdruck und seine Art, seelenruhig den ganzen Vorbereitungen für das Essen zuzuschauen, erinnerten mich an mich selbst. Genauso hatte ich es immer zu Hause gemacht.

Weil Cooper kein Feuerholz sammeln konnte, mußte ich das machen. Ich richtete auch eine Feuerstelle her und bereitete unser Festessen vor. Als das Feuer aus richtiger Glut bestand, kramte ich mein Aluminium-Kochgeschirr hervor, das ganz unten im Rucksack steckte und in ein Paar saubere Socken eingewickelt war. Zuerst röstete ich die Süßkartoffeln, dann wickelte ich die Kastanien in Folie und legte sie in die Glut. Während sie vor sich hin brutzelten, schälte ich die köstlichen roten und gelben Äpfel, tat sie in meine kleine, geschwärzte Bratpfanne und deckte sie mit einer dicken Schicht Käse zu. Da Preiselbeersauce zu meinen liebsten Leckereien am Thanksgiving gehört, versuchte ich kreativ zu sein, und kochte die

34

In diesem Laden kaufte ich alles für meinen Festschmaus

Preiselbeeren in meinem einzigen Topf, bis sie weich waren. Ich fügte noch Rosinen und Honig dazu, und der königliche Schmaus war fertig. Coopers Essen, seinen „Hamburger-Truthahn", konnte ich nicht ruinieren, denn er fraß es roh. Immerhin mixte ich das alte Brot mit dem rohen Hackfleisch und formte aus der Masse einen roten Truthahn.

Friedlich auf dem Laub ausgestreckt, begannen wir unser langersehntes Mahl. Ich hatte einen flachen Felsen gesäubert und Coopers von mir so herrlich geformten „Truthahn" darauf aufgebaut. Aber ehe ich registrieren konnte, ob er auch für soviel Anstrengung dankbar war, schnappte sich Cooper seinen roten Truthahn und schluckte das vierpfündige Gebilde mit einigen wenigen Bissen hinunter.

Zum erstenmal hatte dieses Thanksgiving eine wirkliche Bedeutung für mich, dort oben auf dem namenlosen Hügel im orangeroten Licht der untergehenden Sonne. Ich streckte mich auf den Blättern lang aus und fühlte mich rundum glücklich und zufrieden. Es war kaum zu glauben, daß man sich allein in einem Wald, nur in der Gesellschaft eines schlafenden Hundes, so gut, so groß, so stark, so innerlich vollkommen glücklich fühlen konnte. Zusammengerollt neben dem Feuer liegend, schlief ich ein. Ein paar Stunden später weckten mich die schaurig klingenden Rufe einer Eule ganz in unserer Nähe. Ich stellte mein Zelt auf und setzte dann meinen unterbrochenen Thanksgiving-Schlaf fort.

Mein Friede wurde durch den Knall einer Jagdflinte abrupt beendet, der durch die stillen morgendlichen Wälder hallte. Hastig baute ich mein Zelt ab und stopfte die Sachen in den Rucksack. Ich machte soviel Lärm wie nur möglich und hielt Cooper fest am Halsband, als wir durch den Wald Richtung Straße zurückgingen. Als wir sie endlich erreicht hatten, tat mir mein Arm höllisch weh, denn es war keine leichte Aufgabe, den starken Cooper festzuhalten. Aber nun konnte er ja endlich wieder frei herumrennen, ohne Gefahr zu laufen, erschossen zu werden.

Am 37. Tag seit unserem Aufbruch in Washington überschritten wir nach einem Abendessen in Bluefield wieder die Grenze zurück nach Virginia. Lag Virginia wirklich so weit südwestlich, mit diesen Bergen, diesen kurvigen Straßen, diesen paar Menschen, mit diesem Schnee, dem schneidenden Wind und der Kälte? Meine Lungen schmerzten von der eisigen Luft, und uns beiden fiel das Atmen schwer. Meine Knochen taten weh, was wahrscheinlich bedeutete, daß sich das Wetter am Abend noch mehr verschlechtern würde. Cooper kümmerte sich nicht darum. Für ihn konnte es gar nicht genug von diesem mörderischen Schnee geben.

Gegen drei oder vier Uhr nachmittags begannen die Schneeflocken langsam und sanft herunterzurieseln. Sie waren so weich, daß sie sich wie feuchte Puderquasten anfühlten, wenn sie auf meinem Gesicht landeten. Und dann, innerhalb einer Stunde, verwandelten sich die zarten Flocken in einen brutalen, grauen Blizzard. Der Schneesturm fuhr mir wie mit Messern über mein bärtiges Gesicht, und ich konnte kaum etwas sehen. Was gerade noch eine lehmfarbene Landschaft gewesen war, wurde nun eine Wüste aus dickem, weißem Pulver. Im Nu war es keine Märchenlandschaft mehr, sondern eine stürmische Hölle. Dennoch blieb ich in dieser arktischen Atmosphäre warm wie ein Kuchen, der gerade aus dem Ofen gezogen wird. Mein einziges Problem mit dem Sturm bestand darin, daß ich keinen Halt oder gar eine Ruhepause einlegen konnte. Hier durfte man nicht, wie wir es in der erfrischenden Kühle des Herbstes getan hatten, ein kleines Nickerchen an einen Baum gelehnt machen oder sich auch nur einen Moment hinsetzen. Bei unserem Marsch durch die weiße Wildnis von Virginia, Tennessee und North Carolina gab es in jenem Winter 1973 nur ein Gesetz: In Bewegung bleiben, immer in Bewegung bleiben! Hier draußen

37

ein gemütliches Lokal zu finden, wo man sich hinsetzen, auftauen und warmes Essen bekommen konnte, war ein Glücksfall und ein Anlaß zum Feiern.

So anstrengend das auch war, ich zog es vor, auch während der Nacht zu marschieren, statt im Schnee zu kampieren. Das alles war ja für mich neu, und ich hatte Angst. Dagegen fühlte sich Cooper wie im Paradies! Dieser Bursche sprang über und in die Schneewehen und schlief gelegentlich sogar darin. Er war richtig verliebt in den Winter, aber ich war unsicher und voller Furcht. Cooper rannte durch die weiße Pracht, pflügte mit der Nase durch den aufgetürmten Schnee wie ein Meeresvogel auf der Jagd nach Fischen. Er liebte es geradezu, wenn seine Nase wie ein Schneeball aussah.

In jener stürmischen Nacht schlug ich mein Zelt zwischen zwei Büschen auf, und der eisige Wind sang mir mein Schlaflied. Es war gar nicht so leicht gewesen, das Zelt aufzustellen. Ich hatte den Boden darunter sorgfältig festtreten müssen, damit der Schnee nicht nachts durch meine Körperwärme schmolz und ich eventuell in meinem nassen Schlafsack erfror. Wie man ein Zelt aufstellt, das war eins der wenigen Dinge, die ich aus einem Buch gelernt hatte. Ich stellte mir vor, daß ich mich während der eisigen Stunden vor dem Einschlafen in einen menschlichen Eiszapfen verwandeln und nie mehr aufwachen würde. Oder ich malte mir aus, wie schön es wäre, nie mehr aus meinem warmen, kuscheligen Daunen-Schlafsack hinauskriechen zu müssen. Aber schließlich schlief ich doch ein.

Als ich morgens erwachte und aus meinem Zelt hinausblinzelte, sah ich einen herrlichen blauen Himmel und darunter etwa zehn Zentimeter reinstes Weiß. Ich war richtig erleichtert, daß aus mir kein menschlicher Eiszapfen geworden war, und am liebsten wäre ich für immer in meinem gemütlichen Schlafsack geblieben. Aber Cooper kratzte an der Zeltleinwand und wollte unbedingt in seine weiße, glitzernde Traumwelt hinaus. Ich öffnete den Reißverschluß, und er sauste hinaus. Er war so aufgeregt wie ein Kind, das zum erstenmal den Nikolaus sieht, und diese Begeisterung wollte er unbedingt mit jemandem teilen. Natürlich war ich diese unglückliche Person. Er tobte ein paar Minuten in dem unberührten Schnee herum, und dann brach er wie ein Unwetter, über und über mit Schnee bedeckt, in das Zelt ein und warf sich liebevoll auf mich drauf.

Als er merkte, daß mir die Wut hochkam, leckte er hingebungsvoll mein Gesicht ab, wobei mir sein morgendlicher Pestatem fast meinen roten Bart versengte. Ich versuchte, mich noch tiefer in meinen Schlafsack zu verkriechen, um seinen nassen und kalten Umarmungen zu entgehen. Cooper rannte wieder hinaus, und ich schloß die Augen, um noch ein bißchen vor mich hin zu dösen. Kaum war ich eingenickt, hatte doch dieser verrückte Cooper die Schnur im Maul, die das Zelt aufrecht hielt. Mit einem mächtigen Ruck riß er das Zelt zu Boden.

Rot vor Wut kroch ich so weit aus meinem Schlafsack hinaus, daß ich mit beiden Händen einen großen, harten Schneeball formen konnte. Als Cooper wieder herankam, zielte ich mit dem Ball auf seinen Kopf und hoffte, daß ich ihn treffen würde. O Gott, was hatte ich da für einen Fehler gemacht! Dieser Schneeball kam ihm gerade recht, machte ihm viel mehr Spaß als jeder gewöhnliche Ball. Von diesem Tag an durfte dieses Schneeballspiel an keinem Wintermorgen mehr fehlen. Es wurde unsere Morgengymnastik, und Cooper machte sie zur Tradition.

Nach dem Schneeballspiel mußte ich mich anziehen, was gar keine leichte Aufgabe war. Ich blieb möglichst lange in dem schützenden Schlafsack, zog zuerst meine Daunenjacke über, holte verschiedene Kleidungsstücke aus der Tiefe des Schlafsakkes, die dort über Nacht warm geblieben waren, und zog dann meine zerknüllten Hosen an, wobei ich sorgfältig darauf achtete, daß kein Körperteil der Kälte ausgesetzt war. Ich kroch erst aus dem Schlafsack, als ich richtig angezogen war. Dann zerrte ich meine stark duftenden weißen Socken über meine kalten Füße, und nun fehlten nur noch die Stiefel. Sie waren gefroren. Der Schweiß vom Vortag hatte sich auf den Innenseiten abgesetzt und war zu Eis erstarrt. Ich zwängte meine armen Füße hinein, und nun begann ein Kampf zwischen dem starren Eis und meinen warmen Füßen. Die Füße siegten, und die steifen Stiefel waren für einen weiteren Wandertag bereit. Nun konnte ich mich vorsichtig wieder in diese kalte Welt hinausbegeben.

Statt einer dampfenden Tasse Kaffee war der Abbau des Zeltes mein Wachmacher. Der hintere Teil des Zeltes, den Cooper bei seinem hinterlistigen Angriff stehengelassen hatte, hing aufgrund des vielen Neuschnees, der darauf lag, durch. Als ich mich hinunterbeugte, um die Stricke von den Zeltstangen zu lösen, hörte ich hinter mir ein leises Geräusch. Ehe ich mich umdrehen konnte, kam der muskelbepackte Cooper schon durch die Luft gesegelt und landete genau auf mir. Sekunden später lagen wir beide auf dem Boden, unter uns das einst steife, kräftige Zelt, flachgedrückt wie eine Flunder. Cooper bellte in höchsten Freudentönen, sprang auf, tollte herum und sauste durch den Schnee wie ein eleganter Seehund im Wasser.

Ich griff wieder in den tiefen Schnee und formte einen Schneeball. Diesmal warf ich so hart wie ein Baseball-Profi, aber Cooper sprang gewandt hoch und fing den Ball mit der Schnauze. Dann kam er zu mir hergelaufen, legte mir die Reste des Schneeballs in die Hand und rannte wieder hinaus in die Schneewüste. Nach zehn oder fünfzehn Metern blieb er stehen, wedelte heftig mit dem Schwanz und bellte so, wie er es immer tat, wenn wir Stöckchenwerfen spielten. Kann man so einem Hund böse sein? Natürlich nicht. Er wollte ja nur spielen. Ich mußte lachen. Immer wieder brachte es der Kerl fertig, daß aus einem kurzfristigen Ärger so eine Art Glücksgefühl wurde. Wie froh war ich doch, daß ich ihn hatte, diesen herrlichen Hund. Es

kam natürlich wie es kommen mußte. Mindestens eine Stunde lang spielten wir noch das Schneeballspiel.

Bis dann alles gepackt war und wir aufbrechen konnten, stand die Sonne schon hoch am Himmel. Ich wollte nach North Carolina gehen. In vier oder fünf Tagen müßten wir es eigentlich schaffen, und in North Carolina war es sicher wärmer als in West Virginia oder in Virginia. Aber die kurvenreichen Straßen hielten uns doch länger auf, als ich gedacht hatte. Auf den Landkarten sieht alles immer so gerade und kurz aus, und es geht auch nicht daraus hervor, daß diese verdammten Straßen manchmal vier, fünf oder sogar zehn Meilen auf einen Berg hinaufführen. Unsere Wanderung war ziemlich anstrengend. Zwei Tage lang marschierten wir durch den Jefferson Nationalpark. Es ging auf und ab durch den stäubenden Schnee. Je weiter wir gingen, desto einsamer und verlassener wurde die Gegend. Leute und Geschäfte waren wie vom Erdboden verschwunden, und es wurde noch schlimmer, als wir uns hinter Tazewell in Virginia nach links auf den Highway 16 begaben.

Wir kletterten über Berge, die 1500 Meter hoch waren, und wir waren ziemlich schlecht beieinander, weil wir so wenig zu essen hatten. In dieser auszehrenden Kälte hatte ich andauernd Hunger, und das wäre wohl auch nicht anders gewesen, wenn da alle fünf Meilen ein Geschäft gewesen wäre. Aber wir waren schon überglücklich, wenn wir alle fünfzehn Meilen eines antrafen. Und dann kam jener Berg, der mich um ein Haar dazu gebracht hätte, aufzugeben.

Wir schlugen unser Nachtlager zeitig auf, denn dieser Berg stand uns bevor, und ich wußte, daß es an diesem Tag schon zu spät war, ihn zu packen. Ich baute das Zelt oben auf einem bewaldeten Hügel auf, krabbelte hinein und schlief gleich ein. Cooper hatte diesmal keine Lust zu spielen und schnarchte schon, noch ehe es dunkel war.

Der Tag dämmerte für uns viel zu schnell herauf, und wir standen in recht mäßiger Stimmung auf. Selbst der lustige Cooper wirkte irgendwie lethargisch. Er trottete herum wie ein alter Bär, der gerade aus dem Winterschlaf erwacht ist. Der ganze Tag blieb unter den grauschwarzen Wolken, die der Westwind über uns hinwegtrieb, trübe und dunkel.

Ich packte das steifgefrorene Zelt zusammen, und wir gingen über holperige, umgepflügte Felder zurück auf die Straße. Weit und breit waren keine Häuser zu sehen. So machten wir uns mit knurrendem Magen auf den Weg. Vor uns lauerte der „menschenfressende" Berg. Stur kletterten wir bergauf, immer höher und höher. Alle ein bis zwei Meilen ging ich im Schneckentempo, denn das war die einzige Möglichkeit, mich auszuruhen. Mich in den Schneematsch zu setzen, traute ich mich nicht, denn ich hatte Angst, dabei einzuschlafen.

Was mich dazu brachte, immer weiter zu gehen, und was mir mehr Angst einjagte als alles andere, was ich bisher auf dieser Reise erlebt hatte, war das sonderbare Verhalten von Cooper. Gewöhnlich rannte er in weiten Bögen um mich herum, jagte Tiere oder machte sich irgendeinen anderen Spaß. An diesem Tag schleppte er sich förmlich durch die Gegend. War er krank? Einige Male drehte ich mich um und wollte etwas zu ihm sagen, da lag er ziemlich weit hinter mir teilnahmslos auf der Straße. Sonst hatte mir Cooper immer Auftrieb gegeben, wenn ich müde oder faul war. Nun mußte ich mir, selbst kaputt und lustlos, größte Sorgen machen, ob Cooper nicht gar sterbenskrank war.

Ich kämpfte gegen die Verzweiflung an. Dieser Berg war unser Feind, wir mußten ihn besiegen. Endlich konnte ich den Gipfel sehen! Noch eine Kurve, noch ein Stück höher, das mußte der Gipfel dieses menschenfressenden Berges sein. Meine feuchte, zerknüllte Landkarte sagte mir, daß hinter dem Berg das Dorf Chattam Hill liegt, mit 58 Einwohnern. Unsere Rettung und hoffentlich eine Oase! Wie lange schon hatte ich kein menschliches Wesen mehr gesehen?

Ich nahm meine letzten Kräfte zusammen und zwang meinen schmerzenden Körper vorwärts. 30 Meter vor mir und 100 m vor Cooper lag der Gipfel des menschenfressenden Berges. Wir hatten es geschafft. Geradezu hysterisch rief ich nach Cooper.

„Cooper, Cooper, dort ist der Gipfel", schrie ich.

Cooper begriff meinen Tonfall, rannte, und ein paar Minuten später waren wir oben. Es machte uns nichts aus, daß dieses „Oben" mittendrin in einem Nichts lag. Wir hatten den Berg besiegt!

Da saßen wir nun zwischen einigen kahlen, einsamen Bäumen und schneebedeckten Felsen. Ich hatte es mir auf einem schnee-freien Stein bequem gemacht, Cooper lag flach auf dem Bauch und hielt die Augen geschlossen, um sie gegen den kalten Wind und den Schnee zu schützen. Jetzt kümmerte ich mich nicht mehr darum, ob ich einschlafen würde oder nicht. Hier zu sitzen, das war um 3000 Prozent besser als in jedem bequemen Stuhl, in dem ich mich je zurückgelehnt hatte. Nach fünfzehn Minuten voller Glückseligkeit begann sich mein Magen zu regen. So ein leerer Bauch kann ganz schön weh tun. Ich wollte aufstehen und weitergehen, aber ich brauchte noch eine Erho-lungspause.

Weitere Minuten verstrichen. Die Erregung des Sieges über den Berg legte sich, und ich zitterte. Ob es in Chattam Hill wohl etwas zu essen geben würde? Ich wollte weitergehen, aber ich konnte nicht aufstehen. Durch den pfeifenden Wind meinte ich das Wimmern eines Motors zu hören, der sich von der anderen Seite her auf diesen verteufelten Berg zu quälen schien.

Aber ich bildete mir das wohl bloß ein, denn den ganzen Tag über war uns nur ein einziges Auto begegnet. Dann hörte ich das Geräusch wieder. Nein, es war doch keine Einbildung. Es war ein Auto, und das Motorengeräusch wurde lauter und lauter.

Ein silberfarbener VW-Bus kam von der anderen Seite her. So

44

wie der Motor jammerte, schien dieser gräßliche Berg nicht nur Menschen, sondern auch Autos zu „fressen". Der Motor lief erst ruhig, als der Wagen die Gipfelebene erreichte. Der Fahrer im VW-Bus schien uns zuerst nicht zu sehen, doch dann stoppte er und kurbelte das Fenster herunter.

Am liebsten wäre ich hinübergaloppiert und hätte mich an der Wärme gelabt, die aus dem Fenster strömte. Dem Autofahrer war so warm, daß er ohne Jacke fuhr. Weil ich zu müde war, um aufzustehen, fragte ich ihn von meinem Platz aus, wie weit es bis zum nächsten Laden und bis zum nächsten Essen sei. Ich versuchte normal zu reden, obwohl es in mir tobte und ich am liebsten geschrien und geheult hätte. Aus der sicheren Wärme seines Autos heraus antwortete er: „Oh, vielleicht drei oder vier Meilen."

Es war so tröstlich, endlich ein menschliches Wesen zu sehen und eine menschliche Stimme zu hören. Der Mann mußte die kalte Verzweiflung in meinem Gesicht gesehen haben. Er griff nach hinten, streckte dann seinen Arm durch das Fenster und hielt mir einen riesigen roten Apfel entgegen. Ich sprang hoch und griff mit einem so gierigen Blick nach dem Apfel, daß der arme Mann richtig erschrak. Er gab mir noch einen Apfel, noch einen, noch einen und noch einen. Fünf köstliche rote Äpfel – das ist doch sicher ein Wunder, dachte ich, als der Mann den Gang einlegte und den mörderischen Berg hinunterfuhr. Ich setzte mich wieder auf meinen Thron, diesen kalten, bequemen Felsen, und teilte die Früchte des Himmels mit dem hungrigen Cooper.

Dieses herrliche Geschenk eines unbekannten Mannes brachte meine Kräfte wieder zurück und erneuerte meine Lebensgeister. Als wir den Berg hinuntergingen, auf den Laden zu, sang ich laut und fröhlich alle Lieder und Schlager, die mir gerade einfielen.

Homers Berg

Chattam Hill war nur eine kleine Stadt. Der Laden sah aus, als ob er auch schon mal bessere Zeiten erlebt hätte, und die Regale waren ziemlich leer. Aber er verfügte über einen Ofen, einen eisernen Ofen voll mit glühender Kohle, und die herrliche Glut zog mich an wie ein Magnet. Weil ich nirgends Hundefutter entdecken konnte, mußte ich für den hungrigen Cooper drei Dosen Büchsenfleisch, einen Laib altes Brot und einen Viertelliter Milch kaufen. Er bekam draußen seine Mahlzeit, und erst nachdem er sie aufgefressen hatte, machte ich mich im Laden auf die Suche nach Eßbarem für mich. Ich entdeckte eine Schachtel mit ziemlich alten Salzstangen, einige verschrumpelte Äpfel, eine Packung Schokomilch und einen Beutel mit Kartoffelchips.

Mein karges Mahl wurde durch die üblichen Fragen über meinen Fußmarsch verschönt, die mir ein junger Lehrer stellte. Da er noch mehr über mich und mein Vorhaben wissen wollte, lud er mich zu sich nach Hause ein.

Er gab mir einen wichtigen Tip: „Wenn Sie wirklich einen richtigen Typen kennenlernen wollen, sozusagen einen echten Sonderling, dann müssen Sie zu Homer Davenport gehen. Unter den Leuten, die abgeschieden in den Bergen leben, ist er der Größte."

Am nächsten Morgen saßen wir an dem alten Eichentisch in der Küche, und ich genoß mein erstes warmes Frühstück, seit wir unterwegs waren. Der gerissene Cooper lauerte unter dem Tisch, während ich in bester Neuengland-Manier, steif auf dem Stuhl sitzend, eine Hand im Schoß, mein Frühstück verzehrte. Unbemerkt von meinen Gastgebern aß ich einmal mit der linken Hand und dann wieder mit der rechten. Cooper war schließlich

mein bester Freund, und so bekam er natürlich auch seinen Teil vom Frühstück ab. Er hätte mich gar nicht so auffordernd an die Beine stupsen müssen. Ganz besonders gern mochte er die Rühreier, auch wenn sie hin und wieder durch meine Finger quollen. Nach dem Frühstück bedankte ich mich für die freundliche Aufnahme und machte mich auf den Weg zu Homer Davenport. Man hatte mir gesagt, es sei ungefähr ein Tagesmarsch bis zu seinem Haus. Wir wurden unterwegs von drei Farmern in ihren Lieferwagen mitgenommen, und alle drei erzählten mir von Homer.

Übereinstimmend meinten sie: „Homer kann sehr unfreundlich sein, deshalb lebt er wohl auch dort oben so einsam." Und sie unterstrichen noch einmal: „Menschen mag er nicht besonders." Einer der Farmer, der schon ein Stück weitergefahren war, kam noch einmal zurück und sagte: „He, laß dich nicht durch den ganzen Unsinn, den ich dir erzählt habe, von einem Besuch bei Homer abschrecken. Vielleicht mag Homer dich, mit deiner Lauferei, deinem Bart und deinem Hund." Kichernd fuhr er weg.

Es war schon dunkel, als wir am Fuße von Homers Berg ankamen, wo ein kleiner Ort lag. Rauch stieg aus den Schornsteinen in die klare Nacht hinauf, und die Hunde bellten und heulten. Wir kampierten an einem trockenen Flußbett nahe der Stadt und warteten auf den neuen Tag.

Es war noch ziemlich dunkel, als wir losgingen. Blauer Dunst lag über den kleinen Farmhäusern, und die Hähne warfen ihre Hennen aus den Betten. Wir wanderten auf der Landstraße Nr. 2 dahin. In den verschlafenen, weißen Häusern gingen allmählich die Lichter an. Als es heller wurde, begegneten uns immer mehr Lastwagen, die zu den Sägemühlen fuhren.

Je weiter wir das kleine, enge Bergtal hinaufmarschierten, desto seltener wurden die Häuser. Als die Landstraße Nr. 2 nach etwa sechs Meilen zu Ende war, gab es überhaupt keine Häuser mehr, sondern nur noch zerzauste Bäume und überwachsene Bergweiden. Am Ende der ausgebauten Straße begann ein zerfurchter, gefrorener Weg, eigentlich mehr ein Viehweg, voller Unkraut und Sträucher. Sollte dieser Trampelpfad wirklich zu Homers Haus führen? Aber er war der einzige Durchschlupf, der am Ende der Straße zu erkennen war. Wir rasteten ein paar Minuten lang, und Cooper verzehrte das letzte Stück Hundekuchen von der eisernen Reserve. Ich war so hungrig, daß ich am liebsten auch davon gegessen hätte.

Dann ging es weiter bergauf. Nach etwa zwei Meilen wurde der Weg flacher, und als wir den Wald mit mächtigen, hohen Bäumen passiert hatten, öffnete sich vor uns ein schüsselförmiges Tal, und ich erblickte ein altes Blockhaus.

Eine weiße Gartentür hing in rostigen Angeln. Dort legte ich meinen Rucksack ab, ging auf die Veranda und klopfte an die graue Holztür. Die fetten Küken und die gesprenkelten Hennen, die ich aufgescheucht hatte, beruhigten sich wieder. Innen an den Fenstern des Blockhauses blähten sich in dem Luftzug, der durch die Risse in den selbstgemachten Fensterrahmen wehte, sanft die Spitzengardinen. Ein knochiger, schwächlicher Mann spähte durch das seitliche Fenster zu mir heraus und schien sich zu fürchten. Das konnte doch nicht Homer Davenport sein, der böse Bergmensch, von dem man erzählt hatte, er würde mich erschießen, wenn ich seinen heiligen Berg beträte.

Ich klopfte noch fünf- oder sechsmal an, und nach einem letzten ärgerlichen Stoß ging ich wieder die zerfallenen Treppenstufen hinunter. Als ich am altersschwachen Gartentor war, öffnete sich die Blockhaustür einen Spaltbreit, und eine schwache, zittrige Stimme fragte: „Was willst du denn, mein Junge?"

Ich drehte mich um und versuchte zu erkennen, zu wem diese Stimme gehörte.

„Sind Sie Homer Davenport?" brummte ich.

„Nein, das bin ich nicht", lautete die leise Antwort, „Homer wohnt noch drei Meilen weiter den Berg hinauf. Ich bin nur sein Nachbar. Mein Name ist Douglas Allison. In dieser Gegend lebe ich schon seit 62 Jahren, seit meiner Geburt, und in diesem Blockhaus wohne ich schon 40 Jahre." Und mit ein bißchen mehr Schwung fuhr er fort: „Ja, mein Herr, hier wurde ich geboren, und hier werde ich auch sterben."

Wir unterhielten uns noch etwa eine Stunde lang. Er sagte mir, ich solle diesem Trampelpfad bis zum Ende folgen, neben einem Flußbett weitergehen, und dann würde ich schon Homers Haus sehen. Der schwächliche Mr. Allison wollte mich gar nicht mehr weglassen und stellte mir immer wieder eine neue Frage, wenn ich Anstalten machte, aufzubrechen. Als ich mich schließlich loseisen konnte, stand er noch lange am Gartentor und schaute uns nach, bis wir aus seinem Blickfeld verschwunden waren.

Das Gehen in dem mit Steinen übersäten matschigen Bachbett war scheußlich. Obwohl meine Stiefel angeblich wasserfest imprägniert waren, drang das Wasser in wenigen Minuten bis zu meinen Füßen durch. Am liebsten hätte ich aufgegeben und wäre in das warme, zivilisierte Tal zurückgekehrt, aber ich zwang meine schmerzenden Beine, weiterzuklettern. Nach zehn dreckigen und feuchten Meilen führte endlich ein Pfad aus dem Flußbett hinaus, aber ich konnte nicht sehen, wohin dieser Weg führte.

Mein Kopf hing nach vorne über, weil ich sehen wollte, wohin ich trat, aber vor allem, weil ich ihn vor lauter Müdigkeit nicht mehr hochhalten konnte. Cooper war mir ein Stück voraus. Plötzlich stand er ganz starr, ohne zu bellen oder zu knurren. Er stand ja oft so still da, um ein Eichhörnchen in den Bäumen oder ein aufgescheuchtes Birkhuhn zu beobachten, aber diesmal war das anders. Ich hob langsam den Kopf. Zwanzig Meter entfernt stand ein altersloser Mann, dessen fliegende weiße Haare und dessen flatternder Bart vor Leben sprühten. Regungslos wie ein lauschender Hirsch blickte er mich mit seinen scharfen, blauen

Augen an.

Nichts konnte Cooper sonst erschrecken, aber diesmal legte er sich scheu neben mich hin und stieß einen seiner haarsträubenden Heullaute aus. Wir schwiegen und sahen uns an, dieser Mann aus den Bergen und ich. Mein nächster Gedanke war, daß allein die Begegnung mit diesem alten Mann meinen ganzen langen Marsch gelohnt hatte.

„Was machst du hier?" flüsterte Homer. In meinen Ohren klang dieses Flüstern wie ein Donnerhall.

„Ich habe viel von Ihnen gehört, Homer, und ich wollte selbst herausfinden, wie Sie wirklich sind." Ich schluckte ein paarmal. Ein Gewehr oder einen sechsschüssigen Revolver sah ich nicht.

Er neigte den Kopf, als ob er so besser sehen könnte, und unterzog mich einer kurzen Prüfung.

„Ich bin von meinem Berg heruntergekommen, um ein paar Sachen zu besorgen. Wenn du und dein großer Hund mitkommen wollt, okay. Wenn nicht, dann haut ab von meinem Land."

Homer ging los. Über seine Schulter hing ein Leinwandsack. Ich verstaute rasch meinen Rucksack in einem Gebüsch und folgte ihm. Ebenso geschickt wie behende bewegte er sich durch das felsige Bachbett, sprang von einem Felsbrocken zum anderen. Ich versuchte es ihm gleichzutun, gab mein Bestes, aber im Vergleich zu ihm wirkte ich bestimmt stümperhaft.

Während er sich wie eine Lawine vorwärtsbewegte, fragte er: „Was hattest du noch vor, und wie war noch dein Name?"

„Peter Jenkins, und das ist Cooper. Wir wandern durch Amerika."

„Warum?" fragte er.

Zum erstenmal wußte ich wirklich, warum. Um solche Leute wie Homer kennenzulernen.

Er schien zu wissen, was ich sagen wollte, und unterbrach mich: „Na, ihr könnt ja für einen Sprung mit zu mir kommen."

Das war mehr, als ich zu hoffen gewagt hatte. Antworten

konnte ich nicht, denn das schnelle Tempo nahm mir fast den Atem.

Unten im Laden kaufte Homer seinen Monatsvorrat ein, so ungefähr 35 Pfund Lebensmittel, wie Maismehl, Salz, Mehl, Schmalz und Zucker. Ich fühlte mich wie im siebenten Himmel, und um das zu feiern, kaufte ich für uns je eine Eiswaffel. Homer hatte seine längst vor mir verschlungen.

Ich weiß nicht, was diese Eiswaffel bei Homer bewirkt hatte, aber er rannte mit dem 35 Pfund schweren Sack auf dem knochigen Rücken förmlich seinen Berg hinauf. Ich konnte kaum Schritt halten. Als wir bei dem Gebüsch ankamen, wo ich meinen Rucksack gelassen hatte, war ich so schwach, daß mich der harmloseste Wind hätte wegwehen können. Cooper hatte im Laden den Inhalt von vier Dosen Büchsenfleisch verschlungen und rannte munter herum.

Homers Besitz war ein Erlebnis. Wie ein Paradies der Ursprünglichkeit, mit seinen riesigen Bäumen, den gewundenen Wegen, auf denen ein Blätterteppich lag, und den wie Diamanten funkelnden Bächen. Stolz wie ein Vater zeigte Homer auf all diese Herrlichkeiten, zwischen denen ich mich wie ein Zwerg fühlte und nicht wie ein allwissender, alles kontrollierender Mensch. Ich begriff, daß ich nur ein kleiner Teil von Homers wildem Paradies war.

Wir marschierten eine Weile durch den Wald, wandten uns scharf nach links, gingen durch eine Pforte in einem Stacheldrahtzaun und betraten dann offenes Weideland, das zunächst relativ flach verlief. Dann aber stieg es steiler an, als ich es je zuvor erlebt hatte. Am Ende eines unbewachsenen Pfades sah ich ein Gebäude. In den harten Weg waren Spuren von Tieren und Homers Fußabdrücke eingegraben. Er war genauso kerzengerade wie Homer. Da gab es keine Kurven oder Kehren, und ich war nahe dran, erschöpft zusammenzubrechen. Homer kletterte gleichmäßig schnell hinauf.

In einem typischen alten Kolonialwarenladen

Dann hatte ich endlich diesen vermaledeiten Berg geschafft und erblickte Homers Haus. Es sah nicht so aus wie die Häuser, die ich aus meiner Heimat Neuengland kannte, aber es war ein Haus. Auf dem festgestampften Hof wuchsen ein paar Bäume, und überall kratzten Hühner und Truthähne herum. Das Haus war aus Holzstämmen und Brettern gebaut, denen man die Handarbeit ansah. Homer hatte wohl selbst die Bäume gefällt und die Bretter bearbeitet. Die Vorderseite war mit flachgeklopften Büchsenblechen verkleidet. Ob man es glaubt oder nicht, aber zur Haustür führte sogar eine Art Bürgersteig, den Homer mit flachen, moosbedeckten Steinen ausgelegt hatte.

Hier oben, in etwa 1500 Meter Höhe, so nahe beim Himmel, lebten aber noch andere Lebewesen außer Homer. Unter dem Haus kroch ein alter, humpelnder Hund hervor. Sein Fell hatte ungefähr sechs verschiedene Brauntöne, und er war etwa zwei Drittel so groß wie Cooper. Als er meinen Hund erblickte, ging er sofort in Angriffsstellung, aber blitzartig packte Homer zu, hielt ihn wie in einem Schraubstock fest und verhinderte so einen wahrscheinlich tödlich endenden Kampf. Zum erstenmal in seinem jungen Leben wurde Cooper nun an die Kette gelegt, was gar nicht so einfach war. Drei verschieden starke Ketten zerriß er, bis Homer schließlich eine fand, die beinahe so schwer war wie Cooper selbst. Gegen sie kam er nicht an, wurde damit an einen der Holzstämme gebunden, die das Haus stützten, und lag nun, solange ich bei Homer blieb, völlig verwirrt und niedergeschlagen herum.

Nachdem ich meinen Rucksack unter einen der Bäume gelegt hatte, ging ich in das dunkle Haus hinein. Ich konnte fast nichts erkennen, so düster war es. Durch die kleinen Fenster, die obendrein noch mit Aschenstaub bedeckt waren, drang nicht viel Licht. Es gab zwei Räume. Der kleinere wirkte wie eine Höhle. Der Boden aus Erde war vollgepackt mit allerlei Krimskrams. Am hinteren Ende befand sich die Feuerstelle, von der ein paar glühende Kohlen herüberleuchteten. Diese Feuerstelle war in die hintere Wand eingearbeitet. Homer hatte sein Haus direkt an oder fast in den Berg hinein gebaut und den Platz für das Feuer aus der Erde ausgehöhlt. In dieser Erde mußte auch Lehm enthalten sein, denn die geschwärzten Erdwälle um das Feuer waren hart wie Ziegel.

Nicht weit davon entfernt befand sich Homers Schlafstelle. Ein „Bett" aus dicken Eschenstämmen, die sich Homer zurechtgeschnitten und zu einem Bettgestell zusammengebunden hatte. Die Decken bestanden aus dicken Schaffellen, die Homer ebenfalls selbst gegerbt hatte. Bis jetzt hatte dieser seltsame Mann aus den Bergen geschwiegen, nun begann er meine Neugierde allmählich zu befriedigen.

„Du schaust dir wohl mein Bett ganz genau an?"

„Ja, Sir", bestätigte ich.

Homers Behausung

„Ich glaube, daß man in wirklich harten Betten schlafen muß, weißt du. Das hält mich gerade und stark."

Von diesem kleinen Raum aus konnte man bergab bis hinunter nach Saltville sehen, und ich hatte das Gefühl, daß die Mahlzeiten, die Homer in diesem Raum einnahm, dazu beitrugen, ihn stark wie jene Ochsen zu machen, die seine Vorfahren in dieses rauhe Bergland gebracht hatten. In dem höhlenartigen Raum roch es verführerisch gut, ein Duft, der aus Homers Küche, dem zweiten Raum, kam, in dessen Herd ein Holzfeuer brannte. An verräucherten Gestellen hingen Fleischstücke von Schafen und Wildbret, aufgereihte Zwiebeln und Homers Äxte, Hämmer und Sägen.

Links, nahe beim größten Fenster, befanden sich grob zusammengezimmerte Regale, auf denen dicht an dicht eingemachtes Gemüse stand. Einige Büchsen und Gläser waren mit jahrealtem Staub bedeckt, andere sahen ganz frisch aus. An Haken, die in die rauhe Holzverkleidung der Wände hineingetrieben waren, hingen vier Gewehre. Sie hatten so viele Dellen und Kratzer, als ob sie schon den Bürgerkrieg mitgemacht hätten. Möglicherweise stammten die Kerben und Rillen von der Jagd auf die gefährlichen Bären, die es auf Homers Schafe abgesehen hatten. Er brauchte die Gewehre sicher auch für die Beschaffung von Nahrung, für die Jagd auf das zarte Fleisch der Rehe und Hirsche. Oder wenn er mit seinen drei Hunden, die alles konnten, Jagd auf Waschbären machte.

Die Jagdgeschichten, die mir Homer von seinen klugen Hunden erzählte, übertrafen alles, was Cooper und ich je erlebt hatten. Sie waren noch nicht Teil jener Zivilisation, in der nur noch für Spezialisten Platz ist. Diese Superhunde konnten wirklich noch alles. Sie bewachten das Haus, „besorgten" das Wildbret für den Tisch und verfolgten die ganze Nacht hindurch einen flüchtenden Waschbär. Sie waren hinter den Bären her, die sich an die Schafe heranmachen wollten, und zum Spaß jagten sie alles, was sie erschnüffelten, Opossums, Berglöwen, Eichhörnchen, wilde Truthühner, Luchse oder Kojoten.

Manchmal verlor Homer einen seiner geliebten Freunde durch einen Luchs oder durch das Geschoß eines Nachbarn. Denn leider hatten sie die Angewohnheit, manche ihrer Opfer weit zu verfolgen, und wenn sie auf ihren Ausflügen in die Nähe der Farmen und Farmer kamen, passierte es schon manchmal, daß sie ihr Leben dort unten im Tal verloren. Kürzlich erst waren Homers zwei jüngste Hunde zwei Tage und zwei Nächte unterwegs gewesen. Der alte Brownie hatte das alles schon hinter sich und liebte es jetzt, gemütlich unter dem Blockhaus zu liegen und sich gelegentlich von Homer streicheln zu lassen.

Weil Homers schönes Haus nur zwei „Zimmer" hatte, keine Garage und auch keine Räume für Hausangestellte, dauerte die Besichtigung nicht lange. Dennoch kam ich mir vor wie ein Kind in einem Bonbonladen. Das Haus war perfekt eingerichtet und bot alles, was Homer wollte und brauchte: einen Fußboden aus Erde, rauchgeschwärzte Schaffelldecken, Fleischstücke, die von den Dachsparren herunterhingen, und einen Platz zum Kochen. Auch mir, dem Städter, gefiel dieses Paradies von Homer. Als die Besichtigung zu Ende war, bedeutete er mir, mich in einen der handgeschnitzten Holzstühle zu setzen, denn er wolle etwas zu essen herrichten. Von draußen holte er ein paar Holzscheite für das ewig brennende Feuer. Dann ging er zu einer Kiste, kramte ein rundes, gelbes Stück Gemüse heraus und hielt es mir stolz vor die Nase. So ein Ding hatte ich noch nie gesehen. Es war etwa so groß wie ein mittlerer Kürbis.

„He, Peter, hast du so was schon mal gesehen?" Es klang, als zeige er mir seinen gerade geborenen Sohn.

„Nein, noch nie", sagte ich.

„Das ist eine gelbe Rübe. Die ist so groß, weil ich sie gleich da draußen neben dem Haus in der besten Erde der Welt gezogen habe."

Er schälte die Rübe und legte sie geradezu zärtlich in einen schweren Topf mit kochendem Wasser. Homer bewegte sich in seiner Küche mit einer Grazie, die dem Chefkoch eines berühmten Feinschmecker-Restaurants zur Ehre gereicht hätte. Ich konnte gar nicht glauben, daß er in diesem, aus dem Berg gebuddelten Haus, in dem es ja praktisch nichts gab, kein fließendes Wasser, kein Gas, keinen Strom, etwas Delikates kochen könnte. Es schien mir unmöglich, daß Homer in dieser Küchenhöhle etwas Schmackhaftes zustande bringen würde. Die nächste halbe Stunde saß ich schweigend da, wie hypnotisiert von dem, was Homer machte.

Kurz bevor er sein erstaunliches Gericht servierte, brauchte er noch mehr Wasser.

„Hol mir doch einen Eimer Wasser, hinterm Haus ein Stück den Berg rauf."

Ich trat in die Dezembernacht hinaus. Es herrschte leichter Frost, und ich machte mich auf die Suche nach der Wasserstelle, wobei ich fast einen schimpfenden weißen Truthahn niedergetrampelt hätte. Die Quelle floß zwischen einigen ausgewaschenen Felsen in eine saubere Plastikröhre. Ich füllte den Eimer und ging voller Bewunderung für Homers Paradies zurück.

Ehe unser Schlemmermahl begann, griff sich Homer mit der linken Hand eines der aufgehängten Fleischstücke und zog mit der rechten Hand sein Bowiemesser aus der Lederscheide. Mit einem einzigen Hieb teilte er das Fleisch in zwei gleich große Lamm-Koteletts. Er deutete auf die Feuerstelle und befahl: „Nimm dir einen von den geradegebogenen Drahtbügeln, und brat dir dein Fleisch selbst. Ich garantier dir, es wird das beste sein, das du je verputzt hast."

Homer wußte natürlich nicht, daß ich in den letzten drei Jahren nur vegetarisch gelebt hatte. Für mich war es schrecklich gewesen, Fleisch von Tieren zu essen, die mit Getreide gefüttert worden waren. Anstatt das Getreide an das Vieh zu verfüttern, sollten es die Menschen essen. Wir könnten dazu beitragen, die immer stärker wachsende Weltbevölkerung mit Getreide statt mit Fleisch zu ernähren. Ich hielt mich auch daran, sogar während meiner liebsten Zeit zu Hause, zu Thanksgiving.

Aber diese Lamm-Koteletts hier bei Homer waren doch etwas anderes. Homers Lebensweise ließ mein ganzes städtisches Geschwätz dumm und bedeutungslos erscheinen. Erst durch ihn begriff ich, woher die Nahrung wirklich kommt. Seine Lebensmittel waren nicht irgendwo 1000 Meilen weit weg produziert und dann in Plastiktüten eingefroren worden. Homer hatte diese Schafe auf seinem sauberen, sozusagen biologisch reinen Berg selbst aufgezogen. Sie hatten sich zu 100 Prozent natürlich ernährt, und Homer brauchte sie, um zu überleben. Ich stach den ausgedienten Kleiderbügel in das Fleisch und ließ es über den glühenden Kohlen brutzeln. Das geschmolzene Fett tropfte in die Glut, dann zischten die Flammen hoch und bräunten das Fleisch.

Homer merkte offensichtlich allein schon am verlockenden Duft, daß das Fleisch fertig war, denn er rief aus dem anderen Raum herüber: „Los, komm essen.“

Ich balancierte das Lamm-Kotelett, das an meinem sonderbaren Bratspieß baumelte, zu Homer hinüber, und mein rotes Gesicht strahlte bestimmt genauso, als ob ich gerade einen neunpfündigen Barsch gefangen hätte. In Homers Gegenwart sah ich so viele Dinge klarer und kam mir als Vegetarier ziemlich dumm und nutzlos vor. Das erfuhr er aber nie, ich habe ihm von diesen Gedanken nichts erzählt.

Vor mir standen drei schwarzgebrannte Gefäße. Die eiserne Bratpfanne war mit nahrhaftem, fettem Maisbrot gefüllt. Ein weiterer Topf enthielt heiße Apfelsauce, versetzt mit wildem Honig, den Homer ebenfalls selbst sammelte. Im dritten Gefäß schließlich befand sich Homers ganzer Stolz, seine gelben Bergrüben. Ich hielt meinen großen Emailleteller mit dem altmodischen, blauen Muster über die Töpfe und schaufelte die köstlichen Sachen darauf, bis der Teller ebenso unbezwingbar aussah wie Homers Berg. Diesen Berg aber, den auf dem Teller, den würde ich besiegen, das wußte ich ziemlich sicher. Auf dem Ofen stand noch ein weiterer zugedeckter Topf, in dem es kochte und summte. Ich dachte, daß darin unser Nachtisch sei. Vielleicht sollte ich mir beim Essen doch ein wenig Zurückhaltung auferlegen, überlegte ich, damit ich dieses Dessert noch schaffte. Hungrig wie ein Bär und von dem undefinierbaren Duft in Versuchung geführt, fragte ich Homer voller Neugier: „Ich seh da noch einen Topf. Bitte verraten Sie es nicht. Das ist doch sicher eine Füllung für eine Apfeltorte, die Sie noch machen wollen."

Homer sagte nichts.

Ich leckte mir die Lippen und riet weiter: „Das werden wohl hausgemachte Bonbons." Ich schnupperte den herrlichen Duft dieses Desserts und glaubte, es müsse wohl noch eine Weile langsam kochen, damit es den perfekten Wohlgeschmack bekäme. Als ich mich hinsetzte und mit dem Essen begann, brach Homer die Stille und lachte zum erstenmal, seit ich ihn kannte. Und wie er lachte!

Laut prustend sagte er: „Ja, das ist dein Nachtisch, Pete! Geh hin und nimm dir soviel du willst." Er bemerkte mein Zögern und meinen fragenden Blick. „Los, vorwärts, schütt es auf deinen Teller."

Ich hob den Topfdeckel hoch und erblickte eine rote, blubbernde Mixtur, die keine Ähnlichkeit mit den süßen Speisen hatte, die ich kannte. Vielleicht war es Mais-Sirup? Ich wußte, daß man den oft für Bonbons verwendet. Was es auch immer war, fertig war es noch nicht.

Ich nickte verstehend. „Homer, ich glaube, ich warte mit dem Nachtisch bis nach dem Essen."

Er brach in ein noch wilderes Lachen aus und rief: „He, ehe du mit dem Essen anfängst, bist du vielleicht so freundlich und fütterst deinen Hund mit dem Zeug aus diesem Topf da. Mann, das da im Topf ist das Fressen für die Hunde! Für uns sind das keine Leckereien, aber bestimmt für die Hunde. Das ist Waschbärfleisch!"

Konnte Waschbärfleisch wirklich so gut riechen? Cooper und Brownie verschlangen das „Dessert", als ob sie einen Monat lang nichts zu fressen bekommen hätten. Nachdem die Hunde versorgt waren, machte ich es mir auf einem Holzklotz neben dem Feuer bequem und verzehrte das beste Essen, das mir je über die Zunge gekommen war. Die Berge von Rüben, Apfelsauce und Maisbrot auf meinem Teller schmolzen schnell, und schon war ich wieder in der Küche und türmte neue Berge auf. Auf gutes Benehmen konnte ich nicht achten, denn mein geschwächter Körper saugte die Nahrung in sich auf wie ein trockener Schwamm das Wasser.

Homer aß auch eine ganze Menge. Ein stolzes Lächeln lag auf seinem Gesicht, als ich seine Kochkunst und seine Lebensweise dadurch pries, daß ich mich wohl über eine Stunde lang an dem wunderbaren Essen gütlich tat.

Vollgestopft und glücklich lehnte ich mich gegen die Balkenwand, holte tief Atem und schwieg. Homer öffnete die Tür aus Eichenholz, die er selbst gemacht hatte, und ging hinaus, um nach den Hunden zu sehen. Als er zurückkam, brachte er ein dickes, viereckiges Stück Eschenholz mit, das ungefähr ein Meter lang war. Trotz meiner Müdigkeit stellte ich ihm unentwegt Fragen, während er an dem Holzstück herumschnitzte. Das Schnitzen war eine der wenigen Möglichkeiten für ihn, etwas Geld zu verdienen. Homer redete nicht gerne über sich, und die Antworten mußte ich fast aus ihm herauspressen.

Homer schnitzte aus dem Eschenholz unzerbrechliche Stiele für Äxte. Die ganze Nacht lang war sein Bowiemesser in Bewegung, und die Holzschnitzel auf dem Fußboden wuchsen

Zentimeter um Zentimeter. Ich schaute ihm bei der Arbeit zu und wurde noch neugieriger. Woher stammte dieser Mann eigentlich? Wo war er geboren? War er aus der Stadt geflüchtet, oder war er in den Appalachen zu Hause?

„Woher ich komme? Weißt du, Pete, ich und meine Vorfahren, wir haben schon immer in den Bergen gelebt."

„Wie lange leben Sie schon hier oben?" fragte ich.

„Ein ganzes Menschenleben, mein Sohn. Bist du aber neugierig!"

Homer sah mich wieder ein bißchen abweisend an, als ob ich in etwas herumbohrte, was mich nichts anginge, aber er antwortete doch. „Ich will dir was sagen. Ich bin schon so lange hier oben, daß ich weiß, daß ich unten im Tal nichts mehr verloren habe." Dabei hieb er ein paarmal kräftig in das Holz, als ob er seinen Satz bekräftigen wollte.

Ich saß still da und wartete, bis seine Gefühlsaufwallung sich gelegt hatte. Ich nahm mir einen Holzspan und kaute wie auf einem Zahnstocher darauf herum.

„Weißt du, Pete, ich und meine Söhne, wir haben eine große Farm unten im Tal. Ja, da unten habe ich gelebt, aber jetzt nicht mehr, *nie mehr!*" Die Luft vibrierte förmlich von der Intensität seiner Stimme. Irgend etwas Schmerzliches und Bitteres lag seinen Worten zugrunde, aber ich drang nicht weiter in ihn. Wenn Homer es mir erklären wollte, dann würde er es schon tun.

Ich lag flach auf dem Rücken da. Die Holzspäne isolierten den Boden in dieser kalten Dezembernacht vorzüglich, die alles außer dieser warmen Hütte in Eis verwandelte. Wir unterhielten uns noch bis kurz vor Morgengrauen. Wir verbrachten die Nacht am warmen, orange leuchtenden Feuer und erzählten uns gegenseitig die Geheimnisse unseres Lebens. Ich verstand Homer, und er verstand mich.

Cooper und ich blieben noch zwei wunderbare Tage und

Homer und sein Sohn haben ein Fell aufgespannt

Nächte Homers Gäste. Ich lernte, und ich erzählte, bis ich dachte, daß nun alles gesagt sei. Am dritten Nachmittag ging ich mit Homer auf der anderen Seite des Berges hinunter. Er wollte mir seine Farm im Tal zeigen. Wir wanderten nach Westen, hinein in ein stilles Tal, das etwa drei oder vier Meilen außerhalb der Stadt lag. Die einzigen Geräusche stammten von vereinzelten Vögeln oder weidenden Kühen. Homer erzählte mir, wie er die Art und Weise verabscheute, in der das Wild hier aus dem Tal vertrieben worden war. Er liebte das Schnauben der Rehböcke oder das Brüllen von Berglöwen und haßte diese tödliche Stille, die schreckliche Ruhe, die dort herrschte, wo es keine wildlebenden Tiere mehr gab.

Wir besichtigten die Davenport-Farm, und Homer machte mich mit seinem jüngsten Sohn Buck bekannt. Nachdem wir die Familiengeschichte gehört und bei vielen Tassen Kaffee gelacht hatten, machten wir uns wieder auf den Heimweg. Homer schwieg die ganze Zeit. Ich ging vor ihm, und als wir an eine der vielen Gabelungen des felsigen Pfades kamen, schlug ich die falsche Richtung ein, was ich erst merkte, als ich mich umschaute und Homer nicht mehr sah. Homer hatte auch dazu geschwiegen und sprach erst, als wir den größten Teil des Weges zurückgelegt hatten, nachdem ich ihn wieder eingeholt hatte.

„Pete", sagte er, „weißt du . . ." Er legte eine lange Pause ein, schien zu überlegen, ob das, was er sagen wollte, nicht besser ungesagt bliebe. Dann fuhr er fort: „Ich will dir eine Geschichte erzählen, die die meisten Leute erst dann begreifen, wenn ihnen in ihrem Leben mal was wirklich Böses zustößt." Er schaute mich an. „Pete, kann ich dir wirklich was ganz Wichtiges sagen?"

„Natürlich, was ist es?" Ich konnte mir nicht vorstellen, was Homer mir zu sagen hätte.

Er setzte sich auf einen abgerundeten Felsen. Ich setzte mich auch hin.

„Ich habe eins gelernt, daß man nie weiß, was einem in diesem Leben alles passieren kann. Alles kann sich verändern, von heut auf morgen, so", und er schnippte laut und schnell mit den Fingern. „Du weißt ja auch nicht, was dir und deinem Hund alles zustoßen kann. Weißt du, was du machen solltest? Du solltest hierbleiben . . . auf meinem Berg." Er redete eifrig und schnell. „Ich bring dir alles bei, was du hier zum Leben brauchst, und wenn du eines Tages dein eigenes Haus hast, kannst du eine Familie gründen."

Homer meinte es ganz ernst.

„Und außerdem werde ich ja auch nicht ewig leben. Wenn ich gehen muß, könntest du für mich auf mein Haus und meinen Berg aufpassen. Du weißt ja besser als jeder andere, warum ich diesen Platz so gern habe. Ich weiß, du würdest es nicht zulassen, daß diese Holzfäller und diese Jäger hier heraufkommen und alles zerstören.“

Homer hatte um sich herum eine Mauer aufgebaut, und sein Herz oder seine Seele anzurühren, war wahrscheinlich genauso schwer, als ob man eine Steinmauer mit bloßen Händen einreißen wollte. Nachdem er geendet hatte, wandte er sich von mir ab. Als er mich wieder anblickte, standen Tränen in seinen Augen.

„Homer, was Sie gesagt haben, war wunderbar.“ Ich sah auf meine Stiefel hinunter und rollte mit dem Absatz einen Stein hin und her. „Aber ich weiß nicht, was ich dazu sagen soll. Ich muß erst darüber nachdenken, okay?“

Genauso rasch wie Homer seinen Stolz vergessen und sein Innerstes geöffnet hatte, sprang er jetzt auf und ging mit schnellen Schritten den Berg hinauf. Jetzt war er wieder so ruhig und verschlossen wie die königlichen Bäume, die er so liebte, und erwähnte seine erstaunliche Einladung mit keinem Wort mehr. Auf dem Heimweg wurden meine Gedanken ausschließlich von Homers Angebot beherrscht. Seine Worte brannten mir wie Feuer im Kopf. Sollte ich? Konnte ich? War das die Antwort, die zu finden ich ausgezogen war? Was würde aus der Wanderung werden? Wollte ich nicht Amerika entdecken? Hierzubleiben, käme das nicht einem vorzeitigen Aufgeben gleich? Was sollte ich tun?

Ich konnte mit Homer nicht Schritt halten, und er war bald aus meinem Blickfeld verschwunden. Es wurde dunkel, und Angst kroch in mir hoch. Eigentlich kannte ich den Weg zu Homers Haus ja gar nicht. Vorhin beim Abstieg hatte ich nicht aufgepaßt, und jetzt beim Aufstieg schaute sowieso alles anders aus. An der nächsten Gabelung konnte man entweder links den Berg hinaufgehen oder rechts unter einem Stacheldraht durchschlüpfen und durch eine tief eingeschnittene Schlucht hinaufklettern.

Ich blieb stehen und lauschte auf Homers Schritte. Ich hörte

65

nichts. An einem Pfosten des Stacheldrahtzauns hing ein Schild, auf dem stand, daß dies hier Staatsbesitz sei.

Das verbeulte Schild und das Land, das es beschützte, waren ein Teil meines Vaterlandes, und plötzlich stand mir wieder klar vor Augen, was mich zu dieser Wanderung veranlaßt hatte. Cooper und ich wollten ja herausfinden, ob es sich lohnte, in diesem orientierungslosen Land zu leben, ob es einen Sinn, einen Wert hatte. Dazu wußten wir aber noch viel zu wenig. So beschloß ich an jener Weggabelung, daß wir Homers Berg wieder verlassen würden.

Nachdem es dunkel geworden war und ich mich dreimal verlaufen hatte, sah ich das Licht von Homers Öllampen und den zuckenden Schein des Feuers. Cooper spürte, daß irgend etwas in der Luft lag. Er würde sich bestimmt·sehr freuen, wenn er endlich diese verdammte Kette los würde, die ihn gefangen hielt. Er brauchte sich keine Gedanken um die richtigen Antworten zu machen, er wollte nur frei sein.

Noch ehe ich die Tür öffnete, wußte ich, daß Homer in der Küche war, denn durch die Ritzen der Balken drang der Duft unseres Abendessens.

„Homer!" Ich versuchte meiner Stimme einen festen, entschiedenen Klang zu geben, als ich das warme Haus betrat. „Irgendwann kommen Cooper und ich vielleicht zurück und leben hier auf dem Berg mit Ihnen. Aber morgen machen wir uns wieder auf die Socken und gehen weiter durch Amerika." Ich schloß die Tür hinter mir und schaute Homer an. „Uns hat es hier besser gefallen als sonst irgendwo, und wir kommen bestimmt einmal zurück." Ich lehnte mich gegen die Wand und erwartete, daß Homer explodieren würde.

„Ja, ich hab's mir schon gedacht", brummte Homer und beschäftigte sich mit den Bratkartoffeln in der Pfanne. „Du bist noch jung, es wird nicht lange dauern, bis du herausgefunden hast, was in dieser alten Welt so vorgeht. Du wirst zurückkommen." Er zuckte mit den Schultern, als er sich über den Herd beugte. „Und dieses Haus hier wird noch da sein, wenn ich es nicht mehr bin."

Nach seinem Gesichtsausdruck hätte ich gedacht, daß er wieder weinen würde, aber er tat es nicht. Ich weinte. Als ich nach draußen ging, um Cooper und Brownie zu füttern, tropften mir die Tränen in meinen roten Bart. Es brach mir fast das Herz, wenn ich daran dachte, daß Homer nicht mehr hier sein würde, wenn ich zurückkäme. Ich würde zurückkommen!

Wir verspeisten ein Abendessen, das auch zwei Ölscheichs gemundet hätte, und als Nachtisch gab es ein Gespräch über das Leben. Wie gewöhnlich schnitzte Homer, und ich fragte ihn aus, bis wir auf meine Herkunft und meine Jugendzeit zu sprechen kamen. Homer konnte nicht begreifen, wie ich aufgewachsen war. Er stellte mir unentwegt Fragen darüber und tat so, als spräche ich von einem ganz anderen Land. Ich hatte mit ihm gelebt, und so verstand ich seine Herkunft. Wenn ich ihn und seine Lebensweise nicht mit eigenen Augen gesehen hätte, hätte ich das ja auch nie geglaubt. Was für erstaunliche Unterschiede entdeckten wir doch in diesem Amerika! Die Spannweite reichte von meiner Heimstadt bis zu dem Himmel von Homer Davenport. Ich schlief erst spät in dieser Nacht ein und träumte lauter neugierige Träume, was mich da draußen noch alles erwarten würde.

Mein Code

Da Homer nie mehr als vier Stunden schlief, weckte mich der prächtige Duft seines Frühstücks. Sonst aß er meistens schon, ehe die ersten Sonnenstrahlen den Gipfel seines Berges beleuchteten, diesmal aber wartete er, bis ich gegen 6 Uhr aufstand. Als ich mir mein spezielles „Kleiderbügelfleisch" zubereitete, kam er herüber und setzte sich auf den Holzblock.

„Bevor du weggehst", sagte er zögernd, „will ich dir noch etwas sagen. Nach dem, was du über mich gehört hast, weißt du ja, daß ich nur ganz wenigen Leuten erlaube, hier oben bei mir auf meinem Berg zu sein. Stimmt doch, oder?" Er sah mich starr an, ohne die Augenlider zu bewegen.

„Wenn ich herausfinde, daß du gelogen hast, bring ich dich um! Eines mußt du mir schwören. Diese Fotos, die du von mir und dem Haus gemacht hast – versprich mir, daß du sie nur deinen Freunden zeigst, von denen du mir erzählt hast und die mit dir in der verrückten Stadt aufgewachsen sind!"

„Ich verspreche es, Ehrenwort!" Meine Stimme zitterte ein wenig, und ich hatte ein komisches Gefühl im Magen, weil er so eisig sprach. „Bestimmt, ich zeige die Fotos nur Leuten, die wie ich sind, damit sie wissen, daß es den Homer in den Bergen wirklich gibt und daß sie auch so ähnlich leben könnten. Ohne die Bilder würden die mir ja kein Wort glauben." Ich war etwas nervös und hoffte, daß ich Homer überzeugt hatte. „Meine Freunde in der Stadt müssen nicht mehr in diesen Betonklötzen wohnen bleiben, wenn sie von Leuten wie Ihnen hören, die in den Bergen leben." Homers Gesicht nahm nun wieder friedliche Züge an.

Nach dem Frühstück gingen wir hinaus in den kühlen Dezembermorgen. Homer schickte Brownie ins Haus, damit ich Cooper endlich von seiner schrecklichen, schweren Kette befreien konnte. Ich nahm meinen Rucksack auf, während Cooper zum erstenmal frei herumrannte und alles beschnüffelte. Dann kam der Abschied. Ohne Tränen, ohne lange Reden, aber mit tiefen Gefühlen. Als ich den Berg hinunterging, rief mir Homer noch nach: „Vergiß es nicht, mein Sohn, ganz egal, wie weit du von diesen Bergen weg bist, du wirst sie nie vergessen. Sie stecken in dir drin. Du wirst zurückkommen!" Seine Stimme

Der Abschied von Homer ging mir noch lange nach

zitterte ein wenig.

Cooper purzelte förmlich den Berg hinunter, vor lauter Freude über seine wiedergefundene Freiheit, und schien sagen zu wollen: „Los, Peter, beeil dich!" Ich drehte mich aber noch einmal um und verabschiedete mich mit einem letzten Blick von diesem großartigen Mann aus den Bergen.

Wir kamen auf unserem Weg nach Saltville gut voran, und als wir die Stadt erreichten, führte mein erster Weg zum Postamt, um meiner Familie in Connecticut per Postkarte mitzuteilen, daß ich immer noch lebte und weiterwanderte. Am Schalter klingelte ich, und ein Mann in einer hellblauen Uniform drehte sich um. Er blinzelte, hob überrascht den Kopf und stotterte: „Was sagt man dazu! Sie sind ja lebend von Homer Davenport zurückgekommen! Hier haben alle Leute Wetten abgeschlossen, ob Sie es schaffen oder nicht." Ich vermutete, daß er auf mich gesetzt hatte.

Bis zur Grenze zwischen North Carolina und Virginia hatten wir noch zwei Tage vor uns. Wir wanderten südlich auf dem Highway 91 auf den Cherokee Nationalpark zu. Homer und sein Haus in den Bergen und alles das, was ich dort oben kennengelernt hatte, beschäftigten unentwegt meine Gedanken. Ich wollte diese Erlebnisse natürlich nicht vergessen, sondern wollte mich immer wieder daran erinnern können. Ich mußte mir also Notizen machen, brauchte Gedächtnisstützen. Das erforderte einen Code, eine Geheimschrift, mit deren Hilfe ich die wichtigsten Ereignisse kurz und bündig festhalten konnte. Bei meinem Nomadenleben war es natürlich nicht möglich, ausführliche Tagebücher zu führen. Es mußte ein Code sein, der die Ereignisse und Erfahrungen eines Tages in wenigen Symbolen ausdrückte.

Der erste Code, den ich mir ausdachte, hieß EFT, was die Gefühle eines ganzen Tages zusammenfaßte. EFT stand für

*Energie-Fresser-T*ag. Dann vervollständigte ich den Code, damit er wirklich einen ganzen Tag beschreiben konnte, und für den zweiten Tag, seit ich von Homer weggegangen war, lautete er so: 25 M, 05–07C, SFW 2–4cm, NH, WG, DV, FFWH, 3, 3–7.

25 M hieß, ein Marsch von 25 Meilen, 05–07C bedeutete, daß die Temperaturen zwischen 5 und 7 Grad Minus schwankten. Wenn es in diesen Dezembertagen schneite, schrieb ich auf meine verdreckte Falt-Landkarte SFW 2–4cm. Das bedeutete *Schnee*fall zwischen 2 und 4 Zentimetern, wobei das W für starker *W*ind stand. NH bedeutete, daß Cooper und ich *n*achts in einem *H*aus geschlafen hatten. WG und DV hieß, wir beide hatten während dieses scheußlichen Tages *w*enig *g*egessen, und ich war *d*ick *v*ermummt gewesen, hatte drei Paar Socken, Bluejeans, zwei T-Shirts, ein Flanellhemd, eine Steppjacke und darüber meinen waldgrünen Parka angezogen. Wenn ich den Code DV verwenden mußte, war es wirklich ein eiskalter Tag gewesen, denn gewöhnlich trug ich nur ein Hemd, den Parka und die unvermeidlichen Bluejeans.

FFWH beschrieb ein Gefühl in meinen Füßen, das mich den ganzen Weg zum Golf hinunter nur selten verließ, es bedeutete, meine *Füße f*ühlten sich an *w*ie *H*amburgers, weil sie so „zermatscht" und wund waren. Manchmal kamen sie mir vor wie gefühllose Stumpen.

Mit den letzten Symbolen in dieser Reihe pflegte ich den Tagen Noten zu geben. Die erste Zahl bezeichnete die physischen Anforderungen des Tages, die zweite die geistigen Nöte. Für die körperlichen Anstrengungen dieses Tages gab ich also die Note 3, die geistigen schwankten zwischen 3 und 7. Eine Sieben war die schlechteste Note, die ein Tag bekommen konnte, wenn die Anstrengungen bis an die Grenze des Erträglichen gegangen waren.

Nur selten mußte ich bei dieser Wanderung zum Golf Nahrungsmittel mit mir führen. Cooper und ich schafften bei Höchsttempo 35 Meilen pro Tag und kamen eigentlich immer durch eine Stadt, wo wir uns versorgen konnten. Außerdem aß ich ja auch nur eine bis zwei Mahlzeiten pro Tag, während Cooper jedoch seine kleinen Zwischenmahlzeiten bekam. Für ihn hatte ich im Rucksack immer eine Reserve an Hundekuchen. Ab und zu erklommen wir auch bewußt Berge, um nicht durch eine Stadt gehen zu müssen. Dann sorgte ich vor, packte viele Erdnüsse ein, Käse, Äpfel, Orangen, Bananen, Rosinen und Trockenfutter für Cooper. Das reichte uns oft für mehrere Tage. Gewöhnlich aber stärkten wir uns in Restaurants oder Lebensmittelgeschäften.

Auch wenn mein Code schon ziemlich ausführlich war, passierte doch meistens viel mehr an jedem Tag, als ich notieren konnte. Aus dem Tages-Code, den ich hier angeführt habe, war zum Beispiel nicht herauszulesen, daß Cooper und ich „in der weißen Wildnis verlorengegangen waren und uns auf einer Feuerwache wiederfanden".

Fünfzehn Riesen-Hamburger

An diesem Morgen war es, als erwache man in einem Kühlschrank. Wir kampierten in der Nähe von Emory (Virginia), ein Stück nördlich von der Bundesstraße 81. Als wir aufbrachen, begann es zu schneien. Wir überquerten bald die Bundesstraße 81 und eine alte Holzbrücke, die den mittleren Arm des Flusses Holston überspannte.

Bald fielen die Schneeflocken so dicht, daß ich kaum noch die Hand vor Augen sehen konnte. Hier in Washington County waren die Menschen an diese schrecklichen Schneestürme gewöhnt und befolgten eine Regel: Weg von den Straßen und hinein in die festen, warmen Häuser. Auf den schneeverwehten Straßen trafen wir nun keine Menschenseele mehr.

Ungefähr um 14 Uhr hatte ein weißes Tuch die Gegend zugedeckt. Alles war dick mit Schnee überzogen, die kahlen Bäume, die Drähte und Pfosten der Zäune, die immergrünen Pflanzen und sogar die Kühe und Pferde, die sich nicht irgendwo verkrochen hatten und jetzt wie gemeißelte Marmorstatuen aussahen.

Cooper und ich marschierten und marschierten. Immer wieder kniff ich die Augen zu und wischte sie ab, um sie offenzuhalten. Mein Parka hatte eine große Kapuze, die ich mir so über den Kopf zog, daß nur noch ein kleiner Spalt offen blieb. Um uns herum sah die Welt verlassen und leer aus. Wir hatten keine andere Möglichkeit, aus diesem Schneesturm herauszukommen, als die Grenzstadt Damascus auf dem schnellsten Weg zu erreichen.

Coopers dicker Pelz war eisverkrustet, und er hatte solchen Hunger, daß er den frischen Schnee wegkratzte und das gelbe, verwelkte und gefrorene Gras fraß. Einmal oder zweimal erschnupperte er ein verstecktes Farmhaus. Er rannte hin, stieß die Gartentür auf und legte sich auf die Veranda, wo er gegen den beißenden Wind geschützt war. Ich stand dann zitternd am Zaun und bettelte, kommandierte und schrie schließlich durch den heulenden Sturm, aber Cooper drehte nicht einmal den Kopf in meine Richtung. Er peilte nur die Farmtür an. Mit jedem Windstoß drang mir der Duft des warmen Abendessens in die Nase. Cooper hoffte wahrscheinlich, daß diese wohlgenährten Farmer meine Schreie hören und ihm dann etwas zu essen geben würden. Als mein ganzes Schreien nichts nützte, setzte ich schließlich vorsichtig meinen eisüberzogenen Rucksack ab und schlich zum Haus mit dem freundlichen gelben Licht, das durch die Spitzenvorhänge drang.

Cooper schob sich noch näher an die Tür. Im College, wo er ja draußen schlafen mußte, hatte er seine mehr als 100 Pfund Gewicht immer gegen die Appartementtür gepreßt und sie manchmal sogar aufbekommen. Nun sah ich voller Schrecken voraus, daß so etwas auch hier passieren konnte. Ich griff durch den Schnee nach Cooper und riß meine behandschuhte Hand zurück, als er mich anknurrte. Dieses Knurren machte mir Angst. Wollte Cooper nichts mehr von mir wissen?

Ich mußte ihn von dieser Tür wegbringen, ehe uns der Farmer hörte, also riskierte ich es, gebissen zu werden. Ich zerrte ihn an den langen Haaren im Genick von der Tür weg. Ein Stück vom Haus entfernt, legte sich Cooper so apathisch hin, als ob er sterben wollte. Ich redete schmeichelnd auf ihn ein und versprach ihm, wenn er mitkäme, würden wir bald was zu essen bekommen. Er lag still da, hob nicht einmal den Kopf. Ich zog ihn weiter durch den Schnee. Der arme Cooper ließ sich durch den ganzen Garten schleifen, wobei er leise und jämmerlich vor sich hin winselte. Dann heulte er sogar laut auf. Ich wollte ihm bestimmt nicht wehtun, aber wenn ich jetzt aufgab, hätten wir uns ebensogut beide hinlegen und auf das Ende warten können. So zog ich Cooper auf die Straße zurück.

Ein paar hundert Meter weiter stießen wir auf eine Kreuzung. Ich hoffte, daß uns die Abzweigung, die ich gewählt hatte, nach Damascus bringen würde, aber ich war mir gar nicht sicher. Dann sah ich eine Gruppe von schneebedeckten Fichten und Tannen, unter denen der Boden schneefrei war. Ich schüttelte den Schnee von den Ästen und verkroch mich darunter. Cooper rollte sich auf den paar Tannennadeln, auf denen kein Schnee lag, zusammen und schlief schnell ein. Das nächste, was ich spürte, war ein warmes, feuchtes Maul, das mich in die Waden zwickte. Es war nicht zu fassen! Ich war doch tatsächlich mitten in diesem Schneesturm eingeschlafen. Ich sprang auf die Beine und setzte zitternd und ängstlich einen Fuß vor den anderen. Die Angst zu erfrieren, trieb meinen gepeinigten Körper vorwärts. Wir schleppten uns einige Stunden dahin, und als ich wieder an jenen Punkt gekommen war, an dem ich mich am liebsten hingelegt hätte, sah ich Lichter durch den grauen Schleier schimmern. Ich hoffte mit der ganzen Kraft, die mir noch geblieben war, daß diese Lichter zu irgendeiner Art von Laden gehörten, und rannte förmlich zu dem schneebedeckten Gebäude. Es war ein Schnell-Imbiß.

Ich stürzte in den warmen Raum hinein, in dem die Jukebox Country-Music spielte, schaute auf die Speisekarte und bestellte: „Fünfzehn Riesenhamburger für mich und meinen Hund."

Eine der Tüten legte ich auf den Tisch nahe der Heizung, wo ich eine große Wasserlache hinterließ. Die andere trug ich hinaus zu Cooper. Er sprang wie von der Tarantel gestochen aus dem Schnee hoch, rannte mich fast über den Haufen und versuchte, mir die Tüte aus den Händen zu schnappen. Ich wickelte die Hamburger aus und legte sie auf ein kleines Plastiktablett. Die ersten drei schluckte Cooper in dem Moment hinunter, in dem ich sie hinlegte, und hätte dabei um ein Haar meine kalte Hand mitgefressen. Die beiden nächsten verspeiste er wie ein Gentleman in zwei Bissen. Bei den letzten drei hätte er sogar meine Mutter zufriedengestellt. Er kaute säuberlich jeden Bissen.

Danach ging ich wieder ins Lokal, nahm mein typisch amerikanisches Essen in Angriff und stoppte die Attacke nicht, bis der letzte und siebente Riesenhamburger vertilgt war. Mit diesem und mit den restlichen Pommes frites hatte ich allerdings schon ein bißchen Mühe. Schließlich ging ich, vollgestopft wie Heinrich der VIII. nach einem seiner üppigen „großen Fressen", zur Kasse.

„Geben Sie mir jetzt mein Wechselgeld, bitte."

„Natürlich, hier ist es", sagte der Mann und reichte mir ein paar Scheine, während er auf einem Hamburger herumkaute. „Junger Mann, Sie wandern doch nicht wirklich bei diesem Wetter zu

Fuß herum, oder doch?"

„Doch, das tue ich", antwortete ich mißmutig. Ich war wirklich nicht in der Stimmung, mich verspotten zu lassen.

„Der Appalachian Trail führt genau über die Hauptstraße. Sie marschieren in dieser Jahreszeit doch nicht dort entlang?"

„Doch! Ich wandere diese Straßen entlang."

Die ehrliche Sorge, mit der er mich betrachtete, störte mich.

„Ich habe eine großartige Idee", sagte er dann und versuchte, seiner Stimme einen begeisterten Klang zu geben, „ich bin Mitglied der Lebensrettungsgesellschaft in diesem Bezirk. Wenn Sie wollen, rufe ich die Stadtpolizei und die Feuerwache an. Ich bin sicher, die bringen Sie und Ihren Hund für die Nacht irgendwo unter. Die Burschen sind echt nett."

Cooper und ich stapften wieder durch den Schnee, und je näher wir zur Stadt kamen, um so mehr Häuser sahen wir. Das einzige beleuchtete Gebäude war die Polizeistation. Drinnen quäkte der Polizeifunk.

„Jemand hier?" rief ich.

„Sind Sie der Wanderer?" fragte eine Stimme aus einem schwach erleuchteten Raum am Ende der Eingangshalle.

„Ja, ich bin's", antwortete ich und schnupperte genüßlich den Duft von frisch gebrühtem Kaffee.

„Gut, kommen Sie hier herein."

Ich ging an den vielen Steckbriefen vorbei, die an der Wand hingen, und erblickte in dem Zimmer einen Polizisten, der nicht viel älter war als ich.

Sein dicker Bauch zeugte davon, wie wenig er sich bewegte und wie wenig Verbrechen es hier in der Stadt gab. Seine Frisur war ziemlich ungepflegt, aber sein Gesicht glänzte so freundlich wie das des Weihnachtsmannes persönlich.

„Hallo, ich bin Peter Jenkins. Der Mann in der Snackbar sagte, daß ich und mein Hund hier vielleicht übernachten könnten."

Er betrachtete uns beide von oben bis unten und sagte: „Sie

und das große Ungetüm da, ihr könnt im Gefängnis schlafen oder in der Feuerwache."

Ich buchte für die Nacht den Boden in der Feuerwehrstation. Der einsame Polizist, der die Nachtschicht hatte, redete und fragte bis gegen 2 Uhr morgens. Ich hatte nicht mehr die Kraft, im hölzernen Drehsessel des Captains aufrecht zu sitzen. Auch die Augen konnte ich kaum noch offenhalten. Die Stunden vergingen, und ich saß da. Dreimal wäre ich beinahe vor Müdigkeit aus dem Sessel gestürzt.

Nachdem ich dem jungen Polizisten klargemacht hatte, daß bei mir schon alles richtig tickte, erzählte er mir Geschichten von seiner Militärzeit in Vietnam, die mich auch aus einem monatelangen Koma hochgerissen hätten. Wir beide, dieser junge Polizeibeamte in seiner dunkelblauen Uniform und ich, in meiner abgenutzten Kleidung, mit meinem Bart und meinem Rucksack, dachten ähnlich über unser 197 Jahre altes Land. Früher hätte er vielleicht gedacht, ich sei ein verantwortungsloser Gammler, weil ich zweifelte, ob dieses Land überhaupt noch zu irgend etwas gut sei. Früher hätte ich vielleicht gedacht, daß dieser Polizist ein verdammter Bulle war, der keinen Augenblick zögern würde, jeden beliebigen abzuknallen. Wie wir aussahen, hatte keine Bedeutung. Was zählte, war, daß wir bereit waren, einander kennenzulernen und zuzuhören.

Mein neuer Freund begleitete Cooper und mich zu unserem Schlafzimmer mit Zementboden und zeigte uns verschiedene Stellen zwischen den Feuerwehrgeräten, wo wir sicher schlafen konnten. Ich breitete meine Schaumstoffmatte unter einer Leiter aus und schlief auf dem kalten Beton so gut wie noch nie. Cooper pflanzte sich neben mich und schmiegte seinen gewaltigen Körper, der jetzt schön trocken war, gegen meinen. Das hatte er gerne, besonders, wenn er sehr müde war. Nach fünf Stunden Schlaf heulten um 8 Uhr die Sirenen der Stadt, wie an jedem Morgen.

Auf neuen Wegen ins neue Jahr

Unser heutiges Ziel, Mountain City in Tennessee, war nur rund 15 Meilen entfernt, aber diese kurze Strecke kam mir vor wie 50 oder 60 Meilen. Im Cherokee-Nationalpark glitzerte der Schnee, als die sanfte Brise ihn vor sich hertrieb. Stolz und schön standen die Fichten und Tannen da, aber sie machten kaum Eindruck auf mich, denn fünf Stunden Schlaf reichen nicht aus, um die Umwelt so richtig genießen zu können. Als wir spät abends in Mountain City ankamen, hatten wir noch so abgelegene und fast geheime Orte wie Laurel Bloomery, Shingleton und Hemlock entdeckt. Viel war dort wirklich nicht los, aber zumindest hatten sie Namen. Westlich lag der Iron Mountain. Es war ein anstrengender Marsch, entweder schlug uns der Wind heftig von vorne ins Gesicht, oder er schob uns vor sich her. Ich war so schwach und schlapp, daß ich keine Lust verspürte, irgendwo zu bleiben und Leute kennenzulernen. Auch die wundervolle, verzauberte Landschaft ließ mich kalt. Alles, was ich wollte, war endlich in die Stadt kommen und in einen tiefen, dringend notwendigen Schlaf versinken. An diesem Abend schrieb ich auf den Rand meiner Landkarte: „Ich habe zu viel von meinem Körper, meinem Geist und meiner Seele gefordert! Bald wird einer von uns nachgeben und aufstecken, entweder ich oder Cooper!"

Wir kämpften uns durch die weiße Wildnis, aber würden wir es bis Mountain City schaffen? Als die Sonne am Spätnachmittag hinter dem Iron Mountain unterging, fiel die Temperatur weit unter den Nullpunkt. Der Wind blies ziemlich heftig und wurde für uns zur Qual. Endlich kamen wir in Mountain City an. Ich war der Meinung, daß wir uns nach diesen Torturen ein Zimmer in einem Motel verdient hatten, ein schönes, zivilisiertes, geheiztes Zimmer, denn heute nacht würde es wieder starken Frost geben. Nach dem Abendessen – gebratenes Huhn mit Soße und ein Korb voll Maisbrot – fragte ich das Mädchen an der Kasse nach einem billigen, warmen Motel, in das auch Cooper hinein durfte.

Das Mädchen mit dem hoch aufgetürmten blauschwarzen Haar sagte freundlich: „Gehen Sie die Hauptstraße ganz bis zum Ende, da ist ein Motel, wo sie nur drei Dollar die Nacht verlangen und es wirklich nett ist."

Als ich einen Reisescheck ausfüllen wollte, sagte sie schnell: „Nicht nötig, Sie waren unser Gast!" Sie kaute auf ihrem Kaugummi herum und schob ihn hin und her. „Wissen Sie, ich habe einen Bruder, der ist auch unterwegs, und der erzählt mir immer, wie nett die Leute zu ihm sind. Deshalb wollen wir hier in Mountain City nett zu Ihnen sein."

Ich konnte nur stammeln: „Tausend Dank. Das ist wirklich nett."

Es war wieder passiert. Ich hatte erneut einen amerikanischen Menschen getroffen, dessen Großzügigkeit und Freigebigkeit, so kam es mir jedenfalls vor, aus dem Geist dieses Landes geboren wurden.

Ich fand das alte Motel ziemlich schnell. Über die Straßen pfiff der Wind immer noch eiskalt, und die zweistöckigen Häuser schienen zu schwanken. In dem Motel spielten zwei Männer, ein junger Bursche und ein kahlköpfiger Großvater, Domino.

„Entschuldigung, kann ich hier ein Zimmer bekommen?"

„Jedes, das Sie wollen", antwortete der alte Mann lächelnd, „alle unsere Zimmer sind frei."

„Prima. Ich nehme ein warmes, das groß genug ist für mich und meinen Hund."

Großvater hob die weißen Augenbrauen.

„Ja, der da, das ist er", sagte ich und zeigte auf die Glastür, gegen die Cooper seinen schneeverkrusteten Kopf drückte. Er schien immer zu wissen, wenn ich über ihn sprach. Er entblößte seine langen, weißen Zähne zu einem freundlichen Grinsen, während sich der alte Mann am Kinn kratzte und gründlich überlegte. Weil er mir gesagt hatte, alle Zimmer seien frei, stimmte er schließlich halbherzig zu.

„In Ordnung. Sie und Ihr Hund bekommen Zimmer 22. Für den Hund kostet es einen Dollar extra. Das Zimmer hat Doppelbetten. Hier ist der Schlüssel, frische Handtücher sind im Badezimmer."

Ich zog einen 20-Dollar-Reisescheck heraus, bezahlte die Rechnung und kaufte mir die erste Zeitung seit unserem Aufbruch in Alfred. Sobald mir der Wirt das Wechselgeld gegeben hatte, hockte er sich schon wieder hin und spielte weiter Domino.

Kaum war ich in unserem altmodisch möblierten Zimmer mit der rosa Tapete, drehte ich schon das Badewasser auf. Kein kaltes, richtig heißes Wasser floß in die alte Badewanne, die auf schmiedeeisernen Löwenfüßen stand. Cooper beanspruchte sofort das eiserne Bettgestell am Fenster für sich. Von hier aus konnte man das ganze Geschäftsviertel von Mountain City überblicken.

Aber ehe er einschlief und sich das ganze Schmelzwasser aus seinem vereisten Fell über die verblichene rote Bettdecke ergießen konnte, hatte ich noch andere Pläne mit ihm. Ich hob ihn hoch und trug ihn zur Badewanne. Ehe ihm klar war, was ihm bevorstand, hatte ich ihn schon in das heiße Wasser getaucht. Mit der einen Hand hielt ich ihn fest, mit der anderen wickelte ich die Seife aus dem Papier, und dann seifte ich ihn so lange von oben bis unten ein, bis zwei Stück Seife verbraucht waren. Nach kürzester Zeit färbte sich das Badewasser braun bis schwarz, und obendrauf schwammen große Dreckklumpen. Um ihn gründlich abzuspülen, mußte ich den grünen Krug, der auf der

Kommode stand, über ein dutzendmal füllen. Danach sah der Boden der Badewanne wie ein Fluß aus, in dem jemand nach Gold gesucht hatte. Ich trocknete Cooper einigermaßen ab und säuberte dann die Wanne.

Endlich konnte auch ich mein erstes Bad auf dieser Reise genießen und den Dreck von Virginia und West Virginia abwaschen. Unser Seifenvorrat überstand diesen Abend nicht. Ich weichte die ganze schmutzige Wäsche aus meinem Rucksack über Nacht in der Badewanne ein. Um sie völlig sauber zu kriegen, hätte ich wohl andere Geschütze auffahren müssen.

Ich lag auf meinem halbfeuchten Bett und studierte den Kalender, der an der Tür angenagelt war. Es schien unglaublich, aber heute war der 19. Dezember 1973. In sechs Tagen war Weihnachten. Wo würden wir dann sein? Bestimmt waren wir nicht mit der Familie um den Weihnachtsbaum versammelt, sondern draußen in der kalten, unfreundlichen Wildnis allein.

Ich breitete meine Landkarte auf dem Bett aus und suchte nach einer netten Stadt, in der man Weihnachten verbringen konnte, eine Stadt mit einem gemütlich klingenden Namen. Ich las Namen wie Zionville, Banner Elk, Hawk und Blowing Rock, lauter Orte im Pisgah Nationalpark oder in der Nähe. Ich suchte ein bißchen weiter südlich, und da entdeckte ich ihn! Den klitzeklein geschriebenen Namen Penland in North Carolina. Ich konnte es gar nicht glauben. In Penland gab es eine der berühmtesten Kunstgewerbe-Schulen Amerikas, und einer meiner engsten Freunde aus der Studienzeit an der Alfred-Universität, Jack Neff, wohnte dort. Er war ein paar Semester weiter gewesen als ich, und ich erinnerte mich noch gut daran, was für ein netter Kerl er gewesen war und wie sehr ich seine Töpfer-Kunst bewundert hatte.

Jetzt stand es fest: Cooper und ich würden nach Penland gehen und Jack besuchen. Das war bestimmt besser, als Weihnachten in unserem kleinen Zelt mitten in Eis und Schnee zu erleben. Ein Blick auf die Karte sagte mir, daß wir uns ganz schön anstrengen mußten, wenn wir es in fünf Tagen bis Penland schaffen wollten. Dann schlief ich fest ein.

In den nächsten Tagen blieb die Temperatur weiterhin beharrlich unter dem Gefrierpunkt, meist waren es mehr als zehn Grad minus. Wir wanderten durch zwei kleine Bergstädte und durch viele Dörfer, die nur Namen hatten, sonst kaum etwas. Es ging dauernd bergauf und bergab, und entweder schneite es unaufhörlich oder wir wurden von Hagelkörnern bombardiert. Es war ein Wunder, daß ich mir keine Lungenentzündung holte. Der Marsch war so kraftraubend, daß ich notierte: „An Tagen wie solchen weiß ich, daß ich mich deshalb bis aufs Blut quäle, um die Wahrheit zu erkennen."

Nach vier Tagen und etwa 74 Meilen waren wir in der Nähe von Penland angekommen. Jetzt schleppten wir uns in dieser beißenden, blauschwarzen Winternacht auf einer einsamen Landstraße dahin. Da ich Jack und seine Familie nicht mitten in der Nacht überraschen wollte, und weil ich ja auch nicht wußte, wo er wohnte, schlug ich mein Zelt am Rande der Straße auf, und wir beide krochen hinein.

Ich schlief bis zum nächsten Mittag, und dann hieß es Jack suchen. Ein freundlicher Autofahrer beschrieb mir den Weg. Dann stand ich in Jacks Studio. Es war, als ob längst vergessene Erinnerungen wieder lebendig wurden. Der vertraute Geruch von Ton und von Brennöfen, das sanfte Sonnenlicht, das durch die verschmierten Fenster drang. Durch eine Trennwand hindurch erblickte ich Jack, der sich über einen kürbisgroßen Tonklumpen beugte.

„He, Jack Neff! Du alter, lehmverschmierter Künstler. Mann, tut das gut, endlich wieder mal einen Freund zu treffen!" Vor lauter Begeisterung hatte ich beinahe geschrien.

Jack drehte sich so hastig um, daß er den Topf fallen ließ, den er gerade auf seiner Töpferscheibe gedreht hatte. Als er mich da stehen sah, mit dem Rucksack auf dem Rücken, blieb ihm der Mund offen, und die unvermeidliche Pfeife fiel zu Boden.

„Ich werd verrückt, Peter Jenkins, alter Ganove, was machst du denn hier?"

Ich erzählte ihm von meinem Fußmarsch durch Amerika und wie ich entdeckt hatte, daß ich so nahe bei Penland war. Jack schaute mich immer noch so an, als träume er. Vielleicht hielt er mich für eine Halluzination. Aber dann nahm er seine Schürze ab und sagte: „Mann, du mußt ja höllisch müde sein. Komm, wir gehen in die Wohnung, da stelle ich dir meine Frau und unseren Sohn vor. Übrigens, wo ist denn dein großer Hund, wie hieß er doch gleich, ah ja, Cooper? Du hast ihn doch bei dir?"

„Er ist draußen", antwortete ich und fühlte immer noch die Freude in mir, endlich einen Bekannten getroffen zu haben. Jacks Wohnung war nur ein paar hundert Meter entfernt.

Jacks Frau servierte uns ihren besten Tee und ihre leckersten Kekse. Sie sprachen darüber, wie aufgeregt ihr Sohn wegen des morgigen Weihnachtstages sei, und da dämmerte es mir, daß es vielleicht nicht richtig sei, mich gerade jetzt der Familie aufzudrängen. Ich beantwortete die vielen Fragen, die mir Jack und seine Frau stellten, aber gleichzeitig dachte ich darüber nach, wo Cooper und ich Weihnachten feiern könnten. Nach dem fünften Keks und der zweiten Tasse Tee wußte ich es. Cooper und ich würden auf den höchsten Berg östlich des Mississippi wandern, auf den Mount Mitchell. Wenn wir ein paar Abkürzungen fänden, könnten es eigentlich nur 15 Meilen bis dorthin sein. Das ist doch gar nicht so schlimm, dachte ich, während Jack redete. Nach der dritten Tasse Tee fragte mich Jack nach meinen Plänen für morgen. Ich erzählte ihm von meinem gerade beschlossenen Vorhaben, von der Wanderung auf den Mount Mitchell. Wir sprachen noch lange über die alten Zeiten und über Neuigkeiten von der Universität, aber diese Mount-Mitchell-Weihnacht

Hundemüde

beherrschte doch alle meine Gedanken.

Gegen 17 Uhr am Vorabend zu Weihnachten verließen wir Jacks Haus. Draußen herrschte ein nebliges, feuchtes Zwielicht. Wir folgten den kurvenreichen Straßen durch versteckte Täler. Die Gegend war einsam und verlassen. Mit der Dunkelheit steigerte sich der Nebel noch, und es wurde höllisch kalt. Ich stellte mir vor, wie die Leute jetzt schön warm bei ihren Süßigkeiten und ihrer heißen Schokolade in ihren Häusern saßen. Die Bäume hatten einen ganz besonderen Glanz, so verzaubert hatten sie noch nie ausgesehen. Ich war nicht müde, aber irgendwie in einer gedrückten Stimmung, wie ich sie früher noch nie verspürt hatte. So schlichen wir, still und unbemerkt wie Füchse, an den Häusern vorbei.

Cooper legte den Kopf schief und lauschte auf weit entfernte Geräusche. Vielleicht hörte er überirdische Schlittenglöckchen? Was machte das schon aus? Der Weihnachtsmann brauchte sich bestimmt nicht um mich zu kümmern. Niemand wußte, wo ich war, und wir würden es in dieser Nacht sicher nicht mehr bis zum Gipfel des Mount Mitchell schaffen, wo der Weihnachtsmann uns die Geschenke überreichen könnte. Wir verließen die nebelverhangene Landstraße, sprangen über einen Stacheldrahtzaun und kletterten auf einen Hügel. Dort verkrochen wir uns unter ein paar Fichten und fielen in einen tiefen, traumlosen Schlaf.

Cooper und ich schafften es bis zum Weihnachtstag nicht mehr zum Mount Mitchell. Ich rief meinen Bruder Scott an, der vier Wochen College-Ferien hatte, und wir trafen uns einige Tage später in North Carolina. Zusammen planten wir nun unseren Weg. Unseren ganz speziellen Neujahrs-Marsch!

Scott und ich wollten das neue Jahr in echter Hochstimmung feiern, und hätten wir das „höher" tun können, als auf dem über 2000 Meter hohen Mount Mitchell? Wir konnten dieser Idee nicht widerstehen und machten uns auf den Weg. Hier waren die

Felder schon wieder braun. Der Schnee hatte sich in Bäche und Flüsse verwandelt und strömte nun Richtung Atlantik. Wir kamen gut voran, die Energie des einen schien den anderen anzuspornen und umgekehrt. Die 15 Meilen bis Celo, einer Stadt am Fuße der Black Mountains, spürten wir kaum. Dort faßten wir einen Entschluß. Wir wollten ohne Landkarte, wie die Trapper und Entdecker, die zuerst in dieses Indianerland kamen, unseren Weg auf den Berggipfel selbst finden. Wir hielten das für einen passenden und beziehungsreichen Start in das neue Jahr.

Das Wetter in den Bergen ist absolut unvorhersehbar. Wir mußten unser Glück versuchen, ohne zu wissen, ob uns dort oben ein Blizzard, ein Gewittersturm oder ein Wirbelsturm oder alles zusammen drohte. Wir hatten genügend zu essen dabei, jeder von uns schleppte so seine 60 bis 70 Pfund Gepäck. Nach zwei Meilen auf einem alten Holzfällerweg begann der steile Pfad nach oben. Im Nebel konnte man kaum zehn Meter weit sehen, aber wir wußten, daß wir auf dem richtigen Weg zum Gipfel waren, der noch etwa 15 Meilen vor uns lag. Hier oben waren noch keine Holzfäller gewesen, den Trampelpfad hatten die Hirsche, Rehe und Bären getreten.

Altersschwache Bäume waren umgefallen, und der viele Regen hatte den Boden sumpfig und glitschig gemacht. Die Hügelkette, auf der wir entlangwanderten, sah aus, als hätte ein Riese hier eine Schachtel Streichhölzer verstreut, kreuz und quer und übereinander. Die riesigen Bäume blieben dort liegen, wo sie umgestürzt waren, und verwandelten sich in Nahrung für ihre Nachkommen. Die Vegetation erinnerte an die kanadische Tundra. Die verschiedenartigen Farben und der alles verschlingende graue Nebel erweckten den Eindruck, als befänden wir uns auf einem anderen Stern oder auf dem Grund des Ozeans. Auch als es keinen Pfad mehr gab, gingen wir weiter, manchmal krochen wir buchstäblich bergauf. Die toten Bäume lagen wie riesige Barrieren vor uns. Über diese schlüpfrigen Hindernisse hinwegzukommen, war gar nicht einfach, besonders nicht für den vierbeinigen Cooper.

Cooper spürte als erster, daß wir uns wahrscheinlich verirrt hatten. Aber ebenso unlogisch wie unbeirrt folgte er exakt meiner Spur, wobei er sich ganz dicht an meine Beine drängte. Scotts Gesicht zeigte seine ganze Anspannung, und seine Augen suchten unentwegt nach einem Durchkommen. Was für eine Einführung in eine Fußwanderung! Von ihm, dem Stadtmenschen, verlangte dieser nebelige Dschungel schon die letzten Kraftreserven. Aber er riß sich zusammen, schließlich wollte er sich vor seinem großen Bruder nicht blamieren. Obwohl er höchstens fünf Meter von mir entfernt war, machte ich in dem dichten Unterholz nur hin und wieder ein paar Stücke von seinem gelben Regenmantel aus.

„Scott, ganz egal, was du jetzt auch denkst, wir haben uns nicht verirrt!" rief ich ihm zu und schützte gleichzeitig mein Gesicht vor den zurückschnappenden Zweigen. „Wir haben für vier Tage zu essen, ein sicheres Zelt, frostsichere Schlafsäcke! Was wollen wir mehr? Wir haben uns wirklich nicht verirrt, das bildest du dir nur ein, okay?"

Entweder hatte Scott mich nicht verstanden, oder er antwortete nicht.

„He, Scott", rief ich noch einmal, „verstehst du, was ich meine?"

„Ja, sicher", antwortete er jetzt. Aber es klang ziemlich niedergeschlagen.

Ich wußte, daß er mir nicht glaubte, aber was konnte ich tun? Unsere kleine Welt mit ihren durchsichtigen Wänden hielt uns gefangen, und es schien keinen Weg mehr nach oben zu geben. Ich kam mir ja auch ziemlich verloren vor und wußte auch nicht mehr so genau, wo wir waren. Man konnte sich auch nicht an einem Berg oder am Sonnenuntergang orientieren. Die Sonne ging nicht unter an diesem Abend, aber wir auch nicht. Als wir endlich aus dem Dschungel herauskamen, wurde das Vorwärtskommen zwischen den Birken, Eichen und Kastanien viel leichter. Trotz unserer Regenmäntel waren wir bis auf die Haut durchnäßt. Aber unsere Körper erzeugten so viel Hitze, daß uns immer warm war.

Schließlich gelangten wir auf einen überwachsenen alten Holzfällerweg. Jetzt wußten wir, daß unser Vorhaben, ohne Landkarte auf den Berggipfel zu wandern, kläglich fehlgeschlagen war. Wir durchwateten sechs tiefe Bäche und trafen schließlich auf eine gepflasterte, zweispurige Landstraße, die uns wieder in die Zivilisation zurückführte. Zweieinhalb Stunden stapften wir durch den Winterregen und kamen dann nach Burnsville in North Carolina.

Alles, was wir von diesem versteckt gelegenen Ort verlangten, war ein Waschsalon, wo wir unsere durchnäßte Kleidung loswerden konnten. Unser Wunsch ging in Erfüllung. Wir entdeckten einen herrlichen Waschsalon, hell erleuchtet, versehen mit langen Bänken, zerfledderten Magazinen und einem Regal voller selten benutzter religiöser Lektüre. Uns schienen die polternden Geräusche der Wäschetrockner und der Duft von getrockneter Wäsche herrlicher als eine Schokoladentorte. Nun kam alles wieder ins Lot, die Welt war wieder in Ordnung. Wir zogen soviel von unseren Sachen aus, wie es die Schicklichkeit zuließ, stopften das Zeug in die Automaten und fütterten die Maschinen mit Münzen.

Cooper sah aus wie eine verhungerte Bisamratte, als er mit einem Satz auf den großen Tisch sprang, auf dem man sonst die Wäsche und Kleider zusammenlegte. Er spürte wohl die schöne Hitze aus den Wäschetrocknern und wollte ihr möglichst nahe sein. Ich zog seinen verdreckten Körper von dem verschmierten Tisch herunter und hätte Cooper am liebsten zusammen mit seinem natürlichen Pelzmantel in solch einen Trockner gesteckt.

Statt dessen mußte ich ihn mit ein paar Lumpen und vergessenen Handtüchern, die überall herumlagen, trockenreiben.

Nach dem Frühstück, das auch für sechs Personen gereicht hätte, gingen wir am nächsten Morgen zum Büro der Forst-Behörde. Dort stellten wir dann fest, daß wir die Ostseite der Black Mountains hinaufgeklettert waren und uns dann in der grauen Wildnis verlaufen hatten. Statt nach Süden zu gehen, waren wir an der Westseite abgestiegen und so nach Burnsville gekommen.

Wir gaben natürlich nicht auf und nahmen den Berg erneut in Angriff. Je weiter wir in das braune Tal hineingingen, um so seltener wurden die Farmhäuser, und dort, wo die nebligen Berge direkt in die Wolken hineinragten, gab es dann gar keine mehr. Ungefähr 15 Meilen hinter Burnsville endete die Straße 197. Wir suchten uns nun unseren Weg selbst, bis Scott einen Pfad fand, der allerdings mehr ein kleiner Bach war. Wir folgten ihm drei oder vier morastige Meilen, bis er von einem anderen Bach weggewaschen wurde. Es war jetzt schon dämmrig, und wir mußten unser Nachtlager aufschlagen.

Am nächsten Tag kämpften wir uns durch blaugrünes Rhododendron-Gestrüpp. Dieses Unterholz schien den Berggipfel wie ein Burggraben zu schützen. Um durchzukommen, mußten wir mit Tausenden von Armen kämpfen, die uns zurückhalten wollten. Der Boden war locker vom vielen Regen, so daß wir ständig ausrutschten. Teilweise mußten wir durch die widerborstigen Büsche regelrecht hindurchkriechen. Die Anspannung und Anstrengung drückten natürlich auf unsere Stimmung, und wir waren recht unfreundlich zueinander. Jedesmal, wenn ich einen Rhododendronzweig abbrach, damit ich mich durchzwängen konnte, pfiff mich Scott an, daß das doch wohl „wirklich nicht nötig“ sei, wie er sich ausdrückte.

Ich lief rot an und brüllte zurück: „Halt die Schnauze, Scott! Sei doch nicht so überspannt.“ Der arme Cooper hatte niemanden, an dem er seine Gefühle abreagieren und Dampf ablassen konnte, deshalb ermunterte ich ihn alle paar Schritte mit altmodischen Koseworten.

Nachdem wir uns stundenlang durch das Dickicht durchgekämpft hatten, stießen wir plötzlich auf Jeepspuren der Förster. Scott und ich waren so glücklich, daß wir herumtanzten. Mit neuer Hoffnung wandten wir uns nach links. Als wir ganz leise um eine Kurve gingen, standen plötzlich zwei gewaltige Hirsche und einige zarte Rehe vor uns im Wald und tranken aus einer eingefaßten Quelle. Cooper machte sich unverzüglich auf die Jagd. Sofort waren seine schlechte Laune und seine Müdigkeit vergessen. Eine Stunde später kehrte der einsame Jäger zurück, und wie immer hing ihm die Zunge fast bis auf den Boden herab. Völlig erschöpft legte er sich hin. Ich war dankbar, daß er seinen Spaß beim Fangenspielen mit den Waldtieren gehabt hatte, die ihm sicher entwischt waren.

Dort oben, wo der Mond über den Wolken die Dunkelheit erhellte, bauten wir an der Kante einer Klippe, die direkt nach Osten schaute, unsere beiden Zelte ganz dicht am Abgrund auf. In dieser Nacht war ich dem Himmel näher als jemals in meinem ganzen Leben.

In der Morgendämmerung wachten wir drei auf und sahen, daß wir wie die Vögel auf einer der Bergspitzen hockten, die über die Wolken hinausragten. Stundenlang genossen wir die herrliche Aussicht, als es immer heller wurde. Das war die außergewöhnlichste Neujahrs-Feier meines Lebens. Gegen vier Uhr machten wir uns wieder auf den Rückweg. Von hier oben aus, wo man in unendliche Weiten schauen konnte, schien das Leben dort unten im flachen Land bedrückend und eingeengt. Nach diesem Erlebnis fühlten wir uns so stark, als ob wir sogar auf dem Wasser gehen könnten. Dieses Gefühl brauchten wir auch, denn es lag noch ein Marsch von 20 Meilen vor uns. Nachdem wir etwa eine Viertelmeile bergab gegangen waren, trafen wir den ersten Menschen seit zwei Tagen. Wir sprachen mit dem Förster, und er zeigte uns einen Weg über die Balsam-Schlucht, der uns viele Meilen ersparte.

Der große, schwarze Schatten

Wir wanderten westwärts, auf das Indianerland zu, und benützten die Straßen 19 und 23. Wenige Tage nach Neujahr ereignete sich eine der heroischsten Episoden dieser Reise. Es scheint so, als kommen wichtige Ereignisse im Leben so schnell und unerwartet wie Wolken, die sich vor die Sonne setzen.

In dieser Sekunde passiert es, und in der nächsten ist es schon wieder vorbei. An diesem Tag wanderten Scott und ich auf einer Straße zwischen abgeernteten Maisfeldern. Rechts von uns, ungefähr 150 Meter entfernt, hörten wir plötzlich ein vielstimmiges heiseres Bellen. Wie aus dem Nichts tauchten plötzlich sechs braune Hunde auf, alle etwas kleiner als Cooper.

Cooper war uns ein ziemliches Stück voraus und verfolgte irgendein Tier. Er sah die Hunde nicht, sie sahen ihn nicht. Sie kamen direkt auf Scott und mich zu. Tausend Ideen, wie ich mich verteidigen könnte, schossen mir in meiner Panik durch den Kopf. Ich wußte, wir konnten uns gegen diese wolfsähnlichen Biester kaum wehren. Wahrscheinlich hatten sie schon so gefährliche Tiere wie Bären und Wildschweine gejagt, und wir würden für sie eine leichte Beute sein.

Als die Hunde höchstens noch 50 Meter von uns entfernt waren, hörte Cooper endlich ihre blutrünstigen Laute. Er drehte sich um und kam angeschossen wie ein Weltmeister, eine riesige Staubwolke hinter sich herziehend. Als die wilde Meute Cooper erspähte, stürzte sie sich sofort auf ihn.

Ich hatte Cooper schon als jungem Hund beigebracht, nie

einen Kampf zu provozieren und nie auf einen kleineren Hund loszugehen. Aber hier gab es keine Möglichkeit, dem Kampf auszuweichen. Er hatte wohl auch keine Lust dazu. Das Gebell und Gekreische wurde aufgeregter, als die Meute Cooper umzingelt hatte. Die braunen Hunde gingen gegen Cooper vor, als hätten sie es mit einem Bären zu tun. Sie kreisten ihn in einem Maisfeld ein und machten so einen Höllenlärm, wie ihn sechs ausgewachsene Jagdhunde nur machen können. Einer griff Cooper von vorne an, wie ein Kampfstier den Matador, die anderen sollten ihn dann von hinten packen. Der erste sollte ihn ablenken, damit sich die anderen in seine Hinterbeine verbeißen konnten. Wenn ihnen das gelänge, würde Cooper für sein ganzes Leben ein Krüppel sein. Wütend mußte ich zusehen, wie mein bester Freund sein Leben verteidigte. Hektisch suchte ich den Boden ab, um irgendwas zu finden, mit dem ich auf die wütenden Hunde einschlagen konnte. Aber ich fand nichts und mußte hilflos zuschauen.

Eigentlich hatte ich mich schon fast damit abgefunden, daß die sechs Killer Cooper zu Boden werfen und ihm die Kehle durchbeißen würden. Aber da wurde ich Zeuge eines Vorgangs, den ich nie mehr vergessen werde. Cooper packte einen der kreischenden Hunde im Genick. Mit einer schnellen Bewegung seines mächtigen Kopfes schleuderte er den kläffenden Gangster hoch durch die Luft. Nachdem wir das gesehen hatten, waren wir beruhigt, setzten uns hin und beobachteten die zehnminütige Hundeschlacht, in der Gewißheit, den Sieger zu kennen. Cooper setzte seine vielen Kilo Muskeln geschickt ein, parierte jeden Angriff und biß die Kerle in ihr dünnes Fell. Seines war so dick, daß den Hunden nur ein Maul voller Haare blieb, wenn sie ihn gepackt hatten. Cooper schlug immer und immer wieder seine Zähne in die dünnen braunen Felle. Als die Hunde schon ziemlich stark bluteten, glaubte ich, sie würden nun aufgeben und verschwinden. Aber sie taten es nicht. Bären waren wahr-

92

scheinlich ebenso hartnäckig wie Cooper, und die Hunde waren es offensichtlich gewöhnt, daß schließlich ihr Herr mit einem Gewehr auftauchte und den Kampf beendete. Als aber ihr Herr nicht erschien und sie alle kräftig durchgeschüttelt und durch die Luft geflogen waren, gaben sie ihr mörderisches Vorhaben endlich doch auf und rannten nach Hause.

Cooper, der Sieger in der Schlacht, jagte ihnen noch ein wenig lustlos nach. Aber dann kam er zurück, doch einigermaßen müde von dem größten Kampf seines jungen Lebens, und mir kam es so vor, als ob sein keilförmiges Gesicht ein richtiges Siegerlachen zeigte. Diese sechs Hunde hatten ihre Lektion gelernt, hatten eine Unterrichtsstunde im Kampfstil von Alaska bekommen. Cooper kam zu mir und legte seinen Kopf in meinen Schoß. Ich untersuchte sein dickes Fell, wie eine Affenmutter ihr Baby nach Läusen absucht. Ich tastete ihn tief bis auf die Haut ab, fand aber keine Wunden oder Spuren von Zähnen. Ich war eigentlich ein bißchen geschockt, daß mein Hund, dem ich da sein babyweiches Fell kraulte und der seinen Kopf so zutraulich in meinen Schoß legte, solche gefährlichen Mörder-Instinkte in sich hatte. Dann erinnerte ich mich an die Geschichte, die man mir damals in Alfred erzählt hatte, als ich Cooper als fünf Wochen altes Hundebaby bekam.

Larry, der Züchter, berichtete mir von einem merkwürdigen Gerücht über Coopers Vater, den keiner kannte. Karma, Coopers Mutter, war zur Zeit seiner Geburt erst acht Monate alt. Larry hatte eigentlich warten wollen, bis Karma älter war, aber Coopers Vater durchkreuzte seine Pläne. Eines Nachts, als Karma zum erstenmal läufig und in einen starken Verschlag hinter Larrys Töpferwerkstatt eingesperrt worden war, hörte Larry laute, krachende Geräusche. Er dachte zuerst, durch den starken Wind wäre irgend etwas umgeworfen worden. Dann hörte er Karma schreien und winseln. Weil sein Haus ziemlich einsam lag, hatte Larry immer ein Gewehr dabei, wenn er nach draußen ging, um ungewöhnliche Geräusche zu untersuchen. Es war das erste Mal, daß Larry einen Laut von Karma hörte, denn Malamutes bellen nicht. So war er wirklich beunruhigt. Es war dunkel, und nur ein dünner Lichtschein aus den hinteren Fenstern des Hauses fiel auf den Schnee.

Als sich Larry dem Verschlag näherte, in dem Karma eingesperrt war, sah er, wie ein großer, schwarzer Schatten, etwa von der Größe eines kleinen Ponys, durch die zerbrochene Tür herausschoß und verschwand. Er war so schnell, daß Larry keine Zeit hatte zu schießen. Karma, die kohlrabenschwarz war, mit weißen Flecken um Augen und Nase, kam wimmernd und heulend zu ihm gekrochen. In dieser stürmischen Nacht war Cooper gezeugt worden, von einem mysteriösen schwarzen Schatten! Am nächsten Morgen sah Larry, daß die Tür zu Karmas Verschlag förmlich aus den Angeln gerissen worden war. Coopers unbekannter Vater hatte dieses Kunststück fertiggebracht.

Ich streichelte meinen mutigen, kämpferischen Freund, und mir war klar, daß Cooper diese Anlagen von jenem großen, schwarzen Schatten geerbt hatte.

Sterbenskrank

Scott ging nach Alfred zurück. Er mußte seine eigenen Wege gehen und seine eigenen Antworten finden. Cooper und ich strebten westwärts auf Fontana Village zu, das an dem gleichnamigen See liegt. Wir wanderten durch Ela und Bryson City und benutzten dann den wenig befahrenen Highway 28. Ich besaß nur noch 60 Dollar. In Fontana Village deckte ich mich mit Nahrungsmitteln für drei bis vier Tage ein. Das Gewicht meines Rucksacks kletterte auf etwa 75 Pfund hinauf, mein Vorrat an

Mein Bruder Scott

Geld sank auf 45 Dollar hinunter.

Im kalten, blauen Tageslicht gingen wir auf den Fontana-Staudamm zu, hinter dem der Appalachen-Wanderweg begann, wo wir mit den Winterschlaf haltenden Bären und mit den Rehen, die jetzt ein sehr schweres Leben hatten, allein sein würden. So früh am Jahresbeginn 1974 war hier noch niemand unterwegs.

Schon immer hatte ich die Wildheit und die fast unberührten Gegenden der Great Smokies kennenlernen wollen. Der Wanderweg schlängelt sich über unzählige Felsen hinauf und mitten durch die schweren Wolken, die Namensvettern dieser Berge.

Fast ständig hingen diese grauen, feuchten Wolken bis zum Erdboden herab, und mich schüttelten Kälteschauer. Es war, als habe etwas meine ganze Kraft und Energie ausgelaugt. Ich fühlte mich schwach wie ein Waschlappen. Jeder Muskel schien entzündet zu sein und schmerzte bei der kleinsten Bewegung. Ich schleppte mich weiter, weil man mir erzählt hatte, etwa zwei oder drei Meilen den Berg hinauf befände sich eine Schutzhütte. Zu allem Unglück begann es auch noch zu hageln. Die Graupelschauer verstärkten sich in dem Maße, wie meine Kraft dahinschwand. Die Sonne schien für immer verschwunden zu sein, und die Temperatur sank um 10 Grad.

Schwach wie ein Baby erreichte ich schließlich, mehr stolpernd als gehend, die Schutzhütte. Vor dem „Haus" war ein fester Zaun gezogen, um die neugierigen Bären abzuhalten. Drinnen standen eiserne Etagen-Bettgestelle. Sonst war die Hütte, abgesehen von ein paar alten Wespennestern und Bonbonpapieren, leer. Zum drittenmal auf unserer Wanderung machte ich ein Feuer. Diesmal brauchte ich es wirklich dringend. Ich zitterte am ganzen Körper, und meine Zähne klapperten wie die Graupelkörner auf dem Blechdach. Cooper konnte nicht begreifen, warum wir schon so zeitig halt gemacht hatten, obwohl sein Fell fast völlig vereist war. Krämpfe schüttelten meinen leeren Magen, und ich hoffte, daß ein kräftiges Feuer mich aufwärmen und die Krämpfe beruhigen würde. Nachdem ich meinen Rucksack im Haus abgelegt hatte, suchte ich draußen unter den harten Hagelschauern nach einigermaßen trockenem Holz. Ich stapelte es vor dem Feuerplatz und hatte große Mühe, selbst die dünnsten Äste zu brechen. Der Boden der Hütte bestand aus festgestampfter Erde. Vier Streichhölzer schafften es nicht, aber das fünfte brannte dann so lange, bis eine kleine Glut entstand. Das Feuer qualmte fürchterlich, aber ich kroch ganz dicht dran und war dann soweit aufgewärmt, daß ich in meinen Schlafsack schlüpfen konnte. Da drin lag ich dann gefangen wie eine Mumie, vier Nächte und drei Tage! Die meiste Zeit war ich zu schwach und zu krank, um zu essen. Nur gelegentlich drang das Klopfen der Graupelkörner auf dem Blechdach in mein Bewußtsein. Ich war gerade noch fähig, die Packung mit Hundekuchen für Cooper zu öffnen und ihn zu füttern. Er fraß ungefähr zwanzig Stück und rollte sich dann zufrieden neben dem glimmenden Feuer zusammen. Irgendwann wachte ich auf, weil der Hagel stärker auf das Dach prasselte. Ich hatte keine Ahnung, wie spät es war. Weil es dämmrig und grau war, dachte ich, es sei Morgen, aber es wurde nicht heller.

Was mich auch erwischt hatte, es war tödlich. Vielleicht ein gefährlicher Virus oder eine schlimme Grippe. Nachdem ich einen ganzen Tag völlig apathisch dagelegen war, fühlte ich mich nur noch schwächer. Während des zweiten Tages in meinem Schlafsack-Gefängnis hatte ich abwechselnd Schüttelfrost und Schweißausbrüche. Eine Stunde lang schwitzte ich, die nächste zitterte ich wie Espenlaub. Dann verfiel ich ins Delirium. Ich wußte nicht mehr, ob es Tag oder Nacht war. Ich ertappte mich dabei, wie ich aufrecht auf der Drahtmatratze saß, laut schrie oder mich mit Leuten unterhielt, von denen ich glaubte, sie seien auch in der Hütte. Niemand half mir, keiner tröstete mich oder sprach mir Mut zu. Manchmal bettelte ich sogar darum, daß die Hütte einstürzen und mich für alle Zeiten unter sich begraben möge. In den wenigen klaren Augenblicken hatte ich große Angst, den Verstand zu verlieren. Ich war wirklich nahe daran, verrückt zu werden.

Cooper spürte, wie schlimm es um mich bestellt war. Nach der zweiten Nacht lag er auf der Pritsche neben mir, schmiegte sich an mich und leckte mein Gesicht, wenn ich anfing, mit alten Freunden oder mit meinen Eltern zu reden. Wenn ich dann mal für ein paar Minuten normal war, sah er mich mit hochgerecktem Kopf liebevoll an, aber auch verwirrt wegen meines ungewöhnlichen Verhaltens. Das war es, was mich rettete – das

Wissen, daß Cooper bei mir war. Ich erinnere mich, daß Cooper während dieser schrecklichen Nächte ein paarmal aufstand und draußen am Zaun kratzte, als wollte er weglaufen. Wahrscheinlich wäre ich gestorben, wenn Cooper mich verlassen hätte.

Draußen stürmte es ohne Unterlaß. Endlich, am vierten Tag, zeigte sich die Sonne wieder. Ich war hungrig und zwang mich aufzustehen. Dann schleppte ich mich den Berg hinunter, zurück nach Fontana Village. Mein schwacher, kranker Körper kam nur langsam voran. Auf jeder Lichtung legte ich eine Pause ein und genoß die heilende Sonne auf meinem Körper. Als ich über den Fontana-Staudamm ging, begegnete ich zwei Arbeitern.

Einer mit einem gelben Schutzhelm sprach mich an: „He, was machen Sie denn hier? Sie waren doch nicht während des Sturms dort draußen auf dem Trail, oder?"

Ich fühlte mich ziemlich elend und keuchte mühsam: „Doch, ich war dort." Der Klang meiner eigenen Stimme traf mich wie ein Schock. Vier Tage lang hatte ich mit keinem Menschen gesprochen, und jetzt wurde mir plötzlich klar, daß bis zu diesem Zeitpunkt noch kein Tag in meinem Leben vergangen war, ohne daß ich mich mit einem Menschen unterhalten hatte. Sogar an den schrecklichsten Tagen in den abgelegensten Gegenden hatte ich doch immer wenigstens einen Menschen getroffen.

In Fontana Village fand ich schnell ein Restaurant und bestellte mir eine große warme Mahlzeit. Der Tee war mit Honig gesüßt und schmeckte mir köstlich. Ich spürte richtig, wie er meinen kranken Magen erwärmte. Ich rief nach der Bedienung. Sie kam, wendete ihren Kopf zur Seite und hustete.

„Sagen Sie bitte, geht hier gerade eine schlimme Krankheit um?"

Weil sie statt zu antworten nur husten konnte, hielt sie den Atem an und sagte: „O ja. Gerade diese Woche schien hier jeder die Grippe zu haben. Einige hat es ganz böse erwischt, sie mußten sogar ins Krankenhaus." Mit einem heiseren Krächzen goß sie heißes Wasser auf meinen Tee und flüsterte bedrückt: „Dieser verdammte Bazillus hat sogar ein paar Leute umgebracht. Ob Sie's glauben oder nicht, hinten im Tal haben sie eine alte Frau gefunden, die schon ein paar Tage tot in ihrem Haus lag. Nachbarn haben sie entdeckt, als sie von ihr Eier kaufen wollten."

Ich begriff, wie nahe ich dort oben in der Schutzhütte dem Tod gewesen war.

Spießrutenlaufen

Obwohl ich von meinem Kampf mit der schweren Grippe noch ziemlich geschwächt war, mußte ich mir nun doch rasch Arbeit suchen, um wieder zu Geld zu kommen. Ich beschloß, nach Robbinsville in North Carolina zu gehen und dort nach einem Job Ausschau zu halten.

So ein Städtchen hatte ich noch nie gesehen. Es war von steilen, festungsähnlichen Bergen eingeschlossen und überdies die einzige Stadt im ganzen Bezirk Graham. Aus der Entfernung wirkte sie wie eines jener alten englischen Dörfer mit einem Schloß oder einer Burg im Zentrum und darum herum angeordneten Ställen und Bauernhäusern.

An der Stadtgrenze begrüßten mich große Plakatwände, die von einem der stolzesten Ereignisse in der Stadtgeschichte berichteten. Die Mannschaft von Robbinsville war 1970 und 1972 Staatsmeister im Football geworden. Eigentlich war ja die Stadt so klein, daß man sich wunderte, wie sie überhaupt eine Schule füllen, geschweige denn ein Football-Team auf die Beine bringen könne. Aber sie hatten es geschafft. Jahr für Jahr gewannen sie gegen die Teams von weitaus größeren Schulen und gegen viel ältere und stärkere Jungen. Ehe ich die Menschen in Robbinsville näher kennenlernte, hielt ich sie für rauhe und sture Typen aus den Appalachen. Jedenfalls hatte man sie mir so beschrieben.

Wir wanderten an ein paar Tankstellen vorbei und blieben dann vor einem alten Laden stehen, zwei Blocks vor der Hauptstraße.

Country-Musik ließ die verwitterten Balken und Bretter erbeben, die das Gebäude zusammenhielten, und ich glaubte, der Besitzer spielte eine der Hillbilly-Schallplatten mit voller Lautstärke ab. Ich öffnete die Tür, die mit Plakaten über die Football-Meisterschaft vollgepflastert war. Mitten im Geschäft standen zwei Männer auf dem mit Sägemehl bestreuten Fußboden. Der eine spielte auf einer selbstgeschnitzten Mandoline, der andere auf einer Geige aus Weidenholz. Umgeben von Kartoffelchips, Süßigkeiten und geräuchertem Schinken gaben die beiden Musiktalente ein kostenloses Konzert. Sie wechselten von einer Melodie zur anderen über. Die groben Tischlerhände des Mandolinenspielers bewegten sich beim Solo mit der Geschwindigkeit und Grazie von Kolibris.

Ich nahm mir zwei große rote Äpfel und setzte mich auf eine leere Kiste. Auch der Geschäftsinhaber und ein paar zufriedene Kunden hörten andächtig zu. Diese einfachen Musiker schlugen keinen Takt mit dem Kopf oder den Fingern und blieben doch stets im Rhythmus. Ihre Musik war sauber und klar wie Homers Berg.

Ich lauschte etwa eine halbe Stunde lang dem ländlichen Konzert und ging erst, als die letzte Note verklungen war. Ich bezahlte die Äpfel und bedankte mich bei den Musikern. Über die Hauptstraße kam ich zum Rathaus, von wo aus ich das ganze Städtchen überblicken konnte. Es gab zwei oder drei kleine Geschäfte, eine Post, fünf Tankstellen, zwei Banken, eine Bücherei, zwei Motels, zwei Baufirmen und das Schulhaus, in das die Kinder aus dem ganzen Bezirk gingen, vom Kindergarten bis zur 12. Klasse. Aber am wichtigsten, jedenfalls für mich, waren die drei Restaurants. Eines nannte sich „Zu Hause", die anderen schienen gutbürgerlich zu sein. Diese Stadt war so klein, daß ich sie in weniger als 15 Minuten durchwandern konnte.

Ich aß im „Zu Hause" und fragte die Leute nach einem Job. Im Winter sei das sehr schwierig, meinten sie, vielleicht sollte ich es einmal beim Bau der neuen Staatsstraße versuchen. Weil die Baufirmen erst am Montag wieder in Betrieb waren, schauten Cooper und ich die Stadt noch ein wenig genauer an.

Im Rathaus saßen zwei Polizisten in einer rundum verglasten Kabine und konnten von dort aus gemütlich alles beobachten, was an diesem Samstagabend draußen so vor sich ging. Cooper und ich gingen hinein und stellten uns vor. Der jüngere Polizist hieß Ray Shuler, war ungefähr 28 Jahre alt und gebaut wie Mr. Universum. Sein Haar saß so perfekt, als wäre er gerade vom Friseur gekommen. Wir unterhielten uns gut zwei Stunden.

Um 22 Uhr war ihr Dienst zu Ende. Ray lud mich ein, im Wohnwagen seiner Familie zu übernachten, der direkt neben seinem Haus im Südwesten der Stadt stand. Es war kaum zu glauben, daß diese Einladung ausgerechnet von einem Polizisten kam, aber ich nahm natürlich an. Cooper und ich verbrachten das Wochenende dort, bis ich am Montag nach einem Job fragen konnte.

Die Nachricht von unserer Ankunft hatte sich schnell herumgesprochen, und bald redete die ganze Stadt über uns. Das heißt vor allem über mich. Die Leute diskutierten, als seien Marsmännchen gelandet. Und die Sonne war am Sonntag noch nicht untergegangen, da stand es für alle Leute unumstößlich fest, daß ich ein Rauschgifthändler war, der ihre Kinder verderben wollte! Stück für Stück holte ich diese unglaubliche Geschichte aus Ray, meinem Freund von der Polizei, heraus. Die Gerüchte über mich, die für die Einwohner schon Tatsachen waren, faszinier-

101

ten mich sogar. Ich hätte nie geglaubt, daß ich so eine anrüchige Berühmtheit bin. Ich versuchte, den Leuten von meinem Fußmarsch durch Amerika zu erzählen und von den Gründen dafür, aber kein Mensch wollte mir glauben. Die meisten meinten wohl, dies sei ein cleverer Trick, um meine Geschäfte als Rauschgifthändler zu tarnen.

Ray Shuler mit zwei seiner Kinder

Unter diesen Umständen wäre es sicher besser gewesen, den Job sausen zu lassen und aus der Stadt zu verschwinden.

Aber ich blieb stur und weigerte mich, so einfach abzuhauen. Mein Geld war auf einen Dollar und ein paar Münzen zusammengeschmolzen. Unter den 587 Menschen, die in Robbinsville lebten, mußten doch wenigstens ein paar sein, die mich nicht für einen Verbrecher hielten und meine Geschichte glaubten. Ich klapperte die Bau-Firmen ab, die Lebensmittelgeschäfte, die frei arbeitenden Holzfäller und die einzige Fabrik im Ort. Nirgends gab es Arbeit für mich. Nicht ein einziger Job war frei! Die Woche verging, und es änderte sich nichts. Die Leute aus Robbinsville wollten Cooper und mich endlich loswerden, also übten sie auch Druck auf Ray und seine Familie aus. Ich konnte mir jetzt ungefähr vorstellen, wie sich Leute im Ostblock fühlen. Ich wurde überall beobachtet und überwacht, hinter jeder Ecke und hinter jedem Fenster lauerten Augen auf mich. Mitte der zweiten Woche ging mir das Geld endgültig aus, und jetzt war ich wirklich in Schwierigkeiten. Müßte ich für immer hierbleiben oder gar um Almosen betteln? Niemals! Ende der Woche wollte ich diese ungastliche, feindliche Stätte verlassen, falls ich bis dahin immer noch keinen Job gefunden hatte.

Ich versuchte alles, klopfte überall an, redete mir den Mund fusselig, aber zwischen mir und diesen Leuten stand eine unsichtbare, unüberwindbare Mauer. So etwa mußte es einem Schwarzen in den dreißiger Jahren ergangen sein, wenn er versucht hatte, aus seinem Elend herauszukommen. Am Donnerstagabend der zweiten Woche hatten sie mich dann weichgekriegt. Ich rief zu Hause an und bat um 50 Dollar. Meine Familie versprach, das Geld gleich abzuschicken. Es konnte mit der Morgenpost schon da sein. Die Bürger von Robbinsville waren nun fest entschlossen, den verdammten Yankee-Hippie aus der Stadt zu jagen. Man drohte Ray mit Entlassung, falls er mich nicht aus seinem Haus werfen würde. Ich hoffte inbrünstig, daß die US-Post schnell arbeitete.

Diese verrückten Leute von Robbinsville hatten mir nun doch mehr Angst eingejagt, als ich jemals zuvor in meinem Leben verspürt hatte. Ich stellte mir vor, was sie mit mir anstellen könnten. Wenn sie mich umbrachten, hätte wohl kein Hahn nach mir gekräht. Monatelang hätte es kein Mensch erfahren, ich konnte ja genausogut irgendwo in der Wildnis umgekommen oder von einem Bären gefressen worden sein.

Mir war hundeelend, als meine sehnlichst erwartete Post am Freitag nicht kam. Sie kam auch nicht am Samstag, und am Sonntag war das Postamt geschlossen. Ich machte mich, so gut es ging, unsichtbar, ging jedem Menschen aus Robbinsville aus dem Weg. Inzwischen war ich aus Rays Wohnwagen ausgezogen und kampierte in meinem Zelt am Stadtrand. Immer wieder kam mir der schreckliche Gedanke, daß mein Geld vielleicht verlorengegangen war.

Die Warterei am Montag vormittag war tödlich. Die Post kam erst gegen Mittag, und die Zeit schien zu kriechen. Ich glaube, auch Cooper hatte die Feindseligkeit dieser bösartigen Leute gespürt und wollte nichts lieber, als aus dieser Stadt verschwinden.

Gegen Mittag warteten wir neben meinem Zelt am Ende einer staubigen Straße, als ein ziemlich neuer Plymouth auftauchte. In dem Auto saßen zwei Männer. Der braune Wagen stoppte vor uns. Es war offensichtlich ein ziviles Polizeifahrzeug, und ich wußte, daß es nicht in diese Stadt gehörte.

Ein Mann in einem billigen Anzug stieg aus. Sein Haar war schmierig und wurde schon allmählich dünn. Er bellte mich an: „Zeig mir deinen Ausweis!" Dann stieg der andere Mann, der die Uniform eines Sheriffs trug, aus.

Ich kroch bereits ins Zelt, als mir der Mann befahl, ich solle mich so verhalten, daß er immer sehen könne, was ich tue.

„Sir, hier ist mein Führerschein, meine Geburtsurkunde, mein

Gestellungsbefehl und mein College-Ausweis." Ich sprach sehr höflich und reichte ihm die Papiere.

„Hör mal zu, du unruhestiftender Hippie", knurrte er und riß mir die Ausweise aus der Hand, „mir ist es verdammt egal, wer du bist. Ich bin von der Staatspolizei, und mein Telefon ist fast von der Wand gefallen, so oft haben mich die Leute wegen dir und wegen deinem dreckigen Hund angerufen." Er grinste mir höhnisch ins Gesicht. „Was willst du denn beweisen, he? Hier in diesem Bezirk kriegst du keinen Job, das garantier ich dir!"

Am liebsten hätte ich ihm mit der Faust in seine schmierige Visage geschlagen. Aber ich sagte nur: „Ich habe doch nichts angestellt in dieser Stadt. Sobald ich die Post von meiner Familie bekomme, werde ich liebend gern für immer aus dieser Gegend verschwinden."

Als ich die Post erwähnte, schauten mich die beiden überrascht an, als hätten sie nicht erwartet, daß einer wie ich Eltern hat.

„Ich will mich noch ein bißchen klarer ausdrücken, du weiße Ratte", sagte der Polizist voller Abscheu, „wenn du nicht bald, und ich meine wirklich bald, aus dieser Stadt verschwunden bist, könnten wir dich zufällig an einem Baum dort drüben aufgehängt finden." Er zeigte auf den Hügel, auf dem hohe, schlanke Bäume standen und genau wie jene aussahen, die in der guten alten Zeit zum Aufhängen benutzt worden waren.

Sein Finger wies immer noch auf den Hügel, als er hinzufügte: „Ich hoffe, du hast kapiert?"

Er wollte schon gehen, da drehte er sich noch einmal um. „Noch was. Wir haben hier ein Sprichwort: Nigger, laß die Sonne ohne dich untergehen. Du bist nicht viel besser als so ein lausiger Nigger. Also, wenn die Sonne untergeht, bist du nicht mehr da!"

Die beiden stiegen in ihren Wagen, der im Anzug kurbelte das Fenster runter und rief mir zu: „Ob deine Post heute noch

105

kommt, ist mir wurscht. *Verschwinde aus dieser Stadt!*"

Zitternd vor Wut und Angst packte ich meine Sachen und machte, daß ich von diesem potentiellen Galgenhügel wegkam. Auf dem Weg zum Postamt gingen die Leute auf die andere Straßenseite, wenn sie mich kommen sahen. Ich fragte den Postbeamten, ob etwas für Peter Jenkins da sei. Er sah die postlagernden Sendungen überhaupt nicht durch, sondern sagte gleich, nein, er glaube nicht.

Vor Empörung schrie ich ihn fast an: „He, schauen Sie doch wenigstens mal nach."

„Gut", sagte er, „aber ich bezweifle, daß Sie Post bekommen." Er suchte und rief dann: „Was sagt man dazu, hier ist tatsächlich was für Sie."

Ich riß ihm den Brief aus der Hand und warf einen hastigen Blick darauf. Gottlob, er kam wirklich von meiner Familie. So schnell ich konnte, verschwand ich aus der Stadt. Mann, war ich froh, von diesem Robbinsville mit seinem Hügel und den schönen Bäumen zum Aufhängen wegzukommen. Cooper und ich wanderten zu der nächsten größeren Stadt und waren entschlossen, nicht eher halt zu machen, als bis wir weit genug von Robbinsville entfernt waren.

Meine neue Familie

Als es dunkel wurde, kamen wir nach Andrews, einem Ort mit rund 1400 Einwohnern. Ich war immer noch aufgebrachter, als ich mir eingestehen wollte, und hatte keine Lust, in dieser Stadt zu bleiben, auch wenn sie uns mit der Stadtkapelle empfangen hätten. Andrews lag zwar schon außerhalb der Berge, aber noch zu nahe an Robbinsville. Am nächsten Morgen waren wir schon früh auf den Beinen, Richtung Westen, zu der Ecke, wo vier

Bundesstaaten zusammentreffen. Cherokee war der letzte Bezirk von North Carolina, und wir mußten uns nun entscheiden, ob wir in diesem Staat bleiben wollten oder nach Georgia, Tennessee oder Alabama gehen sollten.

Wir durchwanderten Marble und Grandview auf dem Highway 19 und erreichten die Stadt Murphy in North Carolina, als die Nacht hereinbrach. Je weiter wir südwestwärts gingen, um so kleiner wurden unsere Freunde, die Smoky Mountains. Statt dichten Nadelwäldern und schwarzem Boden gab es hier in den Hügeln nur einige kümmerliche Bäume und rötliche Erde. Rund um Robbinsville schienen die Wälder in seidene Roben gekleidet gewesen zu sein, hier sahen ihre Kleider eher wie durchlöcherte T-Shirts aus. Diesen starken Wechsel der Landschaft hatte ich nicht erwartet, und er beunruhigte mich ein wenig. Ganz oben auf meiner Liste stand ja der Wunsch nach einer Stadt in den Bergen und nach einem Job in dieser Stadt. Es sollte aber kein Ort in den Ausläufern der Berge sein.

Murphy müßte eigentlich die richtige Stadt sein, dachte ich beim Betrachten der Karte, denn sie schmiegte sich in die mütterlich beschützenden Berge.

Im Februar 1974 überschritten wir an einem ruhigen, milden Dienstag abend den Hiwassee-River und wanderten nach Murphy hinein. Auf der Suche nach der Hauptstraße und nach gutem Essen kamen wir an einem hellerleuchteten Basketballplatz vorbei, auf dem sich sechs schwarze junge Burschen einen heftigen Kampf lieferten. Wir gingen den Hügel hinauf in die Stadt, vorbei an gepflegten Häusern. Die weißen Gebäude mit ihren waldgrünen Rolläden sahen richtig anheimelnd aus. Auf den ersten Blick wirkte hier alles viel friedlicher und zivilisierter als in Robbinsville. Jedenfalls hoffte ich stark, daß dieser Eindruck sich bestätigen würde.

Schon von weitem hörte ich den Lärm der Hauptstraße, von der ich wünschte, daß sie für die nächsten paar Monate *meine*

107

Hauptstraße werden würde. Als wir dann um eine scharfe Kurve bogen, sah ich auf der Hauptstraße einen Stau von zehn bis zwanzig Autos nebeneinander aufgereiht. Da ich nicht begriff, was da vorging, setzte ich mich vor einen geschlossenen Drugstore und beobachtete die Sache. Die Burschen fuhren die Hauptstraße hinauf und hinunter und lieferten sich offenbar ein Rennen um einen Wagen voll mit hübschen Mädchen. Jeder versuchte, seinen Wagen möglichst so an der Ampel zu plazieren, daß er den Mädchen am nächsten war. Sie machten einen Höllenlärm und ließen ihre Reifen quietschen und kreischen.

An der nächsten Straßenecke befand sich Webb's Restaurant, und ich schaute mir die Auto-Show nun von dort aus an, während ich mir ein gebratenes Hühnchen einverleibte. Es dauerte nicht lange, ungefähr ein Hühnerbein lang, da hatte ich einen Besucher an meinem Tisch. Es war der Sheriff, der gekommen war, um mich zu fragen, wer ich sei und was ich hier wolle. Als ich es ihm sagte, hieß er Cooper und mich willkommen und begann, mir von dem berühmtesten Wanderer in der amerikanischen Geschichte zu erzählen, von John Muir, der vor genau 100 Jahren auf seinem 1000-Meilen-Marsch zum Golf durch Murphy gekommen war. 1874 hatte der Sheriff von Murphy den alten Muir genauso offiziell willkommen geheißen wie mich. Der einzige Unterschied zwischen uns war der, daß John Muir bestimmt keinen Führerschein oder einen Einberufungsbefehl besessen hatte, mit denen er sich ausweisen konnte. Aber dank John Muir, meinem Vorgänger, war Murphy auf solche Leute wie mich vorbereitet.

Ich war ganz verblüfft, als der Sheriff nur einen flüchtigen Blick auf meine Ausweise warf und dann lächelnd sagte: „Willkommen in Murphy, Peter, ich hoffe, daß es Ihnen hier bei uns gefällt."

Da ich mit der Jobsuche noch bis zum nächsten Vormittag warten mußte, kehrte ich zum Fluß zurück, wo ich einen Platz zum Kampieren für uns suchen wollte. Es war schon nach neun, und ich war ziemlich überrascht, daß die schwarzen Burschen immer noch Basketball spielten.

Mein Weg führte direkt an ihnen vorbei, aber ich zögerte, näher hinzugehen. Zweifel und Vorurteile stiegen in mir auf. Ich hatte so viel über die Schwarzen in den Südstaaten und über ihren Haß gegen Weiße gehört, daß ich mir überlegte, ob es nicht besser sei, ihnen aus dem Weg zu gehen. Alles, was ich auf dem Sportplatz sehen konnte, waren die wendigen schwarzen Körper mit ihren kräftigen Muskeln, die im Lichtschein glänzten. Dann kam mir die Erinnerung an Robbinsville hoch. Ich war es leid, ängstlich zu sein und herumgestoßen zu werden. So gingen Cooper und ich ganz dicht an den asphaltierten Platz heran. Zu meiner Überraschung beschimpfte mich keiner, ja, sie nahmen zunächst einmal überhaupt keine Notiz von uns. Doch dann kam einer der hellhäutigeren Burschen so nah, wie er es sich Coopers wegen zutraute, zu mir heran und fragte, ob ich mitspielen wollte. Ich nickte, und Sekunden später kämpfte ich im Team der Oliver-Brüder. Unsere Mannschaft gewann 20:18.

Danach bildeten alle einen Kreis um Cooper und mich. Einer der Schwarzen vom anderen Team sprach als erster. „He, Kumpel, was macht ihr so? Wo willst du hin, Jack?"

„Ich und mein Hund, er heißt Cooper, wir wandern durch Amerika", antwortete ich und wußte, daß nun ein Schwall von Fragen folgen würde. Die Burschen begannen wirklich, mich auszuquetschen. Ich durchlief eine Art Test, bis dann der Aggressivste von allen, ein Junge namens Terry, grinsend seine Zahnlücken entblößte und sagte: „He, Mann! Du und dein Hund, ihr müßt doch heute draußen schlafen. Warum kommt ihr nicht mit uns? Los, du verrückter Kerl. Wir übernachten alle zusammen auf dem alten Schulhof, okay?" Seine Freunde lachten. „Ja, prima, worauf warten wir noch?"

„Wo wohnt ihr denn?"

Drei von ihnen antworteten zugleich und zeigten nach Norden. „Oben auf dem Texana-Hügel. Der schönste Platz in der Stadt. Gar nicht weit, man kommt nicht mal ins Schwitzen. Los, gehen wir."

Es fällt mir schwer, es einzugestehen, aber ich hatte tatsächlich Angst vor diesen Jungen und davor, mit ihnen in ihren Teil der Stadt zu gehen. Während ich noch Zeit gewinnen wollte, kam der fast zahnlose Terry auf mich zu und spottete: „Was ist los, Mann? Sind wir zu häßlich und zu schwarz für dich? Hast du Angst, wir schleppen dich in eine Nigger-Stadt? Verdammt noch mal, Kumpel, alles was wir wollen, ist campen. Klar?"

Ich hoffte, daß ich am nächsten Morgen noch leben würde. Als ich schließlich zustimmte, stand auch der „farbenblinde" Cooper auf und wanderte gemächlich mit uns zum Texana-Hügel. Ich beneidete ihn richtig. Er machte keinen Unterschied zwischen Weiß und Schwarz. Er brauchte keine Entscheidungen zu treffen, mußte sich nicht mit gesellschaftlichen Vorurteilen herumschlagen, oder sich über das Camping mit diesen langaufgeschossenen Burschen Gedanken machen. Cooper konnte einfach herumliegen und alles auf sich zukommen lassen.

Während ich mein Zelt aufbaute, rannten die Burschen heim, um ihren Mamas zu erzählen, daß sie heute zelten wollten, daß sie Decken brauchten, etwas zu essen, Radios und was die lieben Mamas sonst noch erübrigen konnten. Natürlich besaßen sie keine Schlafsäcke, daher wollten sie auf dem Boden, nahe am Feuer, schlafen.

Noch bevor sie wieder da waren, hatte ich ein schönes Feuer angefacht. Die Flammen beleuchteten das alte Schulgebäude und warfen lange, schwarze Schatten. Cooper und ich hatten es uns am Feuer bequem gemacht und träumten vor uns hin. Mir fiel plötzlich der Traum wieder ein, den ich in Robbinsville gehabt hatte. Träume hatte ich immer als etwas ganz Normales und Natürliches angesehen und glaubte, man träume fast jede Nacht.

Es kam gelegentlich vor, daß ich aus dem Schlaf gerissen wurde, aber am nächsten Morgen konnte ich mich nie mehr an den Traum erinnern.

An jenem Hügel, diesem Galgenhügel in Robbinsville, hatte ich aber einen ganz besonderen Traum, den ich nie mehr im Leben vergessen werde. Als ich am nächsten Morgen aufwachte, wußte ich, daß dieser Traum wahr werden würde.

In diesem Traum hatte ich bei einer schwarzen Familie gewohnt! Damals hatte ich nicht weiter darüber nachgedacht, weil das so unmöglich schien. Aber jetzt, während ich auf meine neuen schwarzen Freunde wartete, war dieser Traum plötzlich wieder da. Früher hatte ich nie daran geglaubt, daß Träume einem die Zukunft zeigen. Jetzt war ich sehr gespannt.

Bis auf einen waren die Burschen innerhalb einer Stunde wieder da und schleppten das unmöglichste Zeug mit, von Steppdecken über heiße Würstchen bis zum Schachspiel. Unser Lagerleben auf dem alten Schulhof wurde ein voller Erfolg. Dann war das Holz verbraucht, das Feuer brannte langsam aus, unsere Späße und unser Gelächter ebbten ab, und dann schliefen wir alle rasch ein.

In Texana wimmelte es von Hühnern, und so war es kein Wunder, daß uns am nächsten Morgen das Krähen der Hähne weckte. Hinter mir richteten sich zwei schwarze Burschen auf und gähnten. Sie hießen Eric und Bruce.

„Peta?"

Bei dieser plötzlichen Anrede fuhr ich zusammen und spürte, wie Panik in mir aufstieg.

„Ja? Was wollt ihr?"

„Hör mal, Mann, ich und Bruce gehen jetzt nach Hause, was essen. Komm doch mit, unsere Mutter hat bestimmt nichts dagegen."

Die asphaltierte Straße schlängelte sich über einen Hügel, dann hinunter und wieder hinauf zum Kirchhof. Das einzige öffentliche Gebäude in Texana war die Baptistenkirche Mount Zion. Sie war auf dem höchsten Punkt errichtet und bot einen Rundblick auf die ganze Gegend. Die Straße war wie eine Bergund Talbahn. Kurz vor der neuen Ziegelsteinkirche bog Eric auf einen matschigen Weg ab, der praktisch aus zwei Radspuren bestand, sich durch wilde Dornensträucher schlängelte und an dünnen Bäumen entlangzog. Wir passierten den Friedhof. Auf manchen Gräbern lagen große Grabsteine, auf anderen standen nur verwitterte Holzkreuze. Bei den meisten war der waagerechte Balken verrutscht, abgefallen oder gar nicht mehr vorhanden. Über den Friedhofsrasen waren überall orangerote Plastikblumen verstreut. Einige sahen aus, als seien sie von hungrigen Hunden angeknabbert worden.

Der Weg hinunter nach Smokey Hollow, wie dieses Tal hieß, war von schattenspendenden, großen Bäumen, meistens Kiefern und Fichten, eingesäumt. Überall lagen alte und neue Autos herum, aus denen Brombeersträucher herauswuchsen. Diese Autos boten auch prächtige Zielscheiben. Bruce klaubte einen Stein auf und zerschmetterte damit die Reste einer Windschutzscheibe. Wir gingen den schmalen Weg weiter hinunter, und am Ende dieser sogenannten Straße aus rötlicher Erde erblickte ich ein halbverfallenes Haus. Obwohl der Rasen nur aus Steinen, Staub und rotem Dreck bestand, war das Haus selbst gestrichen. Es machte sogar den Eindruck, als könnte es einen kräftigen Regenschauer überstehen.

Drei kränklich aussehende Köter mit spitz herausstehenden Rippen kamen unter der Veranda hervorgekrochen. Einer hatte die Räude, was mir gleich auf den Magen schlug. Die Hündin sah aus, als hätte sie im vergangenen Monat fünfzehn Junge geworfen, denn ihr Bauch schleifte auf dem Boden, und ihre Zitzen waren so dick wie ihre Läufe. Mir war fast übel, und ich wünschte, ich wäre nie mitgegangen. Ich fragte die beiden: „Sind das eure Hunde, oder leben die nur so unter eurem Haus?"

Meine neuen „Brüder": Zack (links), Eric (rechts) und Bruce (unten)

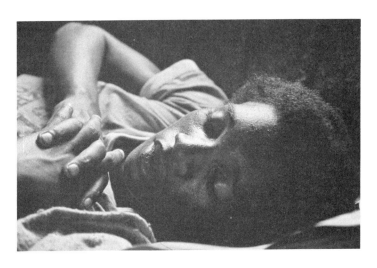

„Bist du verrückt", sagte Eric wütend, weil ich gedacht hatte, das seien seine Hunde, „wir sind doch noch nicht zu Hause, Peter."

Gott sei Dank, dachte ich und war froh, daß mein Magen noch leer war. Wir wandten uns nach links auf einen engen Pfad, der noch tiefer nach Smokey Hollow hineinführte. Durch eine dicht stehende Baumgruppe hindurch sah ich einen großen Wohnwagen. Vielleicht war das ihre Wohnung? Wir gingen von hinten auf den Wohnwagen zu, und Eric sagte voller Stolz: „Wir sind zu Hause. Mann, hab ich einen Hunger!"

Der große, fast schon hausähnliche Wohnwagen, den Holzblöcke abstützten, sah ziemlich neu aus und wirkte in dieser heruntergekommenen Gegend wie ein 30stöckiger Wolkenkratzer in einem Elendsviertel. Verglichen mit den anderen elenden Hütten inmitten der Autowracks, machte dieses „Haus" einen netten und gemütlichen Eindruck. In Greenwich, wo ich aufgewachsen war, hatte es keine Wohnwagen gegeben, aber seit ich auf meiner Wanderung war, hatte ich schon viele gesehen. Ich dachte, ein Wohnwagen, der irgendwo festgemacht hat, müsse einen netten Vorgarten oder so etwas Ähnliches haben, aber dieser hatte so etwas nicht.

Unter dem Wohnwagen befand sich ein Sammelsurium aus verrosteten Fahrrädern und kaputten Bierflaschen, und die Erdlöcher dienten dazu, den Hunden an heißen Tagen Kühlung zu bieten. Unter einem schrägen Blechdach standen eine ausgediente Waschmaschine und ein weißer Kühlschrank. Durch die zerschlagene Emaille schimmerten rote Rostflecken. Ich konnte erkennen, daß der Kühlschrank gefüllt war, denn die Tür stand einen Spalt offen. Der Weg zur Eingangstür war mit flachen Steinen ausgelegt. Die Tür war bis auf die verschmierten Fingerabdrücke weiß.

Treppenstufen gab es keine, man mußte schon einen großen Schritt hinauf in den Wohnwagen machen. Wir kletterten

Meine neue „Mutter", Mary Elizabeth

hinein, Cooper blieb draußen. Eric und Bruce wiesen mir durch den ziemlich vollgestopften Wohnraum den Weg in den Küchenbereich. Zusammen mit diesen großen schwarzen Burschen kam ich mir in dem engen Wohnwagen wie in einem U-Boot vor. Aber es roch gut. In den Töpfen auf den fettverschmierten Brennern des Gasherdes dampfte und kochte es.

„He, Mama", sagte Eric, „das ist der Bursche, von dem wir dir erzählt haben."

Die Mama hieß Mary Elizabeth, und sie wirkte mächtig und zart zugleich. Erics Haut war von einem satten, dunklen Braun, während die seiner Mutter ein weiches Orangebraun hatte. Ihre glatten Haare waren rot wie bei einem irischen Setter. Sie hatte einen schönen runden Bauch und sah aus, als sei sie im vierten oder fünften Monat schwanger. Dabei waren aber ihre Hüften mädchenhaft schlank, weswegen sie auch so zart wirkte. Sie schien gar nicht so erfreut zu sein über den Kerl, den ihre Söhne da zum Mittagessen mitgebracht hatten.

„Ihr wascht euch jetzt, und dann essen wir. Nett, dich kennenzulernen, Peter", sagte Mary Elizabeth und rührte in einem Topf brodelnder Kohlrüben.

Eric, Bruce und Zack, der älteste Sohn, hatten sich schon gewaschen und saßen bereits am Tisch, ehe noch meine Hände überhaupt im Waschbecken naß geworden waren. Der kleine, runde Küchentisch schrumpfte zwischen uns vieren zu zwergenhafter Größe zusammen. Erics Mama schleppte nun unaufhörlich das Essen herbei und stellte eine Schüssel nach der anderen auf den Tisch.

Als der Tisch schier überqoll, lehnte sich Mary Elizabeth gegen den Spültisch und schaute gelassen zu, wie wir uns bedienten. Ich war mit zwei Brüdern und drei Schwestern großgeworden, wußte also gut, wie man sich seinen Anteil am Essen erkämpft. Mary Elizabeth sagte noch immer nichts. Es war ihr offenbar gleichgültig, ob sie auch etwas von dem Essen abbekam. Sie stand nur da und beobachtete. Ich sah sie an und bemerkte, daß sie mich fixierte, als wolle sie ganz tief in mich hineinschauen. Ihre Ruhe wirkte unnatürlich. Ich hatte den Eindruck, daß sie keine Angst hatte, genau zu sagen, was sie dachte. Sie strahlte Kraft und Lebenserfahrung aus, und ihre Söhne behandelten sie wie eine Königin, auch wenn es nur die Königin dieses Tales war.

Auf den Platten dampften verschiedene Fische, die erst kurz zuvor im Hiwassee River gefangen worden waren. In der Schüssel mit den Kohlrüben schwammen dicke Stücke von fettem Schinken. Mary Elizabeth bot auch noch geröstetes Maisbrot an, und das alles spülten wir mit verdünntem Kirschsaft hinunter.

Nachdem wir unseren Heißhunger gestillt hatten, lehnte sich Mary Elizabeth zwischen Eric und mich und füllte ihren Teller.

Sie tat sich genausoviel auf wie ihre Söhne, die ja noch wachsen sollten. Ich rückte ein bißchen zur Seite, damit sie sich an den Tisch setzen konnte, aber sie ging hinüber in den Wohnraum. Im Fernsehen lief gerade ihre Lieblings-Serie. Doch sie schaltete den Apparat aus und setzte sich hinter die Trennwand, so ruhig wie ein Nachtfalter. Aber diese Ruhe sagte viel. Mary Elizabeth saß einfach zu ruhig da. Während des ganzen Essens hörte ich von ihr nur das Kratzen der Gabel auf dem Plastikteller.

Nach dem Essen, das für Zack, Bruce und Eric nur ein kleiner Imbiß gewesen war, fragte ich die Brüder, wo ich Arbeit finden und wo ich wohnen könnte. Mary Elizabeth hatte meine Fragen gehört und kam nun in die Küche.

„Peter? Das ist doch dein Name?"

„Ja", sagte ich.

„Du kennst mich noch nicht, aber ich will dir was sagen." Sie schaute mich nicht mehr so fragend und forschend an, jetzt war sie ihrer Sache sicher. Ihre kleinen Augen verengten sich, und ich wußte, jetzt würde sie etwas ganz Entscheidendes sagen. Nachdem ich schon aus Robbinsville hinausgeworfen worden war, hoffte ich, daß es mir hier nicht genauso ergehen würde. Die hungrigen Brüder verputzten die letzten Krümel Maisbrot auf ihren Tellern. Eine nervöse Erwartung hatte von ihnen Besitz ergriffen, wußten sie doch, daß ihre Mutter nun die endgültige Entscheidung treffen würde. Entweder half sie mir weiter, oder sie warf mich raus. Mary Elizabeth räusperte sich, und dann sprach sie. Die Worte folgten schnell aufeinander, als wolle sie sie aussprechen, ehe ihr noch Zweifel kommen konnten.

„Ich glaube an Gott. Und ich denke, Er hat dich hierher geschickt, um unseren Glauben zu testen. Wenn du willst, kannst du also von jetzt an bei uns bleiben."

„Klar, wir haben doch Platz", sprudelte Bruce heraus. „Du kannst mein Zimmer haben. Ich nehm solange die Couch hier, da kann ich prima drauf schlafen." Er deutete auf ein erbsengrünes Sofa, das praktisch nur noch aus Löchern bestand.

Ich konnte das nicht annehmen. Vor allem deshalb, weil ja in diesem winzigen Heim nie und nimmer jeder sein eigenes Zimmer haben konnte.

„Hört mal zu. Das geht auf gar keinen Fall. Es ist ja nicht genug Platz. Ich komme schon woanders unter."

Mary Elizabeths orangebraunes Gesicht lief rot an. „Willst du mir sagen, daß Gott dich nicht hierhaben will? Ich weiß, daß Er es will. Jetzt hol dein Gepäck rein und nimm das Zimmer von Bruce, wie er gesagt hat, hörst du?"

Gegen meinen Traum und den Gott von Mary Elizabeth kam ich nicht an. So entschied ich mich, das einzige weiße Mitglied der Gemeinde von Texana zu werden. „Vielen Dank, Mary Elizabeth", sagte ich, „in Ordnung, Bruce, ich nehm dein Zimmer." Es war abgemacht.

Ich ging hinaus und schaute nach Cooper. Er saß, gemütlich gegen einen Holzstapel gelehnt, da und sah mir erwartungsvoll entgegen. Ich sagte ihm, daß dies hier nun für eine Weile unser neues Zuhause sei. Er wedelte mit dem Schwanz und war froh darüber, daß wir uns jetzt mal eine Weile nicht von der Stelle rührten. Eric kam heraus und half mir, den Rucksack hineinzuschaffen. Er betreute mich wie ein Baby. Ihm fiel ein, daß Cooper noch nichts zu fressen bekommen hatte. „Mama", rief er, „Mama, komm raus! Du hast ja Cooper noch nicht kennengelernt."

Mary Elizabeth kam zur Tür und unterzog Cooper einer Prüfung. „Nun ja, schaut ja irgendwie komisch aus, dieser Hund, aber hübsch ist er."

Ich tätschelte Cooper und machte ihn mit Eric bekannt. Cooper war sofort gut Freund mit ihm, schneller als mit irgendeinem Menschen zuvor. Eric durfte ihm sogar seinen dicken Arm um den Hals legen.

Einige Wochen nachdem ich einer der „Söhne" von Mary

118

Eric und Cooper liebten sich heiß und innig

Elizabeth geworden war, erzählte sie mir, daß sie zuerst ein bißchen Angst vor mir mit meinem sonnengebleichten langen Haar und meinem wilden roten Vollbart gehabt hätte. Aber als sie sah, wie stark Cooper an mir hing und wie sehr ich ihn mochte, hatte sie gewußt, daß alles in Ordnung war. „Hunde lügen nicht", erklärte sie.

In meiner neuen Familie hatte jeder einen Spitznamen. Der von Mary Elizabeth war „die Rote", wegen ihrer Haarfarbe und wegen ihres heißen Temperaments. Ich nannte sie „wilde Mama", und das gefiel ihr. Bruce nannten sie „Zwiebel", aber ich rief ihn „Noppe", denn sein Haar bestand aus festen Kräusellocken, die wie Wollknäuel aussahen. Eric hieß „Buba", und so ging es weiter. Als eine Woche vergangen war, nannten sie mich „Al". Ich wußte nicht warum, bis mir Zack einmal auf dem Basketballplatz einen neuen Trick beibrachte. „Los, Albino", rief er, „du kannst es schon."

Am Nachmittag ging ich in die Stadt, um mich nach einem Job zu erkundigen. Ich fragte Hugh, den Geschäftsführer von Webb's Restaurant. Er rief irgendwo an, kam zurück und sagte, er hätte Arbeit für mich. Sein Boß, Mr. Weber, brauchte jemanden, der den Unterbau seines Hauses neu anstreichen sollte. Die Arbeit war in drei Tagen erledigt, und ich um 60 Dollar reicher.

Also brauchte ich wieder Arbeit und ging zum staatlichen Arbeitsamt. Der einzige Beamte dort meinte, er habe keinen Job für einen College-Absolventen, übrigens auch keinen für jemanden von der höheren Schule.

„Entschuldigen Sie, Sir, ich nehme jede Arbeit an, wirklich jede, das können Sie mir glauben."

Der Mann musterte mich, angenehm überrascht.

„Okay, Peter, dann kann ich sicher etwas für Sie tun. Warten Sie einen Moment."

Er ging nachdenklich zu seinem Schreibtisch und wählte eine Nummer, die er auswendig kannte. Kurze Zeit wandte er sich mir wieder zu und sagte: „Dieser Job ist einer der härtesten und übelsten, die es in der ganzen Gegend gibt. Den haben schon viele Männer, junge und alte, wieder aufgegeben, öfter als jeden anderen – und Sie bekommen nur einen Dollar und achtzig Cent pro Stunde."

Ich wartete schweigend.

„Es ist in einem Sägewerk. Dort müssen Sie machen, was gerade anfällt. Da werden keine Fachkenntnisse verlangt, nur verdammt harte Arbeit. Melden Sie sich am Montag bei *Timber Products,* zwei bis drei Meilen außerhalb der Stadt, den Highway 19 rauf, Richtung Osten."

Ich kehrte in den vollgestopften Wohnwagen zurück, legte mich auf Bruces löchriges Sofa und ruhte mich aus. Mary Elizabeth war inzwischen zur Arbeit gegangen. Sie verdiente ihr Geld in einer Spinnerei am Ort. Da sie die Schicht von 3 Uhr nachmittags bis 11 Uhr nachts hatte, würde sie erst spät zurückkommen. So wartete ich auf die Heimkehr meiner neuen Brüder. In meiner Generation nennt ja jeder jeden einfach so Bruder oder Schwester, aber ich begann wirklich, diese Menschen hier schon als meine Familie zu betrachten. Vielleicht war mein Spitzname daran schuld oder weil Bruce mir sein Bett abgetreten hatte. Auf alle Fälle nannte ich sie nicht deswegen Brüder, weil man eben in der Umgangssprache so spricht.

Ich lag lang ausgestreckt auf der Couch, als ich jemanden zur Tür kommen hörte. Wahrscheinlich war es einer der Jungs, der zeitiger von der Schule heimkam. Aber herein stolzierte ein mittelgroßer Schwarzer, den ich nicht kannte. Er sah mich nicht, weil es in diesem Raum mit seinen kleinen Fenstern ziemlich dunkel war. Ich schätzte ihn auf etwa 40 Jahre oder etwas darüber. Er warf einen Blick auf die elektrische Uhr über dem Kühlschrank und stellte danach seine Armbanduhr. Er kam auf mich zu. Ich wartete ab, gespannt und ein wenig ängstlich. Dann bemerkte er mich und ballte seine gewaltigen Fäuste.

„Was willst du denn hier?" nuschelte er.

„Ich wohne jetzt hier", antwortete ich und sah ihn mit angehaltenem Atem an. Er fixierte mich mit einem starren Blick, der Tote hätte aufwecken können. Es schien zehn Minuten zu dauern, bis er meine Antwort begriff.

„Was meinst du damit, du wohnst hier? Ich bin Frank jr., der Mann von Mary Elizabeth. Wie kommt es, daß ich noch nie von dir gehört habe?"

Und wie kam es, daß ich noch nichts über ihn gehört hatte? Wo war denn dieser Frank jr. die ganze Zeit über gewesen? Seine dicken Arme baumelten von seinen abfallenden Schultern herunter, während er mich weiterhin düster anstarrte. Was mit diesem Mann mit den glasigen Augen los war, wußte ich ja nicht, aber ich hatte gar kein gutes Gefühl dabei, mit ihm allein in diesem Wohnwagen zu sein. Er sollte vor allem wissen, daß ich hier nicht eingebrochen war, also erklärte ich ihm: „Verstehen Sie, Eric und Bruce hatten mich zum Mittagessen eingeladen, und Mary Elizabeth sagte dann, ich könnte hierbleiben. Sie waren ja nicht daheim."

Als Frank jr. immer noch über meine Antwort brütete, kam Eric von der Schule nach Hause.

„Frank!" Eric sagte es, als ob er mit einem Schulkameraden spräche. „Wo bist du denn gewesen, Junge?"

Wenn Frank jr. sein Vater war, dann fehlte es dieser Ausdrucksweise entschieden an Respekt. Frank jr. antwortete nicht.

Eric ging hoch wie ein Feuerwerkskörper, weil Frank jr. ihn ignorierte. Jetzt wurde sein Ton schon erheblich schärfer. „He, Nigger! Ich hab dich gefragt, wo du gewesen bist!" Frank jr. reagierte noch immer nicht, schien mit seinen Gedanken Lichtjahre entfernt zu sein. Mit jeder Sekunde wurde Eric wütender. Er wandte sich zu mir und schrie: „Schau dir mal diesen alten Narren an! Er glaubt, er ist hier der Chef, aber er ist es nicht. Er ist nicht mal mein Vater. Er ist von keinem von uns der Vater!"

Mir lagen Tausende von Fragen auf der Zunge, aber ich wußte, daß es jetzt besser war, zu schweigen. Eric rannte hinaus, und ich folgte ihm. Wir gingen zum Basketballplatz, wo die Oliver-Brüder ja den größten Teil ihrer Freizeit verbrachten, und spielten die halbe Nacht, bis wir uns ausgetobt hatten.

Müde und kaputt wie wir von dem Spiel waren, ging die Sonne am Sonntag morgen für uns viel zu früh auf. Eigentlich war ich ja der Meinung, der Sonntag sei ein Tag, den man verschlafen könne. Aber an diesem Sonntag tönte Mary Elizabeths Stimme durch die dünnen Wände des Wohnwagens: „Los, alles aufstehen! Zeit für die Kirche!"

Sie steckte den Kopf in mein Schlafzimmer und rief: „Peter, das hab ich gestern vergessen, dir zu sagen. Eine Regel mußt du befolgen, solange du hier bei uns bist. Sonntags mußt du mit uns in die Kirche gehen, damit du's gleich weißt. Wie denkst du darüber?"

„Hab nichts dagegen", seufzte ich. Begeistert war ich nicht. Ich hatte mich ja schon an so viele neue Dinge zu gewöhnen, mußte es da auch noch eine arme und wahrscheinlich überfüllte Kirche für Schwarze sein? Aber da war wohl nichts zu machen. Wenn ich hier in Smokey Hollow leben wollte, dann mußte ich wohl auch am Sonntag in die Kirche gehen.

Zack stand wie gewöhnlich als erster auf und ließ sofort seine Kassette mit der heißesten Musik erschallen. Der Wohnwagen erzitterte unter dem Soul-Beat in seinen Grundfesten. Übrigens war diese Musikvorführung keine Ausnahme. Das Tal wurde die meiste Zeit über mit dieser knallharten Musik versorgt, bei der einem der Kopf zersprang und die Ohren taub wurden. Im dampfigen Badezimmer traf ich Zack und staunte nicht schlecht. Mann, sah der aus! Man hätte ihn unter Tausenden auf den ersten Blick herausgefunden. Sein langer, elastischer Körper steckte in einem Anzug aus weißer Seide, und die dünnen Füße in schwarzen Lacklederschuhen mit Plateausohlen, die ihn noch größer erscheinen ließen. Seine Afro-Frisur war aufgeplustert wie ein überkochender Topf mit Popkorn. Angesichts dieser einmaligen

Erscheinung fiel mir siedendheiß ein, daß ich ja außer den Jeans und einigen schäbigen, verschwitzten Hemden nichts anzuziehen hatte.

„He, Zack, kannst du mir was geben, was ich für die Kirche anziehen kann, bis ich mir etwas Neues gekauft habe?"

Ich wollte ja in der Kirche einen guten Eindruck machen, wo mich die meisten meiner neuen Nachbarn wohl begutachten würden. Zack sah mich von oben bis unten an. „Ja, ich glaub, ich hab was. Komm mit in mein Zimmer."

Da Zack nur zwei Anzüge besaß und einen anhatte, blieb mir keine große Wahl. Als ich den anderen sah, wünschte ich mir, er würde nicht passen. Im Schrank hing ein Anzug aus grünem Polyester. Unter infrarotem Licht hätte er bestimmt wie eine Glühbirne geglüht. Das einzige Hemd, das Zack mir bieten konnte, war aus purpurfarbenem Polyester und mit grünen, roten und schwarzen Black-Power-Fäusten übersät. Dann zeigte er mir die knöchelbrechenden Schuhe aus leuchtendem, weißem Plastikmaterial, etwa in der Farbe von Klosettdeckeln, ein Alptraum für mich, der ich am liebsten Turnschuhe trage. Zu meinem ganz speziellen Pech hatten diese bezaubernden Schleicher noch derart hohe Absätze, daß ich mit dem Kopf die Wolkendecke durchstieß.

Ich zog das Zeug an und war richtig überrascht, daß es wie maßgeschneidert saß. Zack schob mich vor den Spiegel, damit ich mein neues Ich betrachten konnte. Das war ein Schock! Der glänzende grüne Anzug und das Hemd mit den schwarzen Fäusten vertrugen sich nicht mit meinem rotblonden Haar und dem buschigen roten Bart. Eigentlich sah ich wie eine Neon-Leuchtreklame aus.

Dann wartete ich, bis die anderen fertig waren, während die ewige Soul-Musik weiterhin die Ohren malträtierte. Weil die Kirche so nahe war, nur den Hügel hinauf, gingen wir phosphoreszierenden Burschen zu Fuß. Auf dem steinigen Weg trippelte

und stolperte ich dahin wie ein Esel beim Spitzentanz. Auf
diesen vermaledeiten hohen Absätzen konnte man schon auf
einer städtischen Straße kaum gehen, geschweige denn auf
Feldwegen. Zack, Bruce und Eric wollten sich geradezu aus-
schütten vor Lachen darüber, wie ich zur Kirche hopste. Die
meisten Leute kamen mit dem Auto. Ich wunderte mich, warum
es so viele waren.

Während ich draußen auf Mary Elizabeth und Frank jr.
wartete, betrachtete ich die Kirche. Sie war aus roten Ziegelsteinen erbaut und hatte anstelle der teuren Kirchenglasfenster
welche aus gelbem Plastik. Wie ich später erfuhr, war die Kirche
Stück für Stück, immer wenn wieder Geld da war, von den
Diakonen und den kräftigen Männern der Gemeinde errichtet
worden. Über der Eingangstür war ein Schild angebracht, das
stolz verkündete, wann und von wem die Kirche gebaut worden
war. Wir waren die einzigen, die noch draußen herumstanden,
als Mary Elizabeth und Frank jr. endlich in ihrem grauen Pontiac
eintrafen. Mit ihnen im Wagen saß ein alter Mann mit einem
wettergegerbten Gesicht. Der alte Mann trug seine gut siebzig
Jahre wie vernarbte Wunden im Gesicht. Er hieß Pau Pau Oliver
und war der Vater von Mary Elizabeth. In der Gegend um
Murphy kannte ihn jedes Kind, und die meisten Leute nannten
ihn Smokey. Tatsächlich hatte Smokey Hollow auch seinen
Namen von ihm bekommen, da er sich hier niedergelassen hatte
und schon fast sein ganzes Leben hier gelebt hatte.

Früher war Pau Pau einer der wildesten, trinkfreudigsten und
rauflustigsten Männer im ganzen Bezirk Cherokee gewesen.
Aber in seinen letzten Lebensjahren hatte er sich geändert und
war nun Diakon in Mount Zion. Sie stellten mich ihm vor, und
dann sprach mich Pau Pau an. Sein Tonfall war ebenso ernst wie
freundlich, und ich hörte ihm voller Respekt zu. „Komm her zu
mir, mein Sohn. Weil du jetzt mit uns im Tal lebst, wirst du von
jetzt ab auch neben mir in der Kirche sitzen. Mary sagte mir, du

*Pau Pau vor
dem Gottesdienst*

willst jetzt jeden Sonntag in die Kirche kommen, also los..."

In der bescheidenen Kirche begann ein Gottesdienst, auf den ich nicht vorbereitet war. Nachdem ich an der Tür mit einem Lächeln und einem Handschlag begrüßt worden war, ging ich hinter dem großen Pau Pau, der sich immer noch gerade wie ein junger Mann hielt, den Mittelgang hinunter. Ich war ziemlich erschrocken, als ich merkte, daß sein Platz in der ersten Reihe war. Da ich das einzige Salzkorn in einem Pfefferstreuer war, machte ich mich ganz klein, als Pau Pau mir bedeutete, mich hinzusetzen. Nach ein paar unbehaglichen Minuten begann der

Gottesdienst. Ich schaute mich vorsichtig um und fand, daß man diesen Kirchenraum gut und gerne mit einem Mixbecher vergleichen konnte. Wenn die Kirche nicht aus starken Ziegelsteinen und Balken bestanden hätte, wäre sie bestimmt unter den Schwingungen, die diesen Raum erfüllten, eingestürzt. Die Hälfte der Gemeinde bestand aus Damen, die alle in das gleiche leuchtende Rosa gekleidet waren. Bruce und Eric saßen in den hinteren Reihen zusammen mit ihren Schulkameraden und betrachteten die gutaussehenden Mädchen. Auch diese riskierten ab und zu einen Blick, mit aller gebotenen Vorsicht, denn sie saßen neben ihren Eltern.

Reverend Lewis Grant, ein junger Mann in meinem Alter, der jeden Sonntag seine 150 Meilen hierherfuhr, stand auf. „Es ist schön, daß ihr alle hier seid an diesem Tag, am Tag Gottes! Ist jeder von euch froh und dankbar, daß er in der Kirche sein darf?"

Der Kirchenchor vom Mount Zion

rief Bruder Grant, so laut er konnte.

Jeder außer mir wußte, was kam, und antwortete in einer Lautstärke, die jeden Betrunkenen, der seinen Rausch vom vergangenen Abend auszuschlafen versuchte, aufgeweckt hätte: „A – men!" Ich konnte es kaum fassen, aber sie meinten es auch so. Sogar die jungen Burschen waren offenbar dankbar und froh, daß sie in der Kirche sein durften.

„Okay, Roscoe", sagte Reverend Grant, „laß hören, wie gut ihr singen könnt."

Auf ein Zeichen hin stand der Chor wie ein Mann auf. Roscoe, schwarz wie die fruchtbare Erde, führte ihn, dirigierte ihn. Sein Kopf mit dem Ziegenbart schlug den Takt, und seine rote, elektrische Gitarre gab mit klaren, scharfen Tönen die Begleitmusik. Die Leute sangen den Gospel so intensiv, so aus ihrer tiefsten Seele heraus, daß ich eine Gänsehaut bekam.

Rechts von mir, ich hatte sie bisher gar nicht bemerkt, saß eine zierliche Dame, alt genug, um Pau Paus Mutter sein zu können. Ihre Kleidung war reiner als Elfenbein. Sie trug ein weißes Kleid und weiße Handschuhe. Ihr Haar war lilafarben wie ihre fleckenlosen Schuhe. Durch die gelben Kirchenfenster fiel weiches Licht auf ihre glatte, schokoladenfarbene Haut. Neben ihr lehnte ein Stock, und sie saß gebückt da, in zwei schmerzende krumme Hälften geteilt. Es war die achtzigjährige Miss Lucy Ann Siler, die „Mutter" der Gemeinde.

Die Veränderung, die mit Miss Lucy während des Gottesdienstes vor sich ging, war symbolhaft für die ganze Gemeinde. Als der Chor das Lied „Was für einen Freund haben wir in Jesus" anstimmte, wich der teilnahmslose Ausdruck aus ihrem Gesicht. Als die erste Strophe verklungen war, schaute ich zu ihr hin, um mich zu vergewissern, daß sie noch am Leben war, da saß sie viel aufrechter da. Nach der zweiten Strophe schnippte sie den Takt mit ihren knochigen, steifen Fingern mit. Als der Chor zum nächsten Lied überging, „Jesus macht dich frei", schnippte sie

Miss Lucy in der Kirche

mit den Fingern beider Hände, wippte mit dem ganzen Körper mit und sang laut „A-men, A-men". Dann sprang sie plötzlich auf und drehte und bewegte sich ohne Stock zu den Klängen der Gitarre. Sie streckte ihre Arme aus, als wolle sie den Himmel berühren, und ihr Gesicht glühte. Dann eilte sie zu uns herüber, auf die andere Seite des Kirchenraums, und begann, alle Leute zu umarmen. Auch mich. Ich wurde abwechselnd rot und weiß. Die kleine schwarze Großmutter griff mich wie ihren Enkelsohn, und ich wußte nicht, wie mir geschah. Es war kaum zu glauben, daß diese schwache alte Dame, die vor ein paar Augenblicken noch sterbenskrank ausgesehen hatte, nun nach ein paar Liedern herumtanzte wie ein junges Mädchen. Das machte mir richtig Angst, hatte doch der eigentliche Gottesdienst noch gar nicht begonnen. Am liebsten wäre ich hinausgerannt. Das alles war so grundverschieden von dem Gottesdienst, den ich von zu Hause gewöhnt war. Das Verlangen, diesem Wirrwarr zu entfliehen, wurde immer stärker, da sah mich Pau Pau streng an und rief ein kraftvolles „A-men!" Da konnte ich gar nicht anders als bleiben.

Aus tiefster Seele sangen und brüllten sie noch drei oder vier weitere Lieder, und dann stieg Reverend Lewis Grant aufgeregt auf die Kanzel. Der Reverend war im bürgerlichen Leben Angestellter in Asheville, aber gemessen an der Art, wie er aufs Podium stürmte, um zu predigen, war diese Tätigkeit seine wahre Liebe. Nach dem ersten Satz wußte ich, daß es so war. Noch nie hatte ich jemanden so predigen hören wie diesen Mann. Nach jedem Satz oder jedem Bibelzitat antworteten die schwarzen Gesichter in der ganzen Kirche mit tiefster Inbrunst „A-men". Der zweistündige Gottesdienst glich einer aufsteigenden Flut. Welle auf Welle strömte durch die Kirche und wusch die Menschen rein. „Amen, Amen, Amen . . .!"

Ich wurde dabei nicht schläfrig, ganz im Gegenteil. Die Predigt sprach meine Seele an, weckte in mir etwas, was 22 Jahre lang scheintot gewesen war. Als der leidenschaftliche Prediger geendet hatte, schien die Kirche vor lauter Energie zu platzen, und ich fühlte mich erfrischter und lebendiger, als unter einer kalten Dusche nach einer heißen Sauna. Der Reverend stand jetzt neben dem Podium und bat alle Gäste, sich zu erheben. Ich war nervös, da ich der einzige Weiße in dieser Kirche war, und wünschte, es wären noch andere Gäste da. In diesem Meer von schwarzen Gesichtern konnte ich mich nicht verstecken, deshalb hob ich meine unübersehbare weiße Hand kaum hoch.

Der Reverend hatte mich die ganze Zeit über beobachtet. „Ja, da ist ein Gast . . . Gott segne Sie, bitte stehen Sie auf!"

Ich wußte, daß ich mich jetzt vorstellen mußte, und mich beschlich dabei ein stärkeres Gefühl des Unbehagens, als wenn ich vor einer Schulklasse eine Rede halten müßte. Ich hatte auch Angst vor ihren Vorurteilen und fürchtete, daß sie mich verspotten würden. Aber durcheinander wie ich war, stand ich rot und zitternd auf und versuchte mich zusammenzureißen. „Hallo, Leute! Ich heiße Peter Jenkins, und ich wohne bei den Olivers unten im Smokey Hollow."

„A-men!" sangen alle.

Das gab mir Mut, und ich hörte mich sagen, was ich nie von mir erwartet hätte: „Ihr sollt wissen, daß ich noch nie in so einem Gottesdienst wie diesem gewesen bin . . . und . . ."

„A-men!" riefen sie und lachten.

„Und ich hätte nie geglaubt, daß Gottesdienst so schön sein kann."

„Genauso ist es! A-men!" riefen alle aus tiefster Seele.

Einer der lautesten Amen-Rufer sprang hinten in der überfüllten Kirche auf und rannte nach vorne zur Kanzel. Er sah aus, als hätte er gerade Gott geschaut und wolle dies nun allen anderen mitteilen. „A-men, A-men . . .", brüllte er, „Gottes Geist ist über uns gekommen . . . Lobt Gott, den Herrn!"

Die Gemeinde verfiel bei diesen Worten fast in eine Art Raserei.

„Halleluja . . . Los, weiter . . . Erzähl es uns . . . Sprich weiter . . ."

„Ihr schaut doch immer euren Kindern zu, wie sie bei den fröhlichen Gottesdiensten im Fernsehen lachen und tanzen. Ich glaube, es ist höchste Zeit, daß auch wir Alten im Haus Gottes fröhlich und lustig sind, stimmt's?"

„Sprich weiter!" stimmten alle zu.

„Halleluja . . . Wir Alten sollten nicht mehr so nervös sein. Gott hat nicht für seine Kinder gelitten, damit sie so nervös sind, stimmt's?"

Pau Pau stand auf. Er tat es nicht fromm und feierlich. Er sauste wie eine Weltraumrakete von seinem Sitz in die Höhe. Und dann „brüllte" er. In der Mount Zion Kirche ereignete sich nun das, was in den Psalmen steht: „Laßt sie ihre Freude in die

Welt jauchzen!" Sie jauchzten wirklich, in des Wortes wahrster
Bedeutung. Sie brüllten ihre Freude hinaus, dankten Gott – bei
allem Lärm mit tiefen Gefühlen und mit Würde. Einige wurden
ohnmächtig und sanken auf den Boden.

Über Pau Pau erzählte man mir folgende wahre Geschichte.
Vor ungefähr zehn Jahren hatte er in der alten Kirche, die mit
einem Holzofen beheizt wurde, auch so seine Freude hinausge-
jauchzt. Es war ein kalter Wintervormittag, und der Ofen glühte
buchstäblich. Während einer seiner „Jauchzer" fiel Pau Pau
gegen den Ofen und blieb so lange gegen ihn gelehnt, bis ihn
einer der Diakone wegriß. Pau Paus Fleisch war nicht bis auf die
Knochen verbrannt, ja, sein schwarzer Anzug war nicht einmal
warm! Ein ungläubiger Zeuge dieses Wunders faßte den Ofen
mit der bloßen Hand an, um zu beweisen, daß er kalt und alles
ein Schwindel war. Das weiche Fleisch seiner großen schwarzen
Hand warf sofort Blasen, und er erlitt schlimme Brandwunden.

Nach Pau Paus Freudenrufen war der Gottesdienst beendet.
Aus der Kirche zu kommen, war hier nicht so leicht wie daheim
in Connecticut, wo man sofort heimraste, entweder zum Essen,
oder um noch das Footballspiel im Fernsehen zu erwischen. Als
ich mit Zack, Bruce und Eric hinausging, mußte ich laufend
Hände schütteln. Es war, als ob ich hier in Texana an diesem
Sonntag ein neues Leben begonnen hätte.

Wir gingen zurück nach Smokey Hollow. Ich war heiterer
Stimmung. Sie hatten mich in meinem giftgrünen Anzug und mit
den hochhackigen weißen Schuhen akzeptiert. Jetzt schritt ich
stolz und aufrecht dahin und stolperte nur noch ganz selten. Die
Oliver-Brüder rissen ihre Witze darüber, wie ich vorhin rot
geworden war, als ich aufstehen mußte. Ich sagte nichts. Ich war
innerlich noch ziemlich bewegt und hatte über vieles nachzudenken. Eigentlich ergab das alles ja gar keinen Sinn. Ehe ich Mount
Zion mit seiner kleinen Gemeinde kennengelernt hatte, war ich
fest davon überzeugt gewesen, daß der einzige Ort, wo meine

ruhelose Generation angesprochen und aufgewühlt wird, ein Rock-Konzert ist. Immer hatte ich geglaubt, Kirche sei tödlich langweilig, wo man regungslos dasitzen und eine monotone Predigt über sich ergehen lassen muß. Jeden Sonntag hatten uns unsere Eltern daheim zeitig geweckt, uns in steife Kleidung gesteckt, ins Auto geladen und zur Kirche geschafft.

Als ich klein war, schien die Kirche ein prächtiger Ort zu sein, um Bilderbücher zu lesen oder mit Bauklötzen zu spielen. An Händeklatschen oder Freudenjauchzer konnte ich mich nicht erinnern. Als ich älter wurde, war die Empore, wo wir immer saßen, wunderbar für ein Schläfchen geeignet. Aber Mount Zion unterschied sich davon genauso wie die Rocky Mountains von der Sahara. Diese armen Leute, die mühsam das Geld zusammenkratzen mußten, um ihren Pastor zu bezahlen, besaßen etwas, nach dem ich suchte. Dieser Gottesdienst übertraf alle Erfahrungen, auf die ich mir bisher etwas eingebildet hatte. Im Vergleich zu ihm waren die heißesten Konzerte in New York so langweilig wie die letzten Schulstunden vor Ferienbeginn an einem heißen Junitag.

Ich hatte wirklich mal geglaubt, ein Konzert in Woodstock oder mit Stevie Wonder seien die absoluten Höhepunkte meines Lebens gewesen. Und doch waren sie übertroffen worden, ausgerechnet in einer kleinen, gemütlichen schwarzen Kirche im Süden!

An der Tür zum Wohnwagen empfing uns schon der vielversprechende Duft von gebratenen Hühnchen, die Mary Elizabeth gerade zubereitete. Bruce und Eric unterzogen das Sonntags-Mahl gleich einer näheren Prüfung. Zack ließ sofort wieder seine Lieblingsmusik durch die Gegend donnern, die ich nun wohl schon über dreihundertmal genossen hatte. Den Rest dieses ganz besonderen Sonntags verbrachten wir mit Essen, Basketballspielen und Ausruhen.

Im Sägewerk

Kaum hatte die Sonne am Montagvormittag ihre ersten Strahlen ins Tal geschickt, war es für mich schon Zeit, aufzustehen und ins Sägewerk zu gehen. Die Arbeit begann um 8 Uhr, und weil ich zu Fuß gehen mußte, machte ich mich schon um 6.30 Uhr auf den Weg. Ich marschierte quer durch den Wald, an wilden Rhododendronbüschen vorbei, zum Joe-Brown-Highway, der durch Texana verläuft, wo er den US-Highway 19-129 kreuzt. Nach ein paar Meilen sah ich das Schild *Timber Products* und dann auch schon den großen Hof mit den gewaltigen Holzstapeln.

Ich war aufgeregt und ein bißchen ängstlich zugleich. Wie würden mich diese rauhen Männer aufnehmen? Auf einem Hügel drängten sich ein paar hölzerne Schuppen. Überall lagen Berge von Sägespänen herum. Zwischen meinem Weg und der Hauptstraße breitete sich ein trüber Teich aus. Das einzige feste Gebäude war eingerahmt von Wagenspuren und von Lastwagen, alle in einem mehr oder minder reparaturbedürftigen Zustand.

Aus dem hohen Kamin der Sägemühle quollen Rauch und glühende Asche. Als ich auf den Parkplatz zuging, sah ich dort etwa zehn Männer, in deren Gesichtern man die Spuren ihrer harten Arbeit erkennen konnte. Sie unterhielten sich und warteten offenbar bis es Schlag acht Uhr war. Als ich näher kam, verstummten sie und beobachteten mich. Sie wußten bestimmt schon eine Menge über mich und Cooper, denn seit unserer Ankunft in Murphy hatten die Leute sicher viel über uns beide getratscht. So wie sie mich begutachteten, es waren einige Weiße und einige Halbindianer, sah ich ihnen an, was sie dachten.

Dieser Stadtmensch wird es hier nicht lange aushalten . . . vor allem, weil er ein verdammter Yankee ist . . . so ein Collegeboy ohne gesunden Menschenverstand . . . Viele dieser Leute in den Bergen glauben ja, die Yankees seien alle hochnäsige Millionäre.

Ich warf einen Blick auf meinen Arbeitskollegen Lemm Smith, dem ich zugeteilt worden war, und konnte gar nicht glauben, daß er noch arbeitete. Für mich sah Lemm aus wie einer, der im Altersheim lebt und gerade noch die Kraft aufbringt, einmal im Jahr Weihnachtslieder zu singen. Statt dessen schuftete er hier für zwei Dollar die Stunde.

Während des ersten Arbeitstages schaute ich den alten Lemm oft genug erstaunt an. Diese Wildkatze arbeitete mich in Grund und Boden. Gegen diesen 74jährigen alten Mann war ich ein Waisenknabe, obwohl ich doch gerade vom Staate New York bis nach North Carolina gewandert war. Lemms Hände waren schwielige Stumpen und seine Oberarme so dick wie die Stämme, die er zersägte. Er spielte förmlich mit den schweren Eichenstämmen. Mit Ausnahme einer halbstündigen Mittagspause zersägten wir den ganzen Tag lang einen schweren Stamm nach dem anderen. Ich baute die Bretter zu sauberen Stapeln zusammen. Am Ende des Tages war ich noch erschöpfter als damals bei der Grippe. Glücklicherweise hatte ich noch so viel Kraft, um mich nach Hause in den Wohnwagen zu schleppen. Ich legte mich für ein Nickerchen hin und wachte erst am nächsten Morgen wieder auf.

Lemm hingegen bestellte nach der Arbeit noch seinen großen Garten für das Frühjahr. Er pflügte und düngte, bis es zu dunkel war. Bei zwei Dollar die Stunde hatte er keine andere Wahl, als sein eigenes Gemüse anzubauen. Verwöhnt wie ich war, schienen mir zwei Dollar pro Stunde hoffnungslos wenig, aber diesen Männern reichte es. Sie würden ihre grünen Berge nicht für alle grünen Dollarscheine dieser Welt eintauschen. Sie machten die Jagd auf Mäuse nicht mit, sondern blieben lieber zu Hause im

135

Schutz der Appalachen.

Das Konzert der Vögel riß mich am nächsten Morgen aus dem Schlaf, und ich stürzte ins Badezimmer. Nicht einmal ausgezogen hatte ich mich am Abend. Das kalte Wasser spülte mich endgültig wach. Überall schmerzten Muskeln, die ich wahrscheinlich früher nie gebraucht hatte. Ich aß schnell noch ein paar Bissen kaltes Maisbrot, das vom Abendessen übriggeblieben war, und rannte hinüber zum John-Brown-Highway. Nach einer Viertelmeile hielt ein purpurroter Jeep mit einem schwarzen Dach neben mir, und der Fahrer fragte: „Morgen! Soll ich dich zur Arbeit mitnehmen?"

Es war Oscar Winkler, der auch bei *Timber Products* arbeitete. Er hatte nur noch neun Finger, war ein Weißer, 68 Jahre alt, und wurde nur „Preacher" (Prediger) genannt.

„Ja, gerne", sagte ich.

Preacher war ein großer, dürrer und sehr schweigsamer Mann, der immer seine Pfeife im Mund hatte, ganz gleich ob sie brannte oder nicht. Sein Arbeitsanzug war dunkelgrün und sah brandneu aus, obwohl er ihn bestimmt schon so lange benutzte wie seinen vor Sauberkeit glänzenden Jeep. Wir kamen zeitig an und begannen schon um 7.30 Uhr mit der Arbeit. Während der nächsten 15 brutalen Stunden gab es keine Erholung, außer drei zehnminütigen Pausen, dem Mittag- und dem Abendessen. Acht Stunden lang sägten Lemm und ich Stämme aus Eiche, Hickory und Pappelholz. Dann, um 16.30 Uhr, ging ich in das Hauptgebäude zu Preacher. Hier bedienten wir zusammen den Furnier-Trockner. Ich war viel zu müde, um mich zu unterhalten.

Nach meinem zweiten 15stündigen Arbeitstag nahm mich Preacher im Jeep mit. An der Abzweigung nach Smokey Hollow stieg ich aus, und Preacher bedachte mich mit einem eigentümlichen Blick. Ich wußte, daß er befremdet war, weil ich in der „Nigger-Stadt" wohnte, wie die Weißen sagten. Aber er ließ sich

nichts anmerken und fragte: „Willst du morgen wieder mit?"
„Das wäre toll, Preacher", antwortete ich, „ich bin dann um halb acht hier – und danke fürs Mitnehmen."

Durch die Dunkelheit ging ich hinauf zum Wohnwagen und spürte dabei so eine Art Glücksgefühl, ein Heim zu haben. Cooper hatte sich immer noch nicht richtig eingewöhnt. Er mochte auch diese mageren, mit Zecken übersäten Hunde nicht und nicht die graslosen Höfe. Seinen Schlafplatz hatte er sich

Schufterei im Sägewerk

unter einem alten Auto zurechtgemacht. Als ich vor dem Wohnwagen stand, spürte ich seine feuchte Schnauze an meiner Hand, als wollte er sagen: He, Kumpel, wo warst du denn so lange? Es tat mir sehr leid, daß Cooper und ich jetzt nicht so viel zusammensein konnten wie früher. So setzte ich mich auf einen Holzstamm und kraulte und streichelte ihn. Dann kletterte ich müde und hungrig wie ein Galeerensklave in den Wohnwagen und ging gleich schlafen. Zack, Bruce und Eric saßen vor dem Fernseher und sahen sich einen Krimi an. Die ganze Zeit über, während ich bei den Olivers in Smokey Hollow wohnte, habe ich nie gesehen, daß sie irgendeine Hausarbeit machten.

Preacher kam am nächsten Morgen Punkt 7.30 Uhr. Auf der Fahrt erzählte er mir von seiner Frau Annie, von seinem Bruder Bart, von seinen drei Hunden, zwei Milchkühen und seinem

Preacher und Bart beim Heuen

großen Garten mit Tomaten, Zwiebeln, Kraut, Bohnen und Kartoffeln. Er hatte auch Maisfelder und Apfelbäume. Das Heu mußte eingebracht, die Küken versorgt werden, Annie machte die Butter selber und weckte alles ein, von den Kartoffeln bis zum Schinken.

„Übrigens", sagte Preacher, „wie wär's denn, wenn du dieses Wochenende rüberkommst und dir mal unser Haus anschaust? Was glaubst du, wie gut Annie kocht – also komm Samstag zum Mittagessen. Okay?"

„Ich komme gern", sagte ich, „und ich bring einen guten Appetit mit." Wir bedienten die mit Sägemehl überstäubte Stechuhr und machten uns an die Arbeit.

Meine erste Arbeitswoche verging unter fortwährenden Muskelschmerzen. Ich brauchte nicht viele Essenspausen, um herauszufinden, daß fast jeder Mann schon seinen Arbeitsunfall gehabt hatte. Manchen fehlte mehr als nur ein Finger. Die Arbeit in einer Sägemühle ist gefährlich, und ich paßte immer höllisch auf, schließlich hatte ich keine Lust, meinen schönen Körper verstümmeln zu lassen.

Lemm fehlte ein Finger ganz und ein Drittel an einem anderen. Während der ersten Woche erzählte er mir dauernd Geschichten über Unfälle, die er in den verschiedenen Sägemühlen erlebt hatte, und sie wurden von Mal zu Mal schrecklicher. Wie die von seinem Partner, der in eine Kreissäge geraten war, die dickste Bäume wie Butter durchschnitt. Er ließ auch die blutigsten Einzelheiten nicht aus. Oder die Geschichte, die vor 20 Jahren passierte, als Lemms Helfer während der Arbeit schwarzgebrannten Schnaps getrunken hatte. Er war dann auf feuchten Holzsplittern ausgerutscht und direkt mit dem Gesicht in das rotierende Sägeblatt gestürzt. Am Donnerstag ging ich schon so vorsichtig an die Arbeit, als müßte ich mit einem Viertelliter Nitroglyzerin durch einen Wirbelsturm laufen.

Dann kam der Freitag.

Wie gewöhnlich saßen Lemm und ich während einer Zehnmi-
nutenpause auf einem Baumstamm und ruhten unseren ge-
plagten Körper aus. Eine leichte Brise strich über uns hin, und
ich roch den strengen Duft von Alkohol. Ich hoffte, daß dieser
Geruch von den verrotteten Sägespänen stammte. Dann warf ich
einen heimlichen Blick auf Lemm. Entsetzt sah ich, daß seine
Augen trübe waren, er war eindeutig betrunken. Alkoholgeruch
entströmte seinem Mund. Ich sagte kein Wort. Nach dem
Mittagessen, Lemm hatte offenbar noch mehr getrunken, wurde
er richtig wild. Völlig sorglos und leichtsinnig hantierte er mit
der tödlichen Säge. Die Splitter und Holzstücke flogen nur so
herum.

Und dann hätte sich Lemm um ein Haar selbst umgebracht. In
seinem betrunkenen Zustand hatte er vergessen, das Sägeblatt
nachzuschärfen, wie er es sonst am Nachmittag mindestens drei-
oder viermal tat. Weil die Säge stumpf war und Lemm nicht fest
genug drückte, wurde der Stamm nur halb durchgesägt. Dann
blieb die Säge stecken und schleuderte den Baumstamm auf
Lemm. Der Stamm verfehlte ihn nur um Zentimeter und prallte
gegen den Metallpfosten, der das Dach über uns stützte. Der
Baumstamm hatte so eine Wucht, daß der Pfosten einknickte.
Wenn er Lemm getroffen hätte, wäre das Buch mit den Hor-
rorgeschichten aus den Sägemühlen der Appalachen um ein
Kapitel reicher gewesen.

Von diesem Freitag an unterrichtete mich Lemm darin, wie
man allein eine Kreissäge bedient. Mir wäre es lieber gewesen,
Lemm hätte die Finger vom Schnaps gelassen. Meine erste
Arbeitswoche dauerte nur noch eine Stunde, und ich war
dankbar, daß ich nicht verstümmelt oder verkrüppelt worden
war. Und dann, ohne jede Vorwarnung, hielt Lemm plötzlich
die Säge an.

„Pete, komm mal hierher zu mir."

Ich ging zu ihm hin. „Was willst du?" fragte ich.

„Pete, du bist ein netter Bursche, und du arbeitest wirklich hart. Du hast immer auf mich aufgepaßt und mir geholfen, diese tonnenschweren Baumstämme hochzuheben. Ich möchte dir dafür danken." Sein Gesicht wirkte bekümmert, und seine Augen blickten rot und traurig.

Es tat mir weh, einen stolzen Mann so geschlagen zu sehen, und ich versuchte ihn aufzumuntern.

„Lemm, mach dir doch keine Gedanken, ich tu ja nur meine Arbeit."

„Ich weiß, ich weiß. Aber ich bau Mist, und ich will nicht, daß du verletzt wirst. Ich werde nie vergessen, wie ein Kumpel von mir getötet wurde, weil einer wie ich so nachlässig und schlampig war. Es ist schon lange her."

Seine Stimme klang brüchig, die Erinnerung wühlte ihn auf.

„So ein alter, sturer Kerl wie ich wird nachlässig, und dann bleibt die Säge in dem Baumstamm stecken, wie bei mir heute." Es folgte eine lange Pause des Schweigens. „Ein langer Splitter brach ab und bohrte sich in den Kopf des Partners. Er spaltete seinen Schädel glatt in zwei Hälften . . . Der Mann war sofort mausetot."

Ich hatte eigentlich gar keine Lust, mich an diesen schweren, großen Maschinen zu versuchen, aber jetzt war es Zeit, den Umgang damit zu erlernen. „Ich versteh, was du meinst. Ich will mich bemühen, zu lernen, wie man die Maschine bedient."

„Gut, denn sobald du es kannst, werd ich diesen verdammten Job an den Nagel hängen, ein für allemal. Zweimal habe ich schon aufgehört, aber jedesmal hab ich wieder damit angefangen. Diese Arbeit ist alles, was ich kann."

An diesem Tag stellten wir die Säge nicht mehr an. Lemm brachte mir bei, wie man jeden Zahn an diesem tödlichen Sägeblatt schärft. Nach Arbeitsschluß holten wir uns unsere Schecks. Für meine erste Arbeitswoche, plus sieben Überstunden, kassierte ich 85,50 Dollar. Das tat gut nach dieser harten

Arbeit. Jetzt konnte ich Lebensmittel für meine neue Familie kaufen und noch ein Sümmchen für meine Wanderung Richtung Westen sparen.

Unter gefährlichem Verdacht

Eigentlich müßte ja hier in dieser ländlichen Gegend, mit den schattigen Bäumen, den fröhlich krähenden Hähnen und den Snowbird Mountains, die aus der Ferne grüßten, das Wochenende gemütlich, friedlich und ruhig verlaufen. Das glaubte ich jedenfalls, zumal Alkohol jeder Art im Bezirk Cherokee gesetzlich verboten war.

Aber zu meinem großen Schrecken wurde das Wochenende in Texana zu einer gefährlichen Orgie aus Rauschgift, Schnaps, hypnotischer Rockmusik, Messern, Frauen und Revolvern. Die Angestellten des kleinen Krankenhauses von Murphy nannten den Samstag in unserem Teil der Stadt die „Metzger-Nacht", denn da wurde auf den Partys, die bis zum Morgengrauen dauerten, ganz schön herumgeschossen und herumgestochen. Einige der Trunkenbolde hatten geladene sechsschüssige Revolver bei sich, und schon eine Schießerei genügte, daß ich mich von da an übers Wochenende auf Tauchstation begab und mich nirgends sehen ließ.

Ein Stück weiter das Tal hinauf wohnte Mary Elizabeths Onkel Matt Carter. Eines Samstagabends veranstaltete Matt eine Party. Stundenlang dröhnte die Soulmusik durch sein schwach erleuchtetes Haus, in dem nur eine nackte 15-Watt-Birne etwas Licht gab. Dann brach ein fürchterlicher Kampf zwischen zwei Männern aus, weil einer das Mädchen des anderen schief angesehen hatte. In dem Tumult wurde ein Mann verwechselt, was ihn das Leben kostete. Man schnitt ihm die Kehle durch. Und dann rief jemand, ein gewisser George sei in den Bauch geschossen worden.

Dieser George hatte sich inzwischen aus der dunklen Hütte geschleppt und sich im Gebüsch versteckt, als die Polizei auftauchte. Keiner der Anwesenden hatte irgend etwas „gesehen" und konnte also auch keine Aussagen machen. George ging direkt ins Hospital, wurde am nächsten Morgen entlassen und konnte Mitte der Woche schon wieder prächtig feiern. In dieser Art also verliefen die „ruhigen" Wochenenden von Texana.

Am Samstag morgen beschloß ich, mit dem einsamen Cooper über die Hügel zu rennen und die Winklers auf ihrer Farm zu besuchen. Der Weg zum Hof von Preacher und Annie war ein angenehmer Spaziergang. Unterwegs kam ich an dem Anwesen vorbei, von dem man in der Stadt sagte, dort wohne der geschäftstüchtigste Schwarzbrenner des ganzen Bezirks. Die Winkler-Farm lag in einer Talmulde, umgeben von schützenden Bäumen. Rund um das Haus erstreckten sich Maisfelder und grüne Weiden.

Von oben konnte ich die Hühner und die Hähne sehen, die Katzen und die Mastschweine. Da war ein Keller in die Erde gebaut, in dem Annie ihre Lebensmittel kühl hielt, und da gab es eine altertümliche Pumpe mit einem Schwengel. Zusammen mit Preacher und Annie wohnte hier Bart, Preachers Bruder, ein Junggeselle. Als die Winklers 1941 herkamen war hier noch Wildnis gewesen. Sie hatten sich ihr Land selbst gerodet und kultiviert, ihr Haus gebaut und ihren Garten angelegt. Alles mit eigenen Händen. Dabei besaßen sie nur ein paar kümmerliche Werkzeuge, natürlich keine schweren Maschinen oder gar elektrischen Strom. Als sie das Gelände kauften, mußte auch Annie 60 Stunden in der Woche für einen Lohn von 11,75 Dollar arbeiten, um das Geld für das Land aufzubringen. Bart erledigte die schweren Arbeiten auf der wachsenden Farm.

Als ich auf die Farm zuging, veranstalteten die aufgescheuchten Hähne und Hennen einen Höllenlärm, lauter als jede Türglocke. Mrs. Winkler kam mit einer alten Flinte in der Hand aus dem Haus gerannt. Auf den ersten Blick sah Mrs. Winkler kränklich und schlecht ernährt aus, aber ich wurde eines Besseren belehrt, als sie mir die Hand drückte.

Sie öffnete die weiße Vorgartentür und forderte mich auf,

Bart rettet die Milch!

einzutreten. Cooper blieb draußen, und Mrs. Winkler tätschelte seinen Kopf mit beiden Händen. Sie hatte überhaupt keine Angst. Eigentlich mochte Cooper das gar nicht, nicht einmal von mir, höchstens dann, wenn er in bester Stimmung war. Aber hier hielt er still, und nach 30 Sekunden wurde Mrs. Winklers Gesicht von feuchten, rosaroten Hundeküssen förmlich abgewaschen. Preacher, der sowieso nicht besonders gut hörte, kam heraus, um zu sehen, was mit Annie passiert war, und reichte mir die Hand zur Begrüßung. Eine Glocke rief Bart zum Mittagessen, der in der Bohnenplantage gearbeitet hatte. Annie hatte den ganzen Vormittag gekocht, und der Duft ihrer Speisen sprach Sinne in mir an, von denen ich gar nicht gewußt hatte, daß ich sie besaß.

Bart kam hereingestürmt. Wahrscheinlich hatte er einen Bärenhunger. Mit seinen über 70 Jahren schien er noch so leichtfüßig zu sein wie ein Olympiateilnehmer. Er brachte ein halbes Dutzend Eier mit und Brombeeren, die er an dem Weg, der am Kuhstall vorbeiführte, gepflückt hatte. Sein sonnenverbranntes Gesicht strahlte, als er mich am Tisch sitzen sah. Bart traf ja höchst selten fremde Besucher, und weiter als 100 Meilen war er nie von der Farm weg gewesen. Und auch das nur höchstens ein- oder zweimal.

Nachdem wir alle Platz genommen hatten, brachte Annie das dampfende Essen. Was ich nicht verstand, war, daß sie noch auf so einem altmodischen Feuerherd kochte. Warum benützte sie keinen modernen Gasherd oder einen elektrischen? Als ob sie meine Gedanken lesen könnte, sagte Annie schüchtern: „Peter, wir wissen, daß du aus einer dieser Luxusstädte kommst. Wir waren nie dort, aber wir haben natürlich von diesen eleganten Restaurants gehört und den Yankee-Millionären . . .“ Sie brach mitten im Satz ab und sah ihren Mann an. Preacher nickte.

Und Annie fuhr fort: „Wir hier, wir sind ganz einfache Leute, und wir kennen nur eine Art von Essen, und die ist ganz einfach.

Bart Winkler in der Küche

So richtige Hausmannskost. Wenn du sie nicht magst, brauchst du sie nicht zu essen." Es duftete lieblicher als alles, was ich bisher gerochen hatte.

„Keine Angst, Annie, teilen Sie nur aus, ich freue mich schon darauf."

Preacher senkte den Kopf und betete. Nach dem „Amen" hieb er hinein. Was soll ich sagen, das Essen schmeckte herrlich! Heißes, süßes Maisbrot in frischer Butter; selbstgemachter Schinken; frisch geerntete Karotten; eingemachte Rüben, gewürzte Würste und kalte Buttermilch. Es gab noch geröstete Maiskolben in heißer Butter, eine köstliche Apfelsauce, verschiedene eingemachte Eier und kohlrabenschwarzen Kaffee. Dabei war heute nicht einmal Thanksgiving. Solche Mahlzeiten verspeisten sie an jedem Tag in der Woche. Kein Wunder, daß Preacher so schwer arbeiten konnte.

Alles, was wir an diesem Tag aßen, war, mit Ausnahme des Kaffees, auf der eigenen Farm gewachsen. Ich versäumte es nicht, während des Essens ein paarmal darauf hinzuweisen, daß ich auch in den besten New Yorker, Washingtoner und Bostoner Restaurants niemals so gut gegessen hätte wie hier. Hinzu kam, daß die ganze Atmosphäre, die durch ihre Großzügigkeit, ihre einfache Lebensweise und ihre Gastfreundschaft geprägt wurde, das Mahl zu einem besonderen Ereignis machte. Ich hatte wirklich das Gefühl, als ob ihr Gott nicht nur sie, sondern auch ihr Essen wahrlich gesegnet hätte.

Als ich mich verabschiedete, beluden sie mich noch mit süßer Milch und mit Buttermilch für meine schwarzen Brüder. Bart steckte mir an der Tür ein Pfund frischer Butter zu, und ehe ich noch ganz draußen war, rannte Annie an mir vorbei und fütterte Cooper mit einer Appalachen-Spezialität, nämlich mit Maisbrot, getränkt in süßer Milch. Cooper verschlang seine Mahlzeit mit der gleichen Leidenschaft und dem gleichen Genuß wie ich vorher meine.

Gegen 17 Uhr waren Cooper und ich wieder zu Hause beim Wohnwagen, gesättigt wie fette, junge Raubtiere. Ich wunderte mich, daß alle daheim waren, und noch mehr darüber, daß mir nicht die unvermeidliche Musik in die Ohren dröhnte. Frank jr. war da! Er hatte seinen Job verloren und während der Tage, in

Annie Winkler mit eingemachten Köstlichkeiten

denen ich noch zur Familie gehörte, fand er nur gelegentlich Arbeit auf einer Farm. Mary Elizabeth war erst drei Jahre mit ihm verheiratet, also war sie es gewöhnt, ihre Familie zu unterhalten und Geld zu verdienen. Sie arbeitete in der Spinnerei, in der Nachtschicht, für 2,80 Dollar die Stunde, und verdiente außerdem noch am Tage Geld durch Hausarbeit bei reichen weißen Leuten.

Obwohl mein Scheck auch nicht besonders üppig war, habe ich während meines Aufenthalts bei den Olivers eine Menge zu essen gekauft, meistens von Preacher und Annie. Als ich die Milch und die Butter von den Winklers auf den Tisch legte, stürzten sich die Jungs auf die Milch, als ob sie so etwas noch nie in ihrem Leben bekommen hätten. Im Eisschrank war ja auch nichts zu finden, außer einer Packung Kirschsaft und einem halben Laib Weißbrot.

Dann feierten wir ein Fest. Mary Elizabeth bereitete schnell ein paar Pfannen mit geröstetem Maisbrot zu. Die drei Brüder warteten schweigend, sie waren zu hungrig, um ihre üblichen Späße und Rangeleien auszutragen. Und dann stärkte sich die ganze Familie mit Milch, Butter und Maisbrot. Dann machten die Jungs wieder ihre Späße, nur Frank jr. blieb in sich gekehrt. Er saß auf dem Couchbett von Bruce, stierte vor sich hin und wirkte echt bekümmert. Ich führte das darauf zurück, daß er seine Arbeit verloren hatte. Aber dann brummelte er etwas vor sich hin, was uns allen einen Schock versetzte. Mary Elizabeth wurde ganz weiß im Gesicht.

„Ich hab was ganz Böses in der Stadt gehört . . . irgend jemand könnte deswegen getötet werden . . .", sagte er langsam und undeutlich. Wir alle ahnten Schlimmes.

Die nervöse Mary Elizabeth konnte Franks Gestammel nicht mehr ertragen und schrie ihn an: „Frank, was in aller Welt redest du da. Los, raus damit!"

Frank schlug sich die Fäuste vors Gesicht.

Mary Elizabeths Blicke hätten ihn töten können. Ihre Wut erschreckte mich. „Hör zu, du blöder Nigger, sag mir sofort, was los ist, jetzt sofort", schrie sie ihn wieder an.

Frank, der Mary Elizabeth mit einem Finger hätte hochheben können, stotterte weiter: „Ich, ich will ja keinen Wirbel machen, aber ich hab hier über Peter was läuten hören . . . was, was wirklich Schlimmes."

Jetzt hatte ich Angst. Das Echo seines Gestammels dröhnte in meinem Kopf.

„Was redest du da, Frank jr., in Gottes Namen, was redest du da?" Mary Elizabeth war so wütend wie eine Tigermutter, deren Junges in Gefahr ist.

„Ich hab was über Peter hier gehört", murmelte Frank jr., seine Augen quollen heraus, und er preßte die Worte förmlich zwischen den Lippen hervor, als wollten sie nicht heraus. „Die Leute in Murphy, Weiße und Schwarze, sagen, er ist einer von den Geheimagenten . . . die hinter den Schwarzbrennern her sind. Der weiße Alkoholschmuggler drüben über dem Highway hat es mir gesagt. Warum wohnt so ein smarter Collegebursche bei einer Bande von Niggern? sagt er. Und er bringt ihn um, wenn's wahr ist."

Ich sah, wie Frank jr. über seine eigenen Worte nachdachte, wie er grübelte, ob das, was die Leute sagten, vielleicht doch stimmte. Wie er an mir zweifelte! Er schon, aber nicht Mary Elizabeth, nein, die nicht.

„Was meinst du damit, Peter ist ein Geheimagent? Das ist doch verrückt, Frank jr.! Glaubst du, der würde in dieser knochenbrechenden Sägemühle schuften, wenn er ein Agent wäre, du Idiot? Bestimmt nicht, bestimmt nicht! Er ist kein Agent, nicht wahr, Peter?" War da vielleicht nicht doch ein winzig kleiner Zweifel in ihrem Gesichtsausdruck? Auch die Brüder schauten mich erwartungsvoll an, gespannt auf meine Antwort.

Frank jr. redete schon wieder, ehe ich was sagen konnte. Jetzt schien er noch bekümmerter zu sein. „Noch was . . . Sie sagen, wenn du hier nicht bald verschwindest, kommen sie rauf ins Tal und bringen deinen Hund um, den Cooper. Und wenn du dann noch nicht genug hast, killen sie dich!"

Wenn ich abgemurkst würde, vor allem, wenn ich wirklich ein Agent war, dann hätte dies Frank jr. wohl nicht viel ausgemacht. Davon war ich überzeugt. Aber Cooper? Nein, bei Cooper lag die Sache ganz anders. Seinem Freund Cooper durfte keiner etwas tun. Wer das versucht hätte, den würde Frank jr. umbringen, denn er hatte Cooper sehr, sehr gern, und Cooper mochte ihn auch.

Mary Elizabeth fragte mich noch einmal, ob ich nun ein Agent sei oder nicht, und dabei sah sie Frank jr. so scharf an, daß der es nicht mehr wagte, mich zu unterbrechen.

„Natürlich bin ich kein Agent!" Ich sagte es mit allem Nachdruck. Sie hatten wohl schon vorher, als ich noch nicht da war, ausführlich darüber diskutiert, ob ich nun so ein Schnüffler der Steuer- und Finanzbehörden bin, der auf die Schwarzbrenner angesetzt wird. Denn Eric wartete nun keine weiteren Erklärungen von mir ab, sondern sagte mit aller Entschiedenheit: „Also, Frank jr., ich hab dir doch gesagt, daß er kein Steuerschnüffler ist, verdammt! Er ist unser Bruder, und er hängt keinen von seinen Leuten hin, der nicht!"

Nun war Mary Elizabeth an der Reihe. „Die Leute reden Quatsch, Frank! Er ist kein Regierungsagent. Das seh ich doch, wenn ich ihm bloß in die Augen schau, die Augen sind die Fenster der Seele. Er würde uns nie belügen. Er würde uns nie was vormachen, warum er hier bei uns wohnt."

Es war ganz simpel, warum die weißen Alkoholschmuggler vermuteten, ich sei ein Agent. Wenn ein weißer College-Student, mit einer teuren Kamera um den Hals, in so eine „Nigger-Stadt" kommt, mit einer Bande von Niggern zusammenwohnt und dann noch einen von diesen Rauschgift-Hunden

151

bei sich hat, dann kann er doch nur eines sein: ein Agent. Das entsprach völlig der Logik der hiesigen Weißen.

Wenn ich so zurückdachte, ist mir klar, daß sie mich bestimmt von Anfang an verdächtigt hatten. Aber weil zunächst alles ruhig blieb, hatten sie mich auch in Ruhe gelassen. Aber als dann große Mengen von Bier, Whisky und schwarzgebranntem Schnaps beschlagnahmt und konfisziert wurden, mußte „dieser verdammte Yankee, der alles verraten hatte, eben endgültig verschwinden".

Jedermann kannte den Beamten, der die Razzia geleitet hatte. Kolen Flack war der Chef der Bundesbehörden für Alkohol, Tabak und Schußwaffen in Ashville. Aber die Polizisten, die die Razzia mit ihm durchgeführt hatten, waren alle von hier. Und kein Alkoholschmuggler wäre, auch nicht im total betrunkenen Zustand, so verrückt gewesen, ihnen Tips zu geben. Also mußte ich der Verräter sein. Alle, die man erwischt hatte, auch Frauen, wurden vor Gericht gestellt, und als Strafen drohten ihnen 1000 Dollar Geldbuße oder Gefängnis bis zu einem Jahr. Kein Wunder, daß alle Alkoholschmuggler des Bezirks in Lynchstimmung waren.

Als ob wir nicht schon genug hätten, hatte Frank jr. noch mehr auf Lager. „Ich hab auch gehört, daß die Alkoholschmuggler so wütend sind, daß sie heraufkommen und dich aus dem Wohnwagen holen wollen. Ja, und die Burschen sagen, wenn ihnen einer in die Quere kommt, dann werden sie sich auch um uns kümmern. Wirklich eine schlimme Sache. Ja, Leute, das haben sie mir gesagt." Er seufzte tief. „Also, was machen wir jetzt?"

Was hätten diese Menschen ohne Hilfe schon gegen die bösartigen Alkoholschmuggler ausrichten können? Ich fürchtete, meine neue Familie würde mich bitten zu gehen.

Mary Elizabeth sprach für alle: „Ich will dir sagen, was wir tun, Frank jr. Du holst alle deine Schießprügel! Bruce, du gehst runter in die Billardhalle und paßt auf, was sie vorhaben! Wenn einer von diesen lügnerischen, weißen Schuften hier oben auftaucht, um Peter oder Cooper was anzutun, dann werden die ihr blaues Wunder erleben. Wir erwarten sie."

Mary Elizabeth dirigierte ihre Truppen und gab ihre Befehle wie ein General. „Zack, du gehst zu Pau Pau Smokey und sagst ihm, daß er sich bereithalten soll."

Sie wandte sich mir zu: „Du magst ein Weißer sein, aber ich weiß, so wahr es einen Gott im Himmel gibt, daß du uns die Wahrheit gesagt hast. Es gibt nicht viele Weiße, von denen ich dasselbe sagen würde, aber von dir sag ich's. Du hast uns nicht getäuscht."

Ich war vollkommen überwältigt. Frank jr. schleppte mehr Schußwaffen herbei, als es in manchen Sportgeschäften gibt. Da waren zwei großkalibrige Gewehre, eines mit einem abgesägten Lauf. Dann hatte Frank noch ein Jagdgewehr, einen 38er Revolver und einen Zweiundzwanziger, den er von Jugend auf besaß, sowie noch ein schweres Gewehr. Frank jr. ging noch einmal in den Schlafraum, und als er wiederkam, brachte er so viele Schachteln mit Munition mit, daß sie für einen kleinen Krieg gereicht hätte. Um unser aller willen hoffte ich inständig, daß Mary Elizabeths geliebter Gott diesen Kampf verhindern würde.

Der Schweinestall

Als ich am Montag zur Arbeit ging, hoffte ich natürlich, den erzürnten Alkoholschmugglern nicht zu begegnen. Die Gerüchte waren mir schon weit vorausgeeilt. Jeder Bursche im Sägewerk hatte seine eigene Methode, um herauszufinden, ob ich nun ein Agent war oder nicht. In einer Pause kam der Mann vom Kranwagen, ein Kerl, größer als ein Bär, zu mir herüber geschlendert. „Hallo, Peter! Deine Tarnung ist schon verdammt gut, mit dem Vollbart und all dem. Zu blöd, daß du trotzdem so schwer schuften mußt."

Zwei von den böseren, alten Männern blieben bei mir stehen, als ich sägte. Voll herzlicher Bosheit erzählten sie mir von den schönen Morden, die es hier in den letzten Jahren gegeben hatte. Ich sägte weiter, merkte aber zu gut, wie sie mich beobachteten und auf eine Reaktion warteten. Als der Arbeitstag vorbei war, wußten die meisten Männer immer noch nicht, wer ich nun in Wirklichkeit war.

Während der ganzen Woche blieb die Familie im Tal und in der Nähe des Wohnwagens. Die Jungs spielten nicht einmal Basketball, denn es hätte ja jederzeit todernst werden können. Aber dann entspannte sich die Lage wieder, und alles wurde friedlich. Nachdem die Polizisten abgezogen waren, gingen die Alkoholschmuggler wieder an die Arbeit, und nach kurzer Zeit hatten sie schon wieder so viel Geld verdient, daß sie leicht ihre Geldstrafe bezahlen konnten. Schmuggler, Brenner und Trinker widmeten sich wieder ihrer Beschäftigung und vergaßen die Suche nach dem Verräter. Frank jr. schließlich verstaute sein Waffenarsenal wieder im Schlafraum.

Wenn ich am Freitag meinen Lohn kassiert hatte, traf ich mich immer mit Mary Elizabeth und ihrer Mutter Margaurite vor dem neuen Großmarkt. Pau Pau schätzte diese Einkäufe gar nicht so. Denn beide Familien hatten ja nicht so viel Geld, und er fürchtete, daß die Frauen immer zuviel ausgaben. So blieb er im Auto sitzen, während wir hineingingen.

Ich schob den Einkaufswagen von Margaurite, denn sie war schon halb blind. Sie legte ihren dünnen Arm auf meinen, und ich begleitete sie durch das gut besuchte Geschäft. Es machte ihr Spaß, kam sie doch nur selten aus ihrem Haus heraus. Ich wäre ihr einziger weißer Boyfriend, sagte sie und lachte.

Wir gingen am Obst und Gemüse vorbei und bogen in einen anderen Gang ein. Zwei gutgekleidete alte Damen mit frischgesprayten Haaren erblickten uns. Sie erstarrten und deuteten mit ihren roten Fingernägeln auf uns. Ich hörte sie flüstern: „Tatsächlich! Dieser nette weiße Junge händchenhaltend mit einer alten Niggerfrau."

Es traf mich wie ein Schock. Ich hatte ganz vergessen, daß ich weiß war. Ich warf schnell einen Blick auf meine neue Mutter und meine neue Großmutter. Sie waren so mit der Auswahl der Waren beschäftigt, daß sie nichts mitbekommen hatten. Gottlob waren beide auch ein bißchen schwerhörig. Vielleicht blieb Pau Pau auch deshalb draußen? Er konnte nämlich ganz vorzüglich hören.

Diesmal mußte ich an der Kasse mehr berappen als üblich. Aber es machte mir immer mehr Freude, mit meiner neuen Familie einkaufen zu gehen und für sie die besten Sachen zu kaufen, die ich mir leisten konnte.

Gemessen an dem süßen Zeug, das sie kaufte, war es nicht überraschend, daß Mary Elizabeth unter Bluthochdruck litt, daß Bruce mit seinen 16 Jahren schon fast keine eigenen Zähne mehr hatte und daß Eric so unglaublich in die Höhe geschossen war. Ich quälte Mary Elizabeth mit meinen Warnungen vor der Zuckerkrankheit und drängte die ganze Familie, mehr Obst und Gemüse zu essen. Gewöhnlich ging ich noch nach der Arbeit zum Großmarkt und kaufte die überreifen Sachen, die im Preis heruntergesetzt waren.

Die Farm von Preacher und Annie war nur gerade eine halbe Meile weit weg von Texana, und sie konnten dort mehr als genug ernten. Es ergab doch keinen Sinn, daß dort alles wuchs, während es unten in Smokey Hollow nichts gab, keine Felder, keine Kühe, keine Schweine. Dabei hatte das Tal den fruchtbarsten schwarzen Boden der ganzen Gegend. Das verstand ich nicht. Wieso baute sich meine schwarze Familie nichts selbst an und hielt sich keine Schweine, wenn sie doch so oft Hunger leiden oder diese wertlose Nahrung in den Läden kaufen mußte? Ich wollte etwas für meine neue Familie tun, was ihnen noch helfen würde, lange nachdem ich schon fort war. Weil sie so viel für mich getan hatten, wollte ich ihnen ihr Leben ein bißchen erleichtern.

Beim Sägen hatte ich den ganzen Tag über Zeit, nachzudenken. Während der ersten Vormittagspause fiel mein Blick auf einen Stapel Bretter. Da kam mir die Erleuchtung. Ich ging ins Büro und fragte Hans Bierkans, den Besitzer, ob ich was von dem Holz kaufen könnte. Er fragte mich, wozu ich es brauche.

Hans war ein netter und großzügiger Mann. Er fand meinen Plan gut und sagte mit seinem holländischen Akzent: „Gib mir fünf Dollar für einen Lastwagen voll, damit hat sich's. Aber paß beim Verladen auf, ich will nicht, daß jemand verletzt wird, okay?"

Abends flitzte ich gleich zu Pau Pau, um ihm die aufregenden Neuigkeiten zu erzählen. Er konnte gar nicht glauben, daß ich das ganze Holz so billig bekommen hatte, die guten Bretter aus Eiche und Hickory. Er rief einen anderen Verwandten an, Mary Elizabeths Onkel Shike, einen Diakon der Kirche. Dann fuhren wir zum Sägewerk und beluden den alten Lieferwagen von Onkel Shike bis oben hin voll mit Brettern, die ich nach Arbeitsschluß gesägt hatte. Auf der Heimfahrt hatten wir große Angst, daß die Achsen an Onkel Shikes altem Karren in der Mitte durchbrechen könnten.

In der folgenden Woche erforschte Pau Pau das wildbewachsene Gelände im Tal, suchte den besten Platz mit Wasser. Als er ihn gefunden hatte, bedurfte es härtester Arbeit, bis er einigermaßen gerodet war. Pau Pau verstand etwas vom Urbarmachen des Landes. Früher hatte er oft genug Bäume gefällt und Land gerodet.

Ein Kollege aus dem Sägewerk

Nachdem wir unsere Freitagseinkäufe erledigt hatten, nahmen Pau Pau, Frank jr. und ich die neue „Schinkenfabrik" in Angriff. Im Vergleich mit den anderen Schweineställen in der Gegend, die meistens aus alten Plakattafeln und rostigem Draht bestanden, wurde unserer wirklich schön, fast luxuriös. Der Boden aus dicken Eichenbrettern war besser als der im Haus von Pau Pau. Aber es war auch eine Hundearbeit, die Nägel in das harte Holz zu treiben. „Genauso, als ob man ein Schwein mit einem Buttermesser zerlegt", sagte Pau Pau.

Es blieb noch so viel Holz übrig, daß Frank jr. noch einen zweiten Schweinestall für seine eigene Familie baute. Von nun an müßte es eigentlich genügend Schweinefleisch in Smokey Hollow geben. Wir arbeiteten das ganze Wochenende über, und als die Sonne am Sonntag unterging, waren die besten Schweineställe von ganz Murphy, fast schon richtige „Schweine-Tempel", fertig. Was müssen die später, als ich längst über alle Berge war, für herrliche Schlachtfeste gefeiert haben!

Der Wirbelsturm

Am Montag begann wieder die übliche Arbeit im Sägewerk, und wie an jedem Montag fühlten sich viele meiner Kollegen wirklich mies. Meistens waren der schwarzgebrannte Schnaps, das Bier und „der Rote" (das war der Spitzname für ordentlich versteuerten Whisky) schuld daran. Ich hatte mich gut an die Arbeit gewöhnt. Nach einem Monat war sie durchaus erträglich, an sonnigen Tagen machte sie sogar schon Spaß. Mitte April zeigten sich die ersten Frühlingsboten, die Natur schickte sich an, ihr Feuerwerk des neuen Lebens zu entzünden. Es schien so, als wollte die herrliche Pflanzenwelt der Berge unser Leben heiter stimmen, meines und das meines schlechtgelaunten Freundes

Cooper. Er war nicht gerne hier, es machte ihm offensichtlich keinen Spaß, und die meiste Zeit verbrachte er unter seinem alten Auto und schmollte. Wenn ich von der Arbeit heimkam, pfiff und rief ich schon von weitem nach ihm. Dann rannte er mir entgegen und strahlte. Er hatte ein so ruhiges Leben, daß er schon so fett geworden war wie ein zufriedenes Bärenkind.

Immer brachte ich was zu fressen von dem netten Metzger im Großmarkt mit, und alle Hunde wußten, wenn ich pfiff, war Essenszeit. Cooper bellte dann immer wütend, wenn die anderen Hunde hinter ihm her zu mir rannten. Ihm sein Fressen zu stehlen, das trauten sie sich nicht. Dazu hatten sie viel zu viel Angst vor seinen gewaltigen weißen Zähnen. Ich fand dann einen Kompromiß, fütterte die anderen hungrigen Kerle, wenn Cooper seinen ordentlichen Anteil bekommen hatte, und so kehrte der Friede immer wieder ein.

Wenn Cooper gesättigt war, machten wir unsere Ausflüge in die Wildnis. Es war ja die einzige Zeit, in der wir zusammen sein konnten. In den Appalachen gibt es eine größere Vielfalt an Pflanzen und Bäumen als in ganz Europa. Früher hatte ich mich nie für wildwachsende Blumen interessiert, aber hier änderte sich das. Auf allen vieren wie ein Fuchs dahinkriechend, bestaunte und beroch ich die roten Feuernelken, den violetten Lavendel oder den weißen Farn. Oder ich legte mich auf die sonnenwarmen Tannennadeln und sah zu, wie Cooper auf Entdeckungsreisen ging, wie er aufgeregt herumschnüffelte, als ob er nach einer Freundin suche. Und dann war es doch immer nur ein zartes Eichhörnchen.

Eines Tages, als Cooper und ich nicht weit weg vom Wohnwagen im Wald spielten, hörte ich plötzlich Erics Stimme. Wir sollten sofort heimkommen. Es mußte wirklich wichtig sein, so aufgeregt schrie er. Wir rannten zurück. Jetzt erst bemerkte ich, daß der Himmel schwarze Flecken hatte und der Wind in harten Böen blies. Zehn Meter vom Wohnwagen entfernt konnte ich

Mary Elizabeth schon heulen und beten hören. Zuerst dachte ich, die Alkoholschmuggler seien gekommen und hätten sich an den Olivers gerächt, weil Cooper und ich nicht zu Hause gewesen waren. Vielleicht hatten sie Mary Elizabeth geschlagen und Eric gezwungen, nach mir zu rufen. Voller Panik überlegte ich, was ich mit diesen Burschen anstellen würde, falls sie jemanden verletzt hätten.

Ich klaubte ein altes rostiges Eisenstück vom Hof auf und stürmte mit Cooper an meiner Seite in den Wohnwagen. Aber da war nur meine neue Familie, sonst niemand. Mary Elizabeth kniete im Wohnraum, bewegte den Oberkörper vor und zurück, weinte und betete zu Gott, er möge uns alle verschonen. Die Brüder saßen verängstigt zusammengedrängt auf dem Sofa. Frank jr. brütete wie gewöhnlich vor sich hin. Keiner sagte ein Wort. Sie alle schienen wie gelähmt. Ich schaute mich rasch um, vielleicht hatten sich die Alkoholschmuggler versteckt. Aber es war wirklich niemand da. Ich war ziemlich verwirrt und wollte gerade fragen, was denn los sei, da begann der Wohnwagen zu zittern und zu schaukeln. Es klang, als würden wir mit großen Steinen bombardiert. Ich sah aus dem Fenster. Der sonst blaue Berghimmel war mit dicken schwarzgrünen Wolken bedeckt und entlud Ströme von Regen und Tonnen von Hagelkörnern. Mit jedem Windstoß begann Mary Elizabeth ein neues Gebet. Dann wechselte sie abrupt zwischen Beten und Jammern, während Hagelkörner so groß wie Golfbälle auf den Wohnwagen einhämmerten.

Ich hatte das Gefühl, dieser zerbrechliche Wohnwagen würde gleich in tausend Stücke zerspringen, und bekam richtig Angst. Als der Hageldonner noch lauter und kräftiger wurde, schrie Mary Elizabeth, wie jemand, der drauf und dran ist, verrückt zu werden: „Der Tornado kommt direkt auf uns zu. Legt euch hin, verkriecht euch!"

Nach ihrem Schrei, der einem das Blut in den Adern gefrieren lassen konnte, trat plötzlich Stille ein. Dann hörte ich es in der Ferne rumpeln und donnern. Es wurde lauter und kam näher, bis es sich so anhörte, als rase eine riesige Lokomotive auf uns zu. Jetzt schrie auch der unbewegliche Frank jr.: „Betet, betet um euer Leben! Der Tornado kommt direkt auf uns zu." Das Toben der Lokomotive wurde noch lauter.

Ungefähr zehn Minuten lang, jede einzelne kam uns vor wie die Ewigkeit, saßen wir dicht zusammengedrängt da und warteten darauf, daß unsere letzte Stunde schlagen würde. An der Art, in der Mary Elizabeth betete, merkten wir, daß unsere Überlebenschancen ziemlich gut standen, obwohl wir nicht in einem sicheren Keller, sondern in dieser Todesfalle von Wohnwagen gefangen waren. Das Toben dort draußen wurde noch lauter und kam immer näher auf uns zu. Mir fiel plötzlich meine Familie in Connecticut ein. Erinnerungen aus der Kindheit tauchten blitzschnell auf. Würde ich morgen früh noch leben?

Mary Elizabeth lag immer noch auf den Knien und betete und jammerte ohne Unterlaß. Sie hatte völlig die Kontrolle über sich verloren. Der Hagel wurde etwas dünner, ihr Wehklagen um so intensiver. Und dann plötzlich, ohne jeden Übergang, war der tobende Hagel schlagartig verschwunden. Mary Elizabeths Gott hatte den Hahn zugedreht.

Ich fühlte mich gewaltig erleichtert, aber Mary Elizabeth reagierte immer noch völlig hysterisch. Sie schrie noch lauter: „O Jesus, hilf uns! Lieber Gott, laß mir meine Kinder . . ." Der Wind legte sich, und es trat eine völlige Stille ein. „Legt euch alle hin", plärrte Mary Elizabeth, „das ist das Auge des Sturms, die Ruhe, bevor der Tornado zuschlägt!" Ihr Schluchzen jagte uns Schauer der Angst über den Rücken.

Aus irgendeinem unerfindlichen Grund traf uns dieser schreckliche Tornado nicht in unserem Wohnwagen in Smokey Hollow. Wir waren gerettet. In der Stille warteten wir noch mißtrauisch und ängstlich gute zehn Minuten. Erst dann trauten wir uns hinaus, um zu sehen, welche Zerstörung dieses Unwetter angerichtet hatte. Es war ungewöhnlich, daß so ein mörderischer Wirbelsturm in den Bergen tobte, normalerweise gibt es hier keine Tornados. Später erfuhren wir, daß dies der schlimmste Sturm der letzten hundert Jahre gewesen war.

Zack, Bruce, Eric, Frank jr. und ich kletterten ins Auto und fuhren los, auf dem Highway, in Richtung Murphy. Stromleitungen, Bäume, Felsen und tote Tiere blockierten die Straßen. Das Geschäftsviertel von Murphy war unversehrt, Geschäfte, Banken und das Rathaus waren offen. Wir fuhren nach Norden, Richtung Andrews, unsere Nachbarstadt am Highway 19. Als vier Ambulanzwagen an uns vorbei in die Stadt rasten, trat Frank heftig auf die Bremsen, und wir schlitterten in den Straßengraben. Wir Jungs stiegen aus und schoben den Wagen wieder auf die Straße zurück. Dann fuhren wir nach Marble. Die Wiesen, die gerade bestellten Felder, die Bäume und Sträucher waren nur naß, aber keineswegs verwüstet. Wir wandten uns Richtung Peachtree, vielleicht waren die Ambulanzen von dort gekommen. Aber wir sahen nichts als frisch abgefallene Blätter.

Es wurde dunkel, und ich war müde von der Arbeit im Sägewerk. Vielleicht war alles nur ein böser Traum gewesen, dachte ich. Alles sah völlig normal aus. Wir fuhren nach rechts auf die Straße am Hiwassee-River entlang. Von hier waren es noch sechs Meilen zurück nach Murphy. Tornado oder nicht, meine Augen fielen von selbst zu. Wir waren allein auf der Straße. Das gleichmäßige Geräusch des Motors im vierten Gang hatte mich eingeschläfert, als Frank jr. plötzlich auf den zweiten Gang herunterschaltete, die Bremsen betätigte und wir auf allen vier Rädern dahinrutschten. Ich war natürlich gleich hellwach. Durch die schwarze Nacht dröhnte das Geräusch von Sägen. Männer zerschnitten Bäume, die auf die Straße gestürzt waren. Frank jr. wendete den Wagen, und wir blickten jetzt auf die Bergseite. Es war unglaublich. Dieser Rasenmäher der Natur, dieser Tornado, hatte einen hundert Meter breiten Weg in den Wald geschnitten. So weit die Autoscheinwerfer reichten, sahen wir nur abgeknickte und zersplitterte Bäume. Wir fragten einen Mann, wo der Tornado noch so gehaust habe.

Er deutete über den Fluß. „Bealtown ist ein einziger Trümmerhaufen . . . Leute tot . . . Häuser einfach weggefegt . . . das Schlimmste, was ich je gesehen habe!"

Wir fuhren auf der Flußstraße weiter, über eine Brücke hinein nach Bealtown, einem Stadtteil von Murphy. Hier hatte der Sturm seine ganze Wut ausgetobt. Bealtown war in weniger als einer Minute in einen Schuttplatz verwandelt worden. Hier brauchte jeder Hilfe, und es waren auch schon unzählige Helfer da. Wir sprangen aus dem Wagen, noch ehe Frank jr. richtig angehalten hatte, und rannten auf das Trümmerfeld.

Überall totale Zerstörung! Ein junger, dunkelhaariger Mann kam uns entgegengerannt, völlig außer sich, weinend und irgend etwas murmelnd von einem Baby, seinem Baby.

„Mein Baby, mein Baby, ich kann es nicht finden!" Er weinte und starrte dann in dumpfer Verzweiflung vor sich hin.

„Was ist mit dem Baby", fragte ich.

„Oh, mein Gott." Die Tränen flossen ihm übers Gesicht. "Ich war aus meinem Wohnwagen gegangen, weil ich dachte, der Tornado sei vorbei. Ich hatte mein Baby im Arm, da kam noch ein riesiger Windstoß . . ." Er verfiel in ein hysterisches Kreischen.

„Komm, Zack", sagte ich, „wir suchen das Baby." Bei der Suche half uns Dwight Bennet, ein Student und Mitglied unserer Kirche. Nach zwei Stunden mußten wir das Kind, das der Wind entführt hatte, nicht mehr suchen. Dwight hatte es gefunden, tot, von einem gesplitterten Ast aufgespießt. Es war schrecklich.

Wir arbeiteten noch die ganze Nacht durch, räumten zusammen mit anderen, so gut es ging, die Trümmer beiseite. Die Männer von den Sägewerken arbeiteten mit schwerem Gerät, sägten Bäume und Balken auseinander, durchsuchten den Schutt, ständig auf der Suche nach noch lebenden Verschütteten. Dieser unberechenbare Sturm hatte hier ein gutgebautes dreistöckiges Haus zu Kleinholz gemacht und 50 Meter weiter eine Hundehütte und einen Wohnwagen unbeschädigt stehen lassen. Die Schreckensbilanz, die nach einigen Tagen aufgestellt wurde, sah so aus: Vier Menschen waren getötet worden, 27 hatten sie aus den Trümmern ausgegraben, 14 mußten lange im Krankenhaus bleiben, 45 Häuser und 44 Wohnwagen waren völlig zerstört, über 100 Familien waren obdachlos geworden.

Mary Elizabeth war ihrem Gott ewig dankbar, daß er ihre Gebete erhört und ihre Familie beschützt hatte. Noch Wochen später sang sie immer wieder Gospels. Die Gemeinde der Baptisten-Kirche aus Ranger war nicht so gut davongekommen wie wir. Innerhalb von 45 Sekunden hatte der Sturm ihre neue Kirche zerstört, hatte die Ziegel wie Blätter durch die Luft gewirbelt. Als sie davon hörten, halfen die Menschen von der Mount-Zion-Kirche sofort. Es machte überhaupt nichts aus, daß sie Schwarze waren, während die Ranger-Gemeinde aus lauter Weißen bestand.

Der Sonntag war in Ranger der gleiche wie in Smokey Hollow und in Texana. Also kamen Wagenladungen voller Weißer nach Mount Zion, und dieses Mal waren genauso viele Salzkörner wie Pfefferkörner in der Kirche. Wir saßen alle da, Weiße und Schwarze Seite an Seite. Wir sangen gemeinsam und schlugen gemeinsam den Takt mit den Händen. Es war schier unglaublich, Weiße und Schwarze begingen gemeinsam in derselben Kirche den Gottesdienst – und das im tiefsten Süden der Vereinigten Staaten.

Reverend Grant, der Teilzeit-Prediger, hatte so einen Gottesdienst noch nie in seinem Leben abgehalten. Er predigte und teilte seine Freude, sein Jauchzen, einer schwarz-weißen Gemeinde mit. Er wies besonders darauf hin, wie wichtig es sei,

Ein Nachbar in Texana

eine Kirche zu haben, für sich und für Gott. Während ein weißer Bub, höchstens sechs Jahre alt, sang, wurden die Klingelbeutel herumgereicht. Nachdem sie einmal durch waren, zählten die Diakone die Spenden, und danach schalt Reverend Grant seine Schäflein, weil sie so knauserig gewesen waren! Sie ließen die Klingelbeutel noch einmal herumgehen. Wieder eine eindringliche Ansprache, wieder das Einsammeln. Nachdem fünfmal eingesammelt worden war, zeigte sich der Reverend endlich zufrieden. Jeder Cent würde an die Brüder und Schwestern aus Ranger gehen und ihnen helfen, ihre Kirche neu aufzubauen.

Die armen Leute aus Texana hatten wirklich tief in ihre Taschen gegriffen. Da wurde so mancher abgenutzte, zusammengefaltete Dollar gespendet, den man sich für eine Extrafreude aufgespart hatte. Aber die Leute hier wußten ja, wieviel Geld man für den Bau einer Kirche braucht, und sie gaben gerne. Als alle Münzen und Scheine gezählt waren, konnte Reverend Grant seinem Amtsbruder aus Ranger 232,27 Dollar überreichen. Beide hatten Tränen in den Augen, als sie sich umarmten. Und all die glänzenden schwarzen und weißen Gesichter in der Kirche schienen den Raum in eine Art überirdisches Licht zu tauchen.

Wir gingen mit dem Gefühl nach Hause, von einem milden warmen Frühlingsregen saubergewaschen worden zu sein. Der Gott dieser Menschen in den Bergen des Südens hatte sie alle einander nahegebracht. Friede lag über Texana, und die Güte des Gebens war so belebend wie die frische Luft.

Wiedersehen und Abschied

In Smokey Hollow ging nun alles wieder seinen gewohnten Gang. Der Tornado war überstanden, die Alkoholschmuggler wandten sich wieder ihren Geschäften zu. Ich hatte jetzt genügend Geld, um eine Weiterreise in Erwägung zu ziehen. Der Gedanke daran war nicht sehr erhebend. Aber ehe ich weiterzog, sollten sich noch sehr wichtige Dinge ereignen. Zack würde das erste Familienmitglied sein, das ein Abschlußzeugnis von der höheren Schule bekam, und meine Eltern wollten von Connecticut anreisen, um mich wiederzusehen.

Der Frühling war nach Smokey Hollow gekommen und hatte alles in ein zartes Grün gekleidet. Eines Abends nach der Arbeit hörte ich schon aus großer Entfernung die hämmernde Musik aus unserem Wohnwagen. Als ich an der Tür stand, legte Zack eine neue Kassette ein und drehte auf volle Lautstärke. Er saß dann wie erstarrt da und stierte aus dem staubigen Fenster. „Tell Me Something Good" dröhnte mir der Recorder in die Ohren. Zack sah bekümmert aus. Ganz gleich, was Zack machte, ob er auf dem Sofa saß oder Basketball spielte, immer erinnerte er mich an einen Prinzen.

Weil ich ihn noch nie so in Gedanken versunken erlebt hatte, setzte ich mich zu ihm und las meine Post. Wir saßen ruhig da, bis Zack aufstand, um ein neues Musikstück erschallen zu lassen.

„Peter, was meinst du? Was soll ich nach dem Schulabschluß machen? Ich will ja nicht immer ein Baby bleiben und hier rumhängen. Mann, ich will schon was Ordentliches anfangen!"

Zack war der Star des Basketball-Teams von Murphy. Seine Zeugnisse waren gut, obwohl er fast nie zu Hause büffelte. Ich

Zack bei der Abschlußfeier mit Mary Elizabeth und Frank jr.

Zack auf seinem grünen Sofa

wußte also, daß er auch das College schaffen konnte. Zack selbst hatte wohl nie geglaubt, daß er tatsächlich die höhere Schule erfolgreich abschließen würde. Es war ihm gelungen, aber er sollte sich nicht damit begnügen.

„Überleg dir doch mal, Zack", sagte ich so leichthin, „ob du nicht aufs College gehen solltest."

Ihm blieb der Mund offenstehen. Er war offenbar selbst in seinen kühnsten Träumen nie auf diesen Gedanken gekommen.

„Mann, du bist wohl total übergeschnappt", schrie er so aufgeregt, wie ich ihn noch selten erlebt hatte, „du müßtest es doch wirklich besser wissen. Dazu habe ich doch weder die Noten noch das Geld, überhaupt nichts. Du bist ja wirklich verrückt, boy!"

Ich war in einer Familie aufgewachsen, in der man immer von mir erwartet hatte, daß ich aufs College ging. Warum sollte Zack dies nicht auch tun?

„Hör zu, Zack, du bist der Verrückte. Wenn du der erste hier in Smokey Hollow bist, der die höhere Schule bestanden hat, dann kannst du auch der erste sein, der aufs College geht. Verstehst du, was ich meine." Ich war richtig wütend, als Zack sich aufs Sofa flegelte und schwieg.

Aber meine Worte waren an diesem Tag doch auf fruchtbaren Boden gefallen. Zack war später wirklich der erste aus Smokey Hollow, der ein College besuchte. Im Herbst 1974 bekam er ein Basketball-Stipendium am Berea-College in Kentucky.

Gewöhnlich feierten die Leute im Tal die Wochenenden mit Strömen von Alkohol und wilden Tanzpartys. Diesem Durcheinander entfloh ich meistens, indem ich mich mit Cooper in den Wäldern und Bergen herumtrieb. Aber wir tanzten auch, Cooper und ich. An einigen Montagabenden lernten wir Volkstanz. Tatsächlich, wir beide! In einer dreistöckigen Scheune etwas außerhalb von Murphy wurden solche Kurse abgehalten. Dort trafen sich junge und ältere Leute und übten ihre Drehungen und Promenaden. Cooper lag meistens zuerst eine Zeitlang herum, bis er dann auch Tanzlust verspürte. Wenn es soweit war, blieb mir gar nichts anderes übrig, als meinen menschlichen Partner loszulassen und mit Cooper meine Runden zu drehen. Ich krallte meine rechte Hand in sein dickes Fell am Genick, und los ging's. Weil er nicht die komplizierten Schritte und Drehungen kapierte, veranlaßte er mich fast immer zu einer Art Jitterbug. Cooper machte es aber anscheinend ebensoviel Spaß, sich hinzustellen und im Rhythmus der Musik mitzubellen.

Zum erstenmal seit zwei Jahren hatte ich einen festgelegten Tagesablauf. Arbeit, Lebensmittelladen, Basketball, Schwimmen, Kirche und Schlafen. Seit ich für den Kirchgang nicht mehr Zacks hübschen Anzug anziehen mußte, war das Leben noch schöner. An einem Mittwochmorgen passierte etwas, was ich mein ganzes Leben lang nicht vergessen werde.

Es war am 12. Mai, und spät in der Nacht hatte man uns das Wasser abgestellt. Das war nichts Besonderes. Die Leute in Texana waren daran gewöhnt, daß Wasser, Strom und Telefon gelegentlich ausfielen.

Jemand hatte vergessen, im Baderaum die Hähne abzudrehen. Nun floß das Wasser wieder und überschwemmte den Fußboden. Die Waschmaschine spuckte schmutziges Wasser aus, und aus dem Heißwasserboiler dampfte es wie verrückt. Ich putzte und wischte und versuchte die Sauerei zu beseitigen, ehe die anderen aufwachten. Dann wurde es allmählich Zeit, zur Arbeit zu gehen. Ich nahm meine Zahnbürste in die Hand und sah dabei in den verschmierten Spiegel. In den drei Monaten in Smokey Hollow war mein Gesicht stark gebräunt, und einen Moment lang wußte ich nicht, welche Hautfarbe ich eigentlich hatte. Ich nahm ein Handtuch und machte den Spiegel sauber. Nun ja, ich war weiß, zumindest meine Haut. Weil ich mit meiner neuen

Familie so eng verbunden war und ich praktisch nur schwarze Gesichter sah, hatte ich für den Bruchteil einer Sekunde vergessen, daß ich ein Weißer war. Ich dachte und fühlte wie ein Schwarzer unter Schwarzen. Mein Leben lang werde ich jenen Moment im Baderaum nicht vergessen, als ich für eine Zehntelsekunde glaubte, ich sei ein Schwarzer. Diese Erinnerung ist fest in meinem Gedächtnis eingegraben. Bis heute.

Einige unserer Nachbarn aber vergaßen nie, welche Hautfarbe ich hatte, obwohl ich sozusagen innerlich immer mehr ein „Farbiger" wurde. Für sie waren die Brandzeichen, die Weiße und Schwarze markierten, unauslöschlich. Ein Mann namens Red hätte mich nur allzugerne umgelegt, nur weil ich ein Weißer war, und an einem Samstag versuchte er es. Red war ein entflohener Sträfling, der zusammen mit einer Schwester von Mary Elizabeth und drei Töchtern weiter oben im Tal lebte. Von ihrem Haus gab es nur einen Weg zur Straße, und der führte an Coopers Auto-Hundehütte vorbei. Keiner von unserer Familie fürchtete sich vor Cooper, aber Red und seine Lebensgefährtin standen immer Todesängste aus, wenn sie in Coopers Nähe mußten. Oft genug parkten sie ihr Auto weit weg und gingen auf Umwegen durch den Wald heim, nur um Cooper nicht begegnen zu müssen. Wenn sie wußten, daß ich daheim war, riefen sie nach mir, und ich führte sie dann sicher an Cooper vorbei.

Es war am Nachmittag dieses Samstags. Wir saßen drinnen im Wohnwagen und sahen uns ein Basketballspiel im Fernsehen an, als Red draußen meinen Namen rief. Er hatte die Nacht durchgefeiert und war auch jetzt noch ziemlich betrunken. Die meisten Männer wären wohl an Alkoholvergiftung gestorben, aber nicht Red. Die Gemeinheit strömte ihm förmlich aus allen Poren. „He, Whitey, komm raus!" Ich öffnete die Tür und sah ihn drüben bei den Wäscheleinen stehen. Mir war gar nicht wohl in meiner Haut. Ich wünschte, der Wohnwagen hätte eine Hintertür gehabt oder Mary Elizabeth wäre zu Hause gewesen.

Vor ihr hatten alle in Texana Respekt.

Eric und Bruce standen neben mir an der Tür, Zack kniete am Fenster.

„Geh ja nicht raus", sagten sie wie aus einem Mund, „der ist doch völlig blau. Du bist verrückt, wenn du rausgehst. Wenn der besoffen ist, schießt er seinen besten Freund über den Haufen."

Zack flüsterte vom Fenster her: „Schaut, der hat einen Revolver. Geh nicht raus, Pete, vor zwei Monaten hat er George erschossen, und George war sein bester Freund."

Ich hatte Angst. Ich ging zum Fenster und sah den Revolver, einen sechsschüssigen, den er in einem Gurt um die Hüfte trug.

„Keine Angst", sagte ich, „ich geh auf keinen Fall raus."

Red grölte wieder los: „Komm raus, du weißer Nigger. Wenn du nicht in einer Minute hier bist, jag ich deinem häßlichen Hund alle Kugeln in den Kopf."

Jetzt mußte ich hinausgehen. Zum erstenmal betete ich zu Mary Elizabeths Gott. Wenn er einen Tornado von uns abhalten konnte, dann vermochte er mich auch vor diesem Killer zu retten. Mir fiel blitzschnell ein, was ich schon alles über Red gehört hatte. Wie er George ohne Grund niedergeknallt hatte. Und daß er irrtümlich einem Mann die Gurgel durchgeschnitten hatte. Und noch Schlimmeres.

„Was willst du, Red?" fragte ich so ruhig, wie es mir möglich war.

„Du weißer Nigger", geiferte er und sah mich mit blutunterlaufenen Augen an, die so rot waren wie sein Name, „ich bring diesen Köter um . . . Wenn mich dein Hund noch einmal anknurrt, blas ich ihn in die Hölle."

Er stolperte zu mir her, ohne zu fallen. Als mich seine halboffenen Augen anstarrten, wußte ich, daß er nur einen Vorwand suchte, um mich umzubringen. Die Mordlust spiegelte sich in seinem Gesicht.

„Hör mal, Red, reg dich nicht auf . . . Ich werde dafür sorgen,

173

daß Cooper dich nie mehr anknurrt.“

Eric kam herausgestürzt. Nur das nicht, dachte ich. Eric hätte
sein Leben eingesetzt, auch wenn es um weniger gegangen wäre,
als um die Drohung eines betrunkenen Niggers, Erics Freund
Cooper zu töten. Er hatte das gleiche unkontrollierte Tempera-
ment wie seine Mutter, und mit seinen 13 Jahren wußte er schon
sehr gut, wie man mit einem erwachsenen Mann fertig werden
konnte.

„Eric“, kommandierte ich, „geh sofort wieder rein. Red und
ich, wir unterhalten uns nur, keine Probleme, Mann.“

Ich war erleichtert, als Eric wieder in den Wohnwagen ging.
Meinetwegen oder meiner weißen Hautfarbe wegen sollte hier
niemand zu Schaden kommen. Betrunken und vielleicht auch
unter Drogen stieß Red noch weitere Drohungen aus, bis sein
Gehirn völlig vernebelt war. Auf seine Beschimpfungen hatte ich
ruhig und besonnen reagiert, aber ich bat die ganze Zeit über
Mary Elizabeths Gott um Schutz. Wunderbarerweise ging alles
gut, und Red schwankte, ohne mir eine Kugel in die Brust gejagt
zu haben, nach Hause.

Ungefähr zwei Wochen später verschwand er, hatte aber
mehrere Staatspolizisten aus Georgia auf den Fersen. Fünfzehn
verschiedene Anklagen warteten auf ihn. Er tauchte dann später
noch mal auf, aber Mary Elizabeth und Pau Pau machten ihm
unmißverständlich klar, daß sie dafür sorgen würden, daß er nie
mehr jemanden belästigen könnte, falls er mir noch einmal zu
nahe käme. Sogar die halbblinde Margaurite versicherte ihm, sie
würde ihn mit ihrem Gewehr erschießen, falls er Cooper etwas
antäte.

Nach vier Monaten war meine Arbeit im Sägewerk beendet.
Ich hatte mir 660 Dollar auf die Seite legen können und hoffte,
das würde reichen, um mich und Cooper durch Georgia hindurch bis an den Golf von Mexiko zu bringen. So wurde ich am
28. Juni 1974 ein Ex-Holzfacharbeiter. Es war ein trauriger Tag,

als ich von meinen Freunden in der Sägemühle Abschied nehmen mußte. Ich hatte ihren Respekt errungen – durch harte Arbeit.

Als ich an diesem Freitag zum letztenmal von der Sägemühle heimging, schien das ganze Tal vor lauter Energie zu bersten. Aus den Wäldern und aus den Büschen strömten herrliche Düfte. Mary Elizabeth und Großmutter kochten und backten das ganze Wochenende über und bereiteten ein Fest vor für eine längst überfällige Familien-Wiedersehensfeier. Meine richtige Familie wollte nämlich am Montag von Connecticut nach Murphy herüberkommen. Die beiden Frauen arbeiteten in Pau Paus Küche, als ich eintrat. Margaurite war dabei, ihre besten Kochkünste zu demonstrieren. Mary Elizabeth saß am Tisch, schlürfte eine Tasse Kaffee und sprach über das große Festmahl, das sie planten.

„Hallo, Mädchen, was macht ihr denn?" fragte ich.

„Schönes Essen kochen", kicherte Margaurite, „damit deine Leute was zu futtern haben, solange sie hier sind." Gekrümmt von der Arthritis und fast blind stand Margaurite an ihrem heißen, dampfenden Herd. Ich erfuhr erst später, daß die beiden viel Geld für das Fest für meine weiße Familie ausgegeben hatten, Geld, das eigentlich für den Kauf ihrer Medizin bestimmt war. Während der Woche, in der meine Mutter und mein Vater in Smokey Hollow waren, wurde Mary Elizabeth zweimal ohnmächtig.

Ich freute mich auf meine Familie, aber ich fragte mich auch, wie sie wohl über Texana und meine neue schwarze Familie denken würde. Wie würden meine Eltern reagieren auf die vielen Autowracks, die kranken Hunde und auf dreizehnjährige Mütter? Wie würden meine wirkliche Mutter und Mary Elizabeth miteinander auskommen? Würde meine Mutter eifersüchtig oder verletzt sein, weil ich mich in eine andere Mutter und in eine andere Familie verliebt hatte? Und mein dickköpfiger Vater mit seinen strengen Auffassungen? Was würde er denken? Sie wollten ja auch meine beiden jüngeren Schwestern mitbringen.

Dann war der Montag da, und mit dem ersten Hahnenschrei war ich aus den Federn und angezogen. Zu meiner Überraschung waren auch Mary Elizabeth und Zack schon auf den Beinen. Wahrscheinlich waren sie genauso nervös wie ich, vielleicht noch mehr. Wir saßen am Frühstückstisch, als Mary Elizabeth feststellte, das Küchenfenster sei so verschmiert, daß man überhaupt nicht mehr durchsehen könnte. Sie sprang auf und begann es zu putzen. Zack holte den alten Staubsauger heraus und holte den Staub von Monaten aus den Ecken, während ich mir den Baderaum vornahm. Hinter der Waschmaschine entdeckte ich Kleidungsstücke und Handtücher, die dort schon seit Zacks Geburt zu liegen schienen. Ich fand T-Shirts, Unterwäsche, Seifenstücke, sogar Geld. Und ich roch Düfte, die ich vorher noch nie gerochen hatte. Als sich Bruce, Eric und Frank jr. den Schlaf aus den Augen rieben, war der Wohnwagen sauberer, als er es jemals gewesen war. Sogar Frank jr. schaltete noch vor 10 Uhr auf einen höheren Gang und schnitt das Gras vor dem Wohnwagen, schon zum zweitenmal in dieser Woche! Zusammen mit Eric schaffte er sogar einige von den verrotteten Autos außer Sichtweite.

Gegen 11.30 Uhr, als die Julisonne voller Freude von einem Blatt zum anderen hüpfte, kamen mein Vater, meine Mutter und meine beiden Schwestern an. Obwohl der Recorder auf voller Lautstärke lief, hörte ich, wie meine Schwester Abbi nach Cooper rief. Ich schoß durch die offene Tür und rannte auf die Straße hinüber. Cooper lag nicht unter seinem Auto, also hatte er mich vermutlich im Wettlauf zum Auto meiner Eltern geschlagen. Er hatte!

Sogar Mary Elizabeth war auf irgendeine geheimnisvolle Weise schneller als ich gewesen. Als ich zum Auto kam, umarmten sich Mary Elizabeth aus Murphy und meine richtige Mutter Mary Elizabeth aus Connecticut mit weißen und schwar-

Mary Elizabeth und meine Eltern

zen Armen, und die Tränen kullerten nur so. Mein Vater und Cooper tobten engumschlungen umher, und ich umarmte und küßte meine Schwestern. Ich hätte nie gedacht, daß ich mich so freuen würde, meine Schwestern wiederzusehen!

Meine Mutter war zu Tränen gerührt und glücklich, endlich meine braune, neue Mutter kennenzulernen, die so viel für mich und Cooper getan hatte. Mein Vater schüttelte mir lange die Hand und wollte sie gar nicht mehr loslassen. Meine beiden Mütter, die wirklich beide Mary Elizabeth heißen, gingen Arm in Arm hinüber zu Pau Paus Haus. Die Mädchen knieten auf der Erde und spielten mit Cooper, und Pau Pau mußte sie ein paarmal rufen, damit sie zum Essen hereinkamen. Drinnen duftete es köstlich. Margaurite hatte zum erstenmal seit 15

Jahren ihr silbernes Eßbesteck aus ihrem Versteck geholt. Das goldumrandete Porzellan stand auf dem Tisch, der mit Speisen überladen war. Nicht einmal an Thanksgiving war unser Tisch zu Hause in Connecticut so überreichlich gedeckt gewesen.

Meine Eltern und Schwestern wurden wie königliche Hoheiten behandelt, während sie sich an Truthahn, Pasteten, gezuckerten Kartoffeln von den Winklers und an Mary Elizabeths berühmtem Maisbrot gütlich taten. Die Mahlzeit dauerte sehr lange, und meine schwarze Familie erzählte Mutter und Vater von den dramatischen Abenteuern, die wir zusammen erlebt hatten. Ich dachte, mein Vater fällt aus dem Sessel, als Eric die Geschichten mit den Alkoholschmugglern und mit dem betrunkenen Red herausrutschten. Ich hatte den Burschen verboten, darüber zu reden, denn ich wollte ja nicht, daß sich meine Familie ernsthafte Sorgen machte.

Pau Pau forderte mich auf, Cooper eine Schüssel mit den Resten hinauszubringen, die er besonders mochte. Als ich zurückkam, thronte eine riesige Geburtstagstorte auf dem Tisch, und wir feierten meinen Geburtstag nach, der am 8. Juli, eine Woche zuvor, gewesen war. Meine ganze Familie, schwarz und weiß, sang so laut, daß Cooper draußen mitheulte. Während sie sangen, begann der große Eric zu weinen, und ich schaute mich verstohlen in der Runde um, ob nicht jemand den Kloß in meiner Kehle und die Tränen in meinen Augen bemerkte.

Für den Rest der Woche wohnten meine Eltern und meine Schwestern auf dem Campingplatz. Wir schwammen zusammen in den Seen, die die Indianer heilig nennen, und wir sangen so fröhlich zusammen, daß sogar mein Vater nicht umhinkonnte, mit seinen großen Füßen den Takt zu schlagen. Wir kauften im Großmarkt ein, und wir besuchten die Winklers, wo meine Schwestern zum erstenmal sahen, wie Kühe gemolken werden, und wo sie zum erstenmal frische, wirklich frische Buttermilch

Mit meinen beiden Familien bei meiner nachträglichen Geburtstagsfeier

tranken. Wir machten Wanderungen in die Berge und taten überhaupt alles, was Spaß machte, bis es dann Zeit war, auf Wiedersehen zu sagen.

Voller Freude stellte ich fest, wie gerne meine Familie die neue mochte, die ich und Cooper gefunden hatten, und keiner von uns konnte glauben, wie schnell und gründlich sich mein Haß auf Amerika in eine Liebe für unser Land gewandelt hatte. Es waren eben Leute wie Mary Elizabeth, meine neuen Brüder, die Winklers, die rauhen Männer aus der Sägemühle, Homer Davenport und die glückliche Gemeinde von Mount Zion gewesen, die mich gelehrt hatten, mich und mein Land in einem ganz neuen Licht zu sehen.

Kurz bevor mein Vater wieder abfuhr, nahm er mich auf die Seite und sagte: „Wir sind stolz auf das, was du tust. Behandle alle Leute so, wie du von diesen großartigen Menschen hier behandelt worden bist. Dann wirst du überall großartige Amerikaner finden, überall, wo du mit Cooper hingehst." Ich handelte immer nach diesem weisen Ratschlag.

Pau Pau, Margaurite, Mary Elizabeth, Frank jr., die Jungs, Cooper und ich, wir standen alle an der Straße und winkten wie wild hinter meinen Eltern und meinen Schwestern her. Wir hörten erst auf, als wir sie nicht mehr sahen. Meine Eltern hatten erkannt, daß ich auf dem richtigen Weg war, und sie freuten sich mit mir.

In den nächsten paar Wochen brachten Cooper und ich uns wieder in Form. Wir rannten durch die Wälder, schwammen und spielten stundenlang Basketball, das heißt, natürlich spielte ich Basketball, und Cooper schaute zu. Obwohl ich im Säge-werk hart gearbeitet hatte, mußte ich doch wieder für die vielen hundert Meilen, die noch zwischen uns und dem Golf von Mexiko lagen, in Schwung kommen. Es hatte ja nicht nur Arbeit, sondern auch viele Annehmlichkeiten gegeben.

Die heiße Julisonne ließ die Pflanzen kräftig gedeihen, und das Tal verwandelte sich in ein verzaubertes Wunderland. Tausende von wildwachsenden Blumen, die gerade geborenen Ferkel, die lustigen Hühner und die sommerlichen Regenschauer, die die Blätter der Eichen und Pappeln mit glitzernden Tropfen schmückten, elektrisierten meine Lebensgeister.

Bis zu meiner Abreise ging ich noch regelmäßig zu den Winklers, um Milch, Butter und Buttermilch für die Familie zu kaufen. Dann war der Tag des Abschieds von Annie, Preacher und Bart gekommen. Unvermittelt begann Annie zu weinen. Sie kniete neben Cooper und umarmte ihn. Als wir uns endgültig verabschiedeten, rannte Annie in den Keller und kam mit einem riesigen, eingemachten Schinken zurück. Sie ergriff fest meine Hand.

„Peter, du bist ein guter Junge", sagte sie unter Tränen, „so wie du mit den schwarzen Leuten gelebt hast! Gib ihnen diesen Schinken von uns, ja?"

Annie und Preacher in ihrer Küche

„Das mach ich, Annie", sagte ich leise. Auch meine Augen waren feucht.

Zum letztenmal ging ich am Sonntag in die Kirche, die auch meine geworden war. Zur Feier des Tages zog ich noch mal Zacks grünen, reflektierenden Anzug an und die weißen Schuhe mit den Plateausohlen. Es war ein heißer Tag. Die Leute fächelten sich Kühlung zu, die Kirchenfenster waren weit geöffnet, und die Ventilatoren arbeiteten auf Hochtouren. Über eine Stunde lang zitierte die Gemeinde Bibelverse, bekannte ihren Glauben, und die Menschen sprachen laut aus, was sie über die Monate dachten, die ich mit ihnen verbracht hatte. Pau Pau sagte das Beste.

„Ihr wißt, daß ich die meisten Weißen nicht mag!" Seine Stimme strömte über die Gemeinde hinweg.

„Sag es, wie es ist, Bruder, jetzt", rief die Gemeinde.

„Ja, ihr alle wißt das. Aber dieser weiße Bursche hier, er ist anders. Zuerst habe ich ihn gar nicht gemocht, mit seinem Gerede über Amerika kennenlernen und so weiter . . . dann begann er mich Pau Pau zu nennen . . . und das hatte ich auch nicht gern!"

Die Männer lachten. „Richtig, Smokey, sag es nur!"

„Ich wollte nicht, daß er mich Pau Pau nannte, bis ich eines Tages hörte, wie Eric ihm erklärte, daß Pau Pau soviel wie Großvater heißt. Dieser weiße Bursche da, er wußte nicht mal das!" Pau Pau deutete auf mich, und alle lachten. „Wie kann jemand nicht wissen, was Pau Pau heißt?"

Pau Pau strich seine Krawatte glatt, räusperte sich, und wir alle wußten, daß er nun zur Hauptsache kommen würde. „Ich danke Gott, daß es noch weiße Jungs gibt, die mich immer noch Pau Pau nennen, und Peter ist einer von den weißen Männern, die in Ordnung sind."

Die Gemeinde brach in „A-mens" und „Gelobt sei Gott" aus. Pau Pau hatte noch etwas zu sagen, ehe er sich hinsetzte. Er rief es voller Aufregung, während er auf dem Podium hin und her marschierte.

„Gott weiß es, und jetzt, Schwestern und Brüder, sollt ihr es auch wissen, ich bin wirklich stolz darauf, daß dieser Peter mich Pau Pau nennt."

„Halleluja", tönte es machtvoll durch die ganze Kirche. Es waren die letzten Worte, die Pau Pau jemals zu mir gesagt hat. Nur wenige Monate, nachdem ich Texana und Smokey Hollow verlassen hatte, wurde Pau Pau schwer krank und starb bald darauf an Krebs. Er hatte von seiner Krankheit die ganze Zeit über gewußt, aber nie ein Wort gesagt. Nach 77 Jahren harten Lebens, war wohl dieser Krebs keine besonders aufregende Sache für ihn. Keiner hatte es gewußt, nicht einmal Mary Elizabeth.

An einem höllisch heißen Augusttag mußten wir uns alle dann Lebewohl sagen. Ich konnte die Abreise nicht länger aufschieben, so gerne ich es vielleicht auch getan hätte. An diesem Tag waren alle daran beteiligt, mir ein köstliches Abschiedsfrühstück zu bereiten. Töpfe und Pfannen knallten, als ich mir den Schlaf aus den Augen rieb. Die Brüder hatten zusammengelegt und mächtig zu essen eingekauft. Zack und Mary Elizabeth kochten, Bruce legte meine Lieblingsmusik auf, und Eric und Frank jr. waren draußen bei Cooper, spielten mit ihm und streichelten ihn unentwegt.

Das Frühstück ging viel zu schnell vorbei. Dann standen wir draußen herum, als versuchten wir, die Zeit anzuhalten. Am traurigsten war es, als mir Eric und Bruce halfen, den Rucksack umzuschnallen, der nun wieder mein „Zuhause" sein würde. Für sie war es am schlimmsten. Ihre Väter hatten sie nie gekannt, die hatten sie verlassen, lange bevor sie geboren wurden. Warum sollten sie nun glauben, daß ich wiederkommen würde, wie ich es versprochen hatte? Der Abschied wurde für uns alle fast unerträglich. Wir beherrschten uns nur mühsam und versuchten Haltung zu bewahren. Als ich ihre Hände schüttelte, war mir sterbenselend zumute. Dann taten Cooper und ich die ersten Schritte auf die Straße zu, und allen fiel es schwer, die Tränen zurückzudrängen.

Mary Elizabeth hatte mit aller Kraft versucht, sich im Hintergrund zu halten. Aber jetzt schaffte sie es nicht mehr. Sie rannte zu mir her und umarmte mich immer wieder. Frank jr. stand stumm und mit traurigen Augen daneben.

Die blauäugige Dogge

Jeder Schritt, der mich von Smokey Hollow wegführte, tat weh. Ich wünschte mir jemanden, an dessen Schulter ich mich hätte ausweinen können oder der mich getröstet hätte, aber es war keiner da.

Wir gingen den Texana-Hügel hinunter, sagten unseren Freunden, den Snowbird Mountains und der Mount-Zion-Kirche ade. Ich fühlte mich schwach und elend. Ein großer Teil von mir blieb in Smokey Hollow, bei meiner schwarzen Familie zurück. Als Texana aus meinem Blickfeld verschwand, summte ich gedankenverloren mein Lieblingsgospel, *Amazing grace, how sweet the sound...* Cooper und ich gingen weiter, mit gesenkten Köpfen und traurigen Herzen. Es war mir, als hörte ich aus der Kirche die vertrauten Lieder erklingen.

Dann tauchten wir ein in die Landschaft von Georgia und in die wundervollen Berge des Chattahoochee Nationalparks. Die erste Nacht verbrachten wir in einem dichten Wald in der Nähe von Ivy Log. Jetzt gab es kein gemütliches Heim mehr, die Härte war wieder da, die Härte, die man brauchte, um durch Amerika

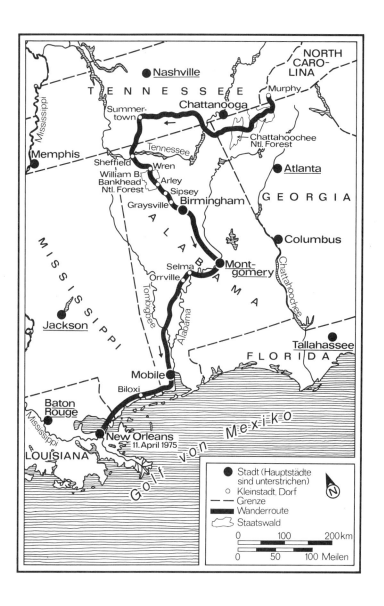

zu wandern. Am nächsten Morgen trafen wir in einem Café ein junges Paar, das uns vom Wolf Creek erzählte, wo es eine Schule für Überlebens-Training gibt. Wir besichtigten sie, und dort erfuhren wir von einem Ort, der Cooper und mich 300 Meilen von unserem ursprünglich geplanten Weg weglocken sollte.

Man erzählte uns von der „Farm", einer Kommune, und alles was wir darüber hörten, klang wie eine Utopie. Der einzige Haken daran war, daß diese Farm im südlichen Tennessee lag. Cooper und ich hatten eigentlich vorgehabt, durch Georgia zu wandern. Aber es zog mich sofort dorthin, und außerdem hatte ich schon immer Tennessee kennenlernen wollen.

Was ich über diese bemerkenswerte Farm und über die 750 Menschen, die dort lebten, hörte, klang ganz nach dem Ort, nach dem Cooper und ich suchten. Die Menschen auf der Farm lebten wieder natürlich und ursprünglich, sie bekamen ihre Kinder zu Hause, hatten ihre eigene Bank und bauten ihre Nahrung selbst an. Cooper und ich schlugen einen scharfen Haken nach rechts, verließen Nord-Georgia und wandten uns nach Westen, Richtung Tennessee. Wir wollten herausfinden, ob es tatsächlich einen perfekten Ort auf dieser Erde gibt.

Es ging bergauf und bergab durch Georgia, auf der Route 60 und durch den Bezirk Fannin, dessen Boden zu 80 Prozent dem Staat gehört. Wie gewöhnlich streunte Cooper vor mir her. An diesem Tag stoppte er plötzlich, streckte seine Nase hoch in die Luft und jagte dann los, hinein in das hohe Gras neben der Straße. Er hatte ein großes, fast 20 Pfund schweres Waldmurmeltier erwischt. Cooper hielt es im Maul und schwenkte sein Abendessen von einer Seite auf die andere, wie ein nasses Spültuch. Das geschickte und schlaue Murmeltier drehte sich blitzschnell um und biß mit seinen messerscharfen Zähnen in den aufheulenden Cooper hinein. Cooper ließ seine Beute fallen, und ich setzte mich hin, um zu beobachten, was nun passierte. Wir waren noch etwa 15 Meilen vom nächsten Ort entfernt, es wurde schon dunkel, und ich war eigentlich froh, daß Cooper noch etwas zu fressen gefunden hatte. Er schlich langsam um das Murmeltier herum, das sich auch im Kreise drehte, Cooper im Auge behielt und die scharfen Zähne aufeinander klicken ließ, klick . . . klick . . . klick. Mein Kumpel knurrte aufgeregt und

Eine kleine Verschnaufpause

lag so lange auf der Lauer, bis er wieder genügend Mut geschöpft hatte, auf das Murmeltier loszustürmen und es zu packen. Als Cooper seine Beute auf dem Boden festgenagelt hatte, war der Kampf schnell vorüber, und er hieb in sein frisches Abendessen hinein. Dann war er für die Nacht gesättigt und zehrte davon auch noch den nächsten Tag über beim Marsch durch Fannin County.

Dieser Tag war so richtig schön sommerlich heiß, und ich war schweißnaß, als wir eine Tankstelle mit einem Laden erreichten. Wir ruhten uns ein wenig aus, und dann ging es weiter, durch den Chattahoochee-Park hindurch. Als wir ihn hinter uns ließen, wurde es mit jedem Schritt heißer. Denn nun fehlten die Berge mit ihrer natürlichen Klimaanlage. Seit wir Murphy verlassen hatten, waren erst sechs Tage vergangen, aber die Hitze war schier unerträglich. Natürlich litt Cooper besonders stark darunter, trug er doch ein paar Pelzmäntel übereinander. Am schlimmsten war es immer zwischen 13 und 15 Uhr. Da zwang uns die Hitze in die Knie, und wir schleppten uns unter jeden erreichbaren Schatten, der aber auch nur wenig Erleichterung brachte. Der erschöpfte Cooper reagierte geradezu verrückt auf die Hitze. Sobald er ein Haus erspähte, rannte er hin, legte sich auf die Veranda oder in den schattigen Eingang und weigerte sich, auch nur einen Schritt weiterzugehen. Seine Qualen brachen mir beinahe das Herz.

Damit er sich von der Stelle rührte, mußte ich schmeichelnd auf ihn einreden, ihn ziehen oder oft sogar Gewalt anwenden. Am Oostanaula-River kamen wir kaum noch vorwärts, weil wir mehr schwammen als gingen.

Als ich am nächsten Morgen in einem Wald, der so ordentlich wie ein Maisfeld war, erwachte, war mein Körper unter dem dünnen Hemd schweißüberströmt. Schon um neun Uhr zeigte das Thermometer über 35°Celsius im Schatten, und am Nachmittag, so gegen 18 Uhr, auch! Dennoch wanderten wir den

König Cooper

ganzen Tag, und mein Körper dörrte in dieser Sauna fast völlig aus. Dabei mußte ich mich noch höllisch konzentrieren und die Augen stets wachsam offenhalten, denn überall gab es gefährliche Mokassin-Schlangen. Im Süden stand ein gewaltiges Gewitter am Himmel. Nicht weit von mir entfernt tobte auch ein „Unwetter". Eine große Familie, sie hieß Klas, hielt ein gewaltiges Picknick ab und feierte alles, was ihr so in den Sinn kam. Sie luden mich zu einer Cola ein.

„He, hallo", schrie einer der jungen Männer, der einen ganz schönen Bauch vor sich her trug, „komm rüber und hol dir was zu trinken."

Mit drei Schlucken stürzte ich die Cola herunter. Ich sah, daß sie eine große Flasche mit Wasser herumgehen ließen, und ich brauchte wirklich mehr als so eine kleine Flasche Cola.

„Entschuldigen Sie, könnte ich auch noch was von dem Wasser haben?" Ich war so durstig, daß ich auch einen schmutzigen Fischteich ausgetrunken hätte.

„Selbstverständlich", antwortete der älteste Mann, wahrscheinlich der Vater.

Er reichte mir die Flasche, die kein Etikett trug. Ich setzte sie an den Mund und nahm fünf oder sechs riesige Schlucke. Das Wasser schmeckte warm und eigenartig. Es konnte ja auch nicht so gut sein wie das Quellwasser in Texana. Plötzlich wurde mein Kopf immer leichter. Ich flog! Ich erhob mich vom Boden und segelte durch die Luft. Ob man es mir glaubt oder nicht, ich berührte den Boden nicht mehr! Ich hatte ja schon viel davon gehört, wie gut es sei, Quellwasser zu trinken, aber das hier war doch wirklich lächerlich!

Die Männer bemerkten meine seltsamen Symptome und brachen in ein schallendes Gelächter aus. Sie tranken die Flasche leer und holten eine neue. Dies Zeug konnte doch kein schwarzgebrannter Schnaps sein, dachte ich, das geht ja runter wie Öl.

Vater Klas erklärte es mir: „Du hast gerade vom besten

190

selbstgebrannten Schnaps in ganz Georgia getrunken. Ich hab ihn selbst gemacht. Wahrscheinlich ist er der beste im ganzen Land. Weißt du nicht, daß du hier in der Schwarzbrenner-Hauptstadt der Welt bist, hier in Gordin County?"

„Nein, das wußte ich nicht, Sir", stotterte ich und schwankte dabei. Jetzt umkreiste ich gerade den Mond. Vater Klas nahm noch ein paar tüchtige Schlucke und erzählte mir dann, daß er diese Medizin jeden Tag trinke und daß er es Gott, Georgia, seiner Farm, der Familie und seinem schwarzgebrannten Schnaps zu verdanken habe, daß er sich noch so seines Lebens freue und mit seinen 66 Jahren kerngesund sei. Wir saßen noch eine ganze Weile beisammen und nahmen noch mehr Schlucke von der selbstgemachten Medizin.

Als Cooper und ich schließlich weiterzogen, brach das Gewitter los. Die gewaltige himmlische Dusche machte mich wieder nüchtern. Mit einem Donnerschlag kehrte ich wieder auf die Erde zurück. Mein Kopf fühlte sich an, als ob ihn Blitze gespalten hätten. Den Rest dieses Tages mußte ich als Preis für die Medizin opfern.

Tage vergingen und Wochen, während wir zur Farm in Tennessee wanderten. Wir durchquerten die Nordostecke von Alabama und kamen in eine Stadt namens Flat Rock. Und hier traf Cooper, der Malamute, auf einen ebenbürtigen Gegner.

Es war eine der üblichen Tankstellen mit einem Laden, so ein Ding, das den Eindruck machte, als könne es nur so lange aufrecht stehen bleiben, wie der Wind sich ruhig verhält. Ich stand in der Tür des Ladens und dachte, ich sähe ein Gespenst. Es war eine schneeweiße, blauäugige deutsche Dogge, neben der Cooper zu einem Zwergpudel zusammenschrumpfte. Cooper reagierte nicht wie sonst, sondern legte sich neben meinen Rucksack, den ich abgestellt hatte, und wartete. Ein kleiner Köter stolzierte zu ihm hin und knurrte. Er fletschte die Zähne und starrte direkt in Coopers Augen. Cooper beachtete ihn überhaupt nicht. Dann wurde ihm wohl klar, daß er sich doch mit diesem knurrenden und zähnefletschenden Anfänger beschäftigen müßte. Er erhob sich langsam auf seine stämmigen Pfoten und verabreichte dem Köter eine Kopfnuß, daß dieser sich plötzlich auf dem Rücken liegend wiederfand. Dann griff sich Cooper den armen Gegner und schüttelte ihn, bis dieser nicht mehr klar denken konnte. Der kleine Hund nahm den Schwanz zwischen die Beine, schlich sich zurück zu seinem riesigen weißen Freund und stand dann zitternd unter den gewaltigen Beinen der deutschen Dogge.

Der Besitzer der Hunde, dem auch der Laden gehörte, hatte den Vorfall beobachtet und stand nun breitbeinig neben uns, ein siegessicheres Lächeln im Gesicht. Selbstbewußt ging die Dogge auf Cooper zu, der wieder neben meinem Rucksack lag. Als die Dogge dicht bei ihm war, erhob er sich, denn jetzt war der Kampf unausweichlich. Wie ein Blitz, ohne Knurren oder sonstige Vorwarnung sprang der gerade noch so müde und abgespannt wirkende Cooper den ponygroßen Hund an. Ich konnte nichts anderes tun, als auf das Dach eines in der Nähe stehenden Autos springen. Diesen Kampf zu verhindern, wäre genauso aussichtslos gewesen, als wollte ein einzelner einen Weltkrieg stoppen.

Mit steifen Beinen veränderten die beiden Kampfhunde immer wieder ihre Positionen, um die Reaktionen des anderen zu testen. Sie verhielten sich wie zwei Ringer im Endkampf um die olympische Goldmedaille. Cooper wußte, daß er im Körpergewicht unterlegen war. So drehte er sich blitzschnell wie eine Katze und rammte der Dogge seine Schulter in den Bauch. Doch die hatte gute Nerven und viel Erfahrung. Sie wich Coopers Ansturm elegant aus und führte den Gegenschlag. Zum erstenmal in seinem Leben wurde Cooper auf den Rücken geschleudert und lag verwundbar da. Die Dogge schnappte nach Coopers Kehle, und ich sah, wie sie ihre scharfen Zähne in seinen Hals schlug. Aber alles, was sie erwischte, war Luft. Cooper warf sich schnell herum und biß die Dogge ins Genick und in ein Ohr. Sie hatte die ersten Bißwunden ihres Lebens bekommen. Wieder schnappte die Dogge zu, zielte auf Coopers Hals, und diesmal erwischte sie ein Maul voll Haare. Sie belauerten sich und griffen sich so lange an, bis beide kapierten, daß jeder von ihnen an

Die blauäugige Dogge verliert zum ersten Mal einen Kampf

diesem Sommertag in Alabama auf einen vollkommen ebenbürtigen Gegner gestoßen war. Danach trennten sie sich hoheitsvoll wie Könige, wie unbesiegte Könige.

Der Besitzer der Dogge stand wie gelähmt da. Auf seinem fleischigen roten Gesicht spiegelte sich Fassungslosigkeit über das, was er soeben erlebt hatte. Er kam zu mir herüber.

„Was in Gottes Namen haben Sie denn da für einen Hund?"

„Ein Alaska-Malamute, er heißt Cooper", sagte ich triumphierend.

„Das ist ja unglaublich. Wo zum Teufel hat er denn so kämpfen gelernt? Das hat noch kein anderer Hund gewagt, die meisten nehmen sofort Reißaus . . . Donnerwetter! Wir machen hier in Nord-Alabama professionelle Hundekämpfe. Mann, Ihr Hund könnte da eine Menge Geld verdienen. So was wie diesen Hund haben meine Kumpel hier bestimmt noch nie gesehen." Er streichelte Cooper mit seinen ölverschmierten Händen, und der ließ sich das tatsächlich gefallen, als hätte er das hohe Lob verstanden.

„Hören Sie zu, mein Freund, Sie schauen aus, als könnten Sie ein bißchen Geld gut gebrauchen. Wie wär's, verkaufen Sie diesen Malamute? Ich zahle Ihnen einen anständigen Preis, hmmmm, sagen wir zweihundert Dollar, einverstanden?"

Es machte mich krank, daß es dieser dickbäuchige, benzinpumpende Bursche wagte, mir Cooper abkaufen zu wollen. Cooper zu verkaufen, das wäre ja so, als würde ich meinen Bruder an einen Sklavenhändler verschachern.

„Hören Sie, Mister, ich würde meinen Hund nicht verkaufen und wenn ich seit Monaten nichts gegessen hätte. Auf gar keinen Fall, niemals!"

„Ich weiß ja, wie Ihnen zumute ist", sagte er und dachte wohl, ich wollte nur den Preis in die Höhe treiben, „hören Sie, er ist ein so netter Hund, daß ich mit dem Preis raufgehen will. Ich gebe Ihnen fünfhundert!"

Ich erhob meine Stimme: „Ich glaube, Sie haben mich nicht ganz verstanden, Mister. Ich sagte, ich verkaufe ihn für keinen Preis der Welt!"

Der Mann ließ die Mundwinkel hängen, die braun vom Tabaksaft waren, und handelte nun, als ob wir auf einer Viehauktion wären. „Mein letztes Angebot! Tatsächlich, Sie verstehen Ihr Geschäft. Ich gebe Ihnen mehr, als er wert ist. Tausend, ich gehe bis tausend, aber keinen Cent mehr." Er machte einen tiefen Atemzug und hoffte, daß ich ja sagen würde.

Ohne ein Wort zu sagen, ging ich mit Cooper, wahrscheinlich dem besten Freund, den ich je haben werde, weg. Und wenn man mir eine Million Dollar geboten hätte, nein, Cooper war absolut unverkäuflich. Zwei Millionen, drei . . . niemals! Er und ich, wir gehörten für immer zusammen.

Auf der Farm

Wir atmeten tief durch, als wir im grünen, frischen, sauberen Tennessee waren. Hier sahen viele Leute genauso aus wie ihr Bundesstaat, lang und mager. Während wir westwärts wanderten, passierten wir so gemütliche Städtchen wie Winchester und Lynchburg, wo genau 384 Einwohner lebten.

Am Anfang unseres Jahrhunderts gab es in Lynchburg den berühmtesten und größten Maultier-Markt des Landes. Heute kennt man kaum noch Maultiere, aber Lynchburg ist immer noch berühmt. Denn hier steht Jack Daniels Brennerei, wo sie einen Schnaps machen, der einen wie ein Maultier umhaut.

Von diesem „trockenen" Land, in dem die Leute ein Gesetz übertreten, wenn sie ihr eigenes berühmtes Gebräu trinken, wanderten wir immer weiter nach Westen, auf die Farm zu. Booneville, Petersburg und Cornersville ließen wir hinter uns, alles typische Tennessee-Städte. Je näher wir zur Farm kamen, die ein paar Meilen außerhalb von Summertown lag, um so leichter war es für die Leute zu erkennen, wo Cooper und ich hin wollten. Sie brauchten nur einen kurzen Blick auf meinen Vollbart und meinen Rucksack zu werfen, und schon zeigten sie uns den kürzesten Weg zur Farm.

Als ich endlich das Gattertor am Eingang zur Farm-Kommune erreichte, war mir sofort klar, warum der Ruf dieser Farm so weit ins Land hinausgedrungen war. Auf der Veranda des Pförtnerhäuschens saßen mehrere junge Leute herum, alle so zwischen 20 und 30 Jahre alt, die ganz anders aussahen als die Farmer in ihrer Nachbarschaft. Die Männer hatten Haare, die so lang und gerade waren wie der Schweif eines Pferdes. Die Frauen hatten weite, bedruckte Kleider an, waren nicht zurechtgemacht und trugen keinen Schmuck. Die meisten waren barfuß oder trugen einfache Sandalen.

Die Gruppe saß da und wartete auf die nächste Ladung von Besuchern, die die eingezäunte Farm besichtigen wollten. Pro Jahr kamen etwa 13 000 Touristen hierher. Einen richtigen Sheriff, der auf die Besucher aufgepaßt hätte, gab es nicht. So hatten die Farmbewohner den ehemaligen Marinesoldaten Leslie zum „Polizisten" gewählt. Er hatte ein wachsames Auge auf alle, die auf die Farm kamen, und er bestimmte, wer bleiben durfte und wer wieder gehen mußte.

Nachdem Leslie, der unbewaffnete „Sheriff", entschieden hatte, daß Cooper und ich bleiben durften, machte er mit uns eine Rundfahrt über die riesige Farm. Während wir über die schlaglochübersäten Wege holperten, erzählte er uns, wie die Farm enstanden war. Keiner der jungen Leute hatte Erfahrungen mit Farmarbeit gehabt, als sie aus den Betonstädten ausbrachen, um ihr „Gelobtes Land" zu suchen. Das Ganze hatte in San Francisco begonnen und war von einem 40jährigen Mann namens Stephen Gaskin ins Rollen gebracht worden.

Ende der sechziger Jahre strömten Tausende von jungen Leuten aus ganz Amerika in San Francisco zusammen. Die Stadt war der Brutkasten der Hippie-Kultur: Ihr Zauber und ihre Lockungen hießen uneingeschränkte freie Liebe, Rauschgift, dröhnende Musik und LSD. Für Stephen Gaskin war diese Völkerwanderung ein Phänomen, das er ergründen wollte. Er ging nach San Francisco und rief eine Art Schule ins Leben, in der er herausfinden wollte, was in dieser heimatlosen Generation, in diesen „verlorenen" Jugendlichen vorgegangen war. Er ließ seine Schüler alle Bücher über Zen, Science-fiction, Joga und Telepathie lesen. In Vorlesungen, Gesprächen und Diskussionen lernten die jungen Leute mehr über ihre Generation als ihre Eltern vor 20 Jahren, in der Zeit, als Stephen ein junger Mann war. In einem seiner vielen Handbücher schrieb Stephen Gaskin: „Als ich auf der höheren Schule war, wurde das Universum entdeckt und erforscht. Man wußte genau, wie viele Grundstoffe es dort gab. Es ging nur um das Materielle. Die Leute glaubten fest daran, daß das Universum nur eine rein materielle Angelegenheit sei, bis wir unsere Kurse aufbauten." Stephen und seine Jünger fanden, daß es auch eine wichtige geistige Welt gibt, und damit taten sie den ersten Schritt zu ihrer Farm.

Die Kurse wurden immer größer, die Schule mußte umziehen, schließlich war nur noch am Strand genügend Platz für die Meetings, zu denen sich weit über 2000 junge Menschen einfanden.

Der Ruf von Stephen Gaskin drang weit über San Francisco hinaus, und er wurde von überallher gebeten, Vorträge zu halten. Schließlich beschloß er, sich von seiner Schule in San Francisco zurückzuziehen und Vortragsreisen durch das ganze Land zu unternehmen. Als er zu seiner Reise aufbrach, hatten sich 250 seiner Schüler in 30 Schulbusse und bemalte Lieferwagen hineingequetscht und erklärten, mit ihm durch das Land ziehen zu wollen. Unterwegs wurden es immer mehr. Um seine

Tanz zur Erntezeit auf der Farm

Schüler und Anhänger zusammenzuhalten und eine gemeinsame Zukunft für sie aufzubauen, gründete Stephen Gaskin dann jene Farm, die erst drei Jahre bestand, als Cooper und ich 1974 dorthin kamen.

Bei Leslies Erzählen war die Zeit schnell vergangen, und nun wurde es schon dunkel. Er brachte uns zu einem Platz, der „Ehepaar-Zelt an der Straße Nummer 1" hieß. Alle Wege auf der Farm waren nach diesem System durchnumeriert, Straße Nummer 1, Straße Nummer 2, Hauptstraße usw. Die Straße, auf der wir fuhren, war noch nicht fertig gebaut, war vom Regenwasser fast in eine Art Bachbett verwandelt, ebenso matschig wie steinig. Wir passierten viele schwach erleuchtete Zelthäuschen, durch deren Ritzen das Licht von Petroleumlampen flackerte. Leslie führte uns zu einem Zelt. Er pfiff. Von innen sagte jemand, wir sollten hereinkommen.

Leslie schlug den Vorhang aus Segeltuch zurück, und wir traten ein. Drinnen war es ziemlich dunkel. Ich kam mir eher wie in dem Zelt eines Wüstenscheichs vor als in einem Heim für vier Ehepaare. Es roch stark nach verbranntem Holz und nach Segeltuch. Während sich meine Augen an das trübe Licht, das die drei Petroleumlampen gaben, gewöhnten, wurden wir miteinander bekannt gemacht. Auf der Farm nannte man sich nur bei den Vornamen, und so lernte ich die Ehepaare Patrick und Ruth, Joel und Roberta und Jeffrey und Marilyn kennen. Das vierte Ehepaar war nicht zu Hause.

Das Zelt, das aus alten Armeebeständen stammte, hatte einen grobgezimmerten Bretterboden, war in verschiedene Schlafräume unterteilt und verfügte sogar über fließendes Wasser, das draußen in einem großen Faß gespeichert wurde. In diesem Zelt wohnten die Farmbewohner mit der besten Ausbildung.

Patrick, der Erfinder und Organisator der Mühle, hatte an der Stanford-Universität studiert. Dann war er Berufsmusiker gewesen. Seine Frau Ruth hatte ein Abschlußzeugnis vom

Bennington College, einer exklusiven Mädchenschule in Vermont. Nun arbeitete Ruth wie viele andere auf den Feldern der Farm. Joel Kachinsky, der einzige Rechtsanwalt auf der Farm, hatte an der Tufts University studiert. Er hockte gerade vor dem Ofen und las beim Licht des Feuers irgendwelche Papiere. Seine Frau Roberta bereitete das Frühstück für den nächsten Tag vor, Butter-Sandwiches aus Weizenbrot mit Äpfeln darauf. Jeffrey stammte aus Minnesota und leitete die Mannschaft, die für die Zelte verantwortlich war. Die gesamte Arbeit auf der Farm war auf Gruppen von Frauen und Männern verteilt, die Mannschaften hießen. Jeffreys Frau Marilyn leitete die Schule.

In der Mitte des Zeltes befand sich der spärlich möblierte Wohnraum für alle. Zwei Kinder schliefen auf einer abgenutzten Couch. Leslie sagte, diese Kinder gehörten gar nicht hierher. Auf der Farm hielt man es so, daß sich andere Frauen um die Kinder kümmerten, wenn deren Mütter auf den Feldern arbeiteten.

Es war der 5. September, die Nächte waren schon ziemlich kalt, und ich spürte die Anstrengungen der 26 Tage, die ich bis hierher gebraucht hatte, und war erschöpft von den unzähligen Informationen, die mir Leslie gegeben hatte. Ich fragte Joel, wo ich schlafen könnte. Ich wußte, daß das Leben auf der Farm mit dem ersten Hahnenschrei erwachen würde, also war es für mich höchste Zeit, zu Bett zu gehen. Joel legte seine Dokumente beiseite und zeigte mir mit einer flackernden Laterne den Weg zu einem ausrangierten Lieferwagen, der neben dem Zelt aufgebockt war.

Als Patrick am nächsten Morgen um 6 Uhr zur Arbeit in der Mühle ging, weckte er mich. Die Farm war schon längst wach, die Geräusche von Hämmern, Sägen und Traktoren erfüllten die Luft. Ich eilte hinüber zum Zelt und wusch mich mit eiskaltem Wasser wach. Das Frühstück bestand aus Haferflocken, Apfelstücken, frischem Zimtbrot und Tee. Es gab keinen Schinken,

Traktorfahrer auf der Farm

Wurst oder gar Kaffee, denn auf der Farm lebte man vegetarisch und trank keine aufputschenden Sachen.

Jeffrey war schon weggegangen, um das neue Zelthaus aufzubauen, in dem ihr Führer und Lehrer Stephen Gaskin bald mit seiner großen Familie wohnen sollte. Gaskin hatte zwei Frauen und viele Kinder. Man hoffte auf der Farm, daß aus den Zelten auch bald richtige Holzhäuser würden, aber das meiste Geld brauchte man für den Lebensunterhalt und für die Veröffentlichung von Magazinen, Broschüren und Büchern.

Rechtsanwalt Joel, ein lustiger Bursche mit gekräuselten Haaren, trabte in seinem T-Shirt und in seinen kurzen, geflickten Jeanshosen die eine Meile zu seinem „Büro". Er mußte alles für die Revision vorbereiten, die Stephen Gaskin aus dem Gefängnis herausholen sollte. Auf der Farm war Marihuana angebaut worden, und Stephen hatte die Strafe für die ganze Kommune auf sich genommen.

Zusammen mit Ruth und Roberta ging ich zum morgendlichen Treffen ihrer Mannschaft, die für die Felder zuständig war. Ich war verblüfft, was alles auf den Feldern wuchs, von Sojabohnen bis zu Wassermelonen. Ich war wirklich neugierig, zu erfahren, wie es diese Stadtmenschen geschafft hatten, so gute Farmer zu werden. Sie waren sogar dabei, sich ein Telefonnetz einzurichten. Sie hatten das Material für die Installierung geschenkt bekommen. Ihr Telefonsystem, das bald alle Zelte miteinander verbinden würde, nannten sie Beatnik Bell.

Zum Farm-Komplex gehörten neben der Mühle auch ein Silo, eine Scheune für die Kartoffeln und Schuppen für die Traktoren. Michael, der Boß der Feld-Mannschaft, bat die Anwesenden um Ruhe. Während er die Aufträge verteilte, dachte ich darüber nach, woher wohl alle diese frustrierten Blumenkinder gekommen sein mochten. Früher konnten sie nicht einmal einen Samen in einem Blumentopf keimen lassen, nun bestellten sie riesige Äcker. Ihre Ernten waren imponierend: im Sommer 1974 waren es 85 Tonnen Kartoffeln, 40 Tonnen Süßkartoffeln, 65 Tonnen Sojabohnen (wobei eine englische Tonne etwa 900 Kilo entspricht), 47 425 Kilo Mais, 58 310 Kilo Kohl, 28 000 Kilo Spinat und 25 Tonnen Tomaten.

Im Anfang war auf der Farm nicht mit teuren Mähdreschern und in 24stündigen Traktoren-Schichten gearbeitet worden. Als man startete, wollte man ganz natürlich säen, pflanzen und ernten. Aber schon bald wohnten so viele Menschen auf der Farm, daß man ohne Schlepper, Mähdrescher, Kunstdünger oder andere landwirtschaftliche Techniken nicht mehr auskommen konnte, wollte man alle Leute ernähren. Was sie über Farmarbeit wissen mußten, lernten sie von den einst feindlichen Nachbarn. Und weil sie nicht von staatlichen Almosen leben

Nicht alles auf der Farm ist fortschrittlich

wollten, pachteten sie immer mehr Land von der Nachbarschaft dazu, das nicht bebaut wurde. Das sprach sich schnell herum, und man bot diesen so befremdlich aussehenden, aber hart arbeitenden jungen Menschen so viel Pachtland an, daß sie gar nicht alles bebauen konnten. Die Einheimischen gewöhnten sich an die Fremden, auch wenn sie kaum die Frauen von den Männern unterscheiden konnten.

Das Gezwitscher der Vögel belebte den Morgen, als Michael die Arbeiten für den Zehnstundentag verteilte. Zuerst wies er die Traktorfahrer an.

„Tom, du bearbeitest die Kohlfelder. John, du fegst die Straße Nr. 3. Gary, du machst dich mit deiner Mannschaft an die Erdnußfelder. Später ernten wir dann alle zusammen die Süßkartoffeln. Alles klar? Dann los an die Arbeit."

Die Befehle und ihre umgehende Ausführung erinnerten mich mehr an einen Kasernenhof als an eine Kommune. In den sechs Wochen, die Cooper und ich auf der Farm verbrachten, arbeitete ich meistens in der Mannschaft, die die Feldarbeit machte. Jeden Tag ernteten wir Wagenladungen von Süßkartoffeln, Wassermelonen und Tausende von Tomaten.

Wir sammelten sie ein, sortierten oder putzten sie von Tagesanbruch bis zur Dämmerung. Alle arbeiteten so emsig, daß keine Zeit blieb für irgendeinen Sport, speziell nicht während der Erntezeit. Aber ein bißchen Spaß gab es schon. Jemand erfand das Spiel „Pfefferbeißen". Dabei mußte man möglichst viele Früchte dieser bananengroßen Jalapeno-Pfeffergewächse zerbeißen. Das Spiel ging so lange, bis keiner mehr konnte. Wer die meisten geschafft hatte, war Sieger.

Auf der Hauptstraße gab es einen Lebensmittelladen, wo sich jeder nehmen konnte, was er brauchte, ohne zu bezahlen. Einige Dinge, wie etwa Pflanzenmargarine, waren rationiert. Alle vier Tage stand jeder Familie ein Pfund zu. Alle bekamen exakt die gleiche Menge.

Ein Mitglied der Farm-Kommune

Paprikaernte auf der Farm

Neben dem Laden befand sich das Zelt, in dem die Lebensmittel eingeweckt oder eingefroren wurden. Hier arbeiteten die Frauen den ganzen Tag über und manchmal auch die Nacht durch. Bei geradezu hypnotischer Rockmusik bereiteten sie die Nahrungsmittel für den Winter vor. Sie schälten und hackten, kochten und froren ein, von der Babynahrung über Gurken, Apfelsauce, Sauerkraut bis hin zur Fleischsoße für die Spaghetti. Sie hatten gelernt, wie sorgfältig man auf seine Ernährung achten muß, besonders wenn man alles selbst anbaut. Im Sommer 1971 hatten die Leute auf der Farm besonders gesundheitsbewußt essen wollen und taten sich an wilder Brunnenkresse gütlich. Kurz danach wurden sie alle grün und gelb. Die Brunnenkresse war unterhalb des Außenklosetts eines Nachbarn gewachsen. Fast die Hälfte aller Farmbewohner bekam damals Gelbsucht. Eine weniger entschlossene Gruppe wäre in ihre bemalten Busse gesprungen und nach San Francisco zurückgefahren, aber nicht Stephen und seine Anhänger. Zusammenzuhalten und Schwierigkeiten miteinander durchzustehen, das waren mit die wichtigsten Gebote auf der Farm.

Obwohl es ein paar Jahre dauerte, bis die Farmer-Neulinge herausgefunden hatten, wie man die Erträge steigert, sind sie immer noch am produktivsten, was Babys betrifft. Auf der Farm wimmelte es nur so von Kindern, und ich habe noch nie so viele werdende Mütter auf einmal gesehen. Ich erfuhr, daß es zu ihrem Glauben gehört, für Nachwuchs zu sorgen. Stephen lehrt, daß die Geburt ein Sakrament ist. Viele Frauen sind erfahrene Hebammen, ja, der Farm wurde Geburt und Entbindung so wichtig, daß sie eine Anzeige in die New York Times setzte: „Hallo, Frauen, treibt nicht ab! Kommt auf unsere Farm, wir helfen euch bei der Entbindung und sorgen für euer Kind. Wenn ihr es später wieder zurückhaben wollt, könnt ihr es haben."

Während ich auf der Farm war, richteten sie gerade die Kinderstation mit Brutkästen ein, und an jedem Mittwoch kam einer der Ärzte aus der nächsten Stadt zur Visite. Nach vier Jahren war die Farm überall berühmt wegen ihrer Entbindungsstation, und selbst Frauen, die nicht auf der Farm leben wollten, kamen hierher, nur um ihre Babys auf die Welt zu bringen und sie versorgt zu wissen – kostenlos, ein wirklich sensationelles Angebot. Auf der Farm plante man auch ein Buch über Hausgeburt. Die Hebammen lehrten die werdenden Mütter sich zu entspannen, zu lachen, zu singen oder sich fröhlich mit ihren Männern zu unterhalten – und das alles, während die Kinder geboren wurden.

Wie alles auf der Farm, war auch die Entbindung ein Teil der hier praktizierten Religion, denn jedes Kind wurde als „Christkind" betrachtet, das als vollkommenes Wesen geboren wird. Alles gehörte zum sich ständig entwickelnden geistigen Leben auf der Farm, vom Pflücken der Tomaten bis zur Geburt. Sie dachten, sie könnten „die Welt retten", wenn sie ihre Nahrung selbst anbauten und Stephens Botschaft verkündeten, des Mannes, den Gott ihnen geschickt hatte. Stephen hatte geschrieben: „Beginnt ein großes Werk wie die Rettung der Welt. Dann habt ihr eine Lebensaufgabe gefunden. Das ist das Versprechen und die heilige Botschaft von Bodhisattva."

So einen Mann wie Stephen hatte ich noch nie kennengelernt. Er war zehn oder fünfzehn Jahre älter als die meisten seiner Anhänger, und wo immer er sich auch aufhielt, umlagerten sie ihn. Er lehrte, daß man selbst Gott ist. Die Person und die Persönlichkeit der Gottheit, das bist du selbst, sagte Stephen, und jeder ist fleischgewordener Gott. Seine gläubige Herde saugte alles in sich auf, was er sagte und was er lehrte. Sie seien alle eins, alle ein Ganzes, und so brauchten sie nicht um Nahrung, Wohnung, Leben und die eigene Individualität kämpfen. „Wenn wir wirklich alle eins sind, und wenn wir unsere Gedanken telepathisch austauschen können, dann sind wir auch unseres Bruders Hüter." Für Individualität war auf dieser Farm

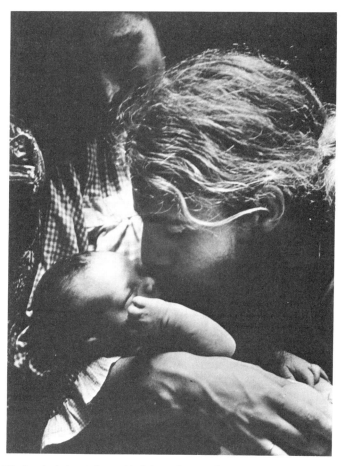

Kinder sind ein wichtiger Teil des Lebens auf der Farm, und die Geburt gilt als Sakrament

kein Platz. „Wir alle zusammen sind stärker als ein einzelner."

Stephen war ziemlich groß und dünn, seine Schultern hielt er leicht nach vorne gebeugt. Oben schon glatzköpfig, hingen ihm die an den Spitzen blonden, strähnigen Haare bis auf die Schultern. Er wirkte wie ein mächtiger, überzeugender und redegewandter Führer, der einen in eine andere Welt bringt, bevor man merkt, daß man eine Fahrkarte gekauft hat. Wenn er vorbeiging oder in seinem Auto vorbeifuhr, unterbrachen alle ihre Arbeit und winkten ihm zu. Sein Auto war das einzige neue auf der Farm und mit Funk ausgerüstet, so daß man ihn jederzeit erreichen konnte.

Während er seine Gefängnisstrafe absaß, wurde ihm erlaubt, an den Wochenenden heimzugehen, und das war die einzige Zeit, in der ich ihn persönlich in voller Aktion erlebte. Sonntag auf der Farm, das war ein besonderer Tag, ein heiliger Tag. Sie versuchten ja eigentlich aus jedem Tag einen „heiligen Tag" zu machen, aber Sonntag war eben „besonders heilig", weil sie da meditierten und nicht arbeiten mußten. Und nach einer 60- bis 70stündigen Arbeitswoche brauchten sie auch die Ruhe.

Der Sonntag, an den ich mich besonders gut erinnere, war der Sonntag, an dem ich zum erstenmal zur Meditation ging. Der Platz, an dem die Meditation stattfand, lag so nahe an Coopers und meiner Behausung, daß es mein Hauptproblem wurde, Cooper fernzuhalten. Er wußte ja nicht, wie man mit überkreuzten Beinen dasitzt, wie man Psalmen singt oder meditiert, und außerdem würde er sicher zu einem der tief versunkenen Gläubigen hinschlendern, ihm seine nasse Zunge durchs Gesicht ziehen und einem anderen mit dem Schwanz im Gesicht herumfuchteln. Cooper wußte immer schon im voraus, wenn ich versuchte, ihn loszuwerden, und an diesem Tag machte er es mir besonders schwer. Aber ich konnte ihm schließlich doch entschlüpfen und ging durch einen dichten Waldweg auf ein offenes, grasbewachsenes Feld, das von gelb und rot leuchtenden Herbstblumen eingesäumt war. Die Sonne schien durch die Baumkronen, so daß sie wie Kirchenfenster aussahen. Der klare, blaue Himmel über uns war unser Kirchendach.

Ungefähr 500 Farmbewohner strömten auf den Platz. Nachdem jeder saß, kam Stephen, ganz in Weiß gekleidet und begleitet von seinen beiden Frauen und seinen vielen Kindern. Als er zu sprechen begann, hob er die Arme, und ich konnte sehen, daß sein linker Unterarm dicke Venen hatte und mit einer großen Tätowierung versehen war, Erinnerungen an seine Vergangenheit, als er sich noch nicht dem Universum gewidmet hatte. Wenn er seine Arme nicht in die Höhe warf oder sie vor der Brust überkreuzte, preßte er die Hände fest zusammen, als wolle er so einen besonders wichtigen Punkt unterstreichen. Seine Stimme hatte einen übernatürlichen Klang, wie aus einer anderen Welt: „Hier und jetzt passiert alles. Prophezeiungen sind nur Zeitverschwendung. Deshalb kümmere ich mich nicht um Prophezeiungen. Wenn ich alles richtig mache, dann wird es uns hier und heute ausgezeichnet gehen."

Seine Ansprache war ein stetig fließender Strom aus Ideen, Geschichten, verschiedenen Religionen und eigenen Erlebnissen. „Ich bin noch mit drei anderen Frauen verheiratet, und alle verlangen nur, daß ich anständig und aufrichtig bin, und das gleiche verlange ich von ihnen. Eine Ehe mit mehreren Menschen hält zusammen, weil keiner ausschließliche Zuneigung will. Wir wollen nur ehrlich und aufrichtig sein und verwenden darauf all unsere Energie."

Nach den Gesetzen von Tennessee konnte Stephen auch Ehepaare trauen. Er tat dies während seiner Gottesdienste. Ein Hauptgrund für die Gründung der Farm war die damit verbundene Vereinfachung des Lebens gewesen, damit die Bewohner mehr Zeit hatten, sich um Gott zu kümmern. Ihr Gott war irgendwie vage und anders, als ich es bisher gehört hatte, und ich wollte herausfinden, was es war, das diese Leute zusammenhielt.

Eigentlich hatten sie ja gar keine Zeit, nach Gott zu suchen, sondern nur Zeit für Arbeit, Essen und Schlaf.

Außerdem lehrte Stephen seine Gemeinde, daß Gott verschwindet, wenn man nach ihm forscht. „Wenn ihr glaubt, Gott ist etwas, was man ganz leicht begreifen kann, dann irrt ihr euch. Er verschwindet, wenn ihr dauernd nach ihm Ausschau haltet." So dauerte ihre Suche fortwährend, ging weiter und weiter und weiter.

Nach seiner weitschweifigen Botschaft zelebrierte Stephen eine Farm-Hochzeit. Das Paar stand vor der Gemeinde, gekleidet in seine saubersten Jeans und die weißesten Hemden. Es gab keine Blumen, keine Musik, nur Stephen.

Die meisten seiner Anhänger waren unverheiratet, als sie auf die Farm kamen. Aber als Stephen erfuhr, daß er nach den Gesetzen von Tennessee Trauungen vollziehen durfte, weil er eine Gemeinde hatte, tat er dies sehr oft. Von den 150 Paaren, die Stephen getraut hatte, trennten sich nur fünf wieder.

Nach der kurzen Zeremonie umarmte Stephen die frisch Vermählten mit seinen langen, alles umfassenden Armen. Mit jeder Predigt und jeder Feier aber wurde ich nur verwirrter. Sicher, es war friedvoll, da im Gras bei der Meditation zu sitzen, aber ich hatte mich ebenso in den Wäldern der Smokey Mountains mit Cooper am letzten Thanksgiving oder einfach so beim Herumliegen im Zelt nach einem langen Tag gestärkt und erfrischt gefühlt. Noch nie war ich so durcheinander in meinem Denken und Fühlen gewesen wie auf dieser Farm.

Vieles was Stephen und seine Helfer sagten und taten, wirkte falsch und ungeschickt oder unsicher. Aber ich wußte nicht warum. Je mehr Zweifel ich an dieser übernatürlichen Welt auf der Farm hegte, um so stärker wurde der Druck auf mich, nun endlich doch ein echter „Farm-Mann" zu werden. Sie konnten es nicht glauben, daß ich mich immer noch nicht für ihre Lebensweise entschieden hatte. Sie meinten, kein Mensch könne auf

Stephen traut ein Paar

ihre Farm kommen, mit ihnen leben, essen, arbeiten, schlafen und so lange bleiben wie ich, ohne sich zu ergeben.

Stephen überzeugte seine jungen Freunde, daß die Menschheit in jeder Generation einen großen geistigen Führer braucht, wie Buddha oder Mohammed. Und für jeden auf der Farm war es klar, daß Stephen dieser „Kapitän auf dem Schiff" war, der „die Show zusammenhielt" und der „die Sicherung war, durch die der elektrische Strom der Menschheit floß". Vielleicht war Stephen dieser Kapitän, aber ich konnte nicht an Bord seines Schiffes gehen. Ich werde nie den Tag vergessen, an dem ich endgültig beschloß, daß diese Farm für mich nicht geeignet war. Als ich Bilanz zog und alle ihre guten Taten, ihre Liebe, die viele Arbeit, das einfache Leben in Betracht zog, wurde mir klar, daß ich mich mit Geist, Verstand und Körper Stephen ausliefern müßte. Und das war der Punkt, an dem Cooper und ich den Beschluß faßten, weiterzuwandern. Die langen, spinnenartigen Arme von Stephen wollten jeden fest an sich pressen, aber das waren nicht die Arme, in denen ich eine Zuflucht und eine Heimat finden wollte, jetzt nicht und erst recht nicht für immer.

Alles, was ich jetzt noch wollte, war, den erdrückenden Fangarmen dieser Farm so weit wie möglich entkommen, aber eine Aufgabe mußte ich noch erledigen, bevor Cooper und ich weggingen. Ich mußte herausfinden, warum die jungen Leute, die mir eigentlich ganz ähnlich waren, diese Farm haben wollten. Nacht für Nacht ging ich ins Büro, wo sie ihre Listen und Stephens Schriften aufbewahrten und studierte bis zum Morgengrauen die Papiere der Farmbewohner. Sie waren meine einzige Hoffnung, denn persönliche Auskünfte hätte mir keiner gegeben.

Die Protokolle zeigten, daß die meisten Farmbewohner aus großen Städten stammten, wo man schon glücklich war, wenn man ein winziges Fleckchen Erde oder Gras zu sehen bekam. Die meisten hatten eine sehr gute Schulbildung mit hervorragenden Zeugnissen, hatten abgeschlossene Universitätsstudien in Englisch, Soziologie oder Kunst. Lauter Dinge, von denen Stephen predigte, sie seien wertlos und unnötig für ihre gegenwärtigen Lebensziele. Es wäre mir nie in den Sinn gekommen, daß die Religion bei ihrer Suche nach einem neuen Leben eine Rolle gespielt hatte, bis ich auf die Spalte in ihren Personalpapieren stieß, in der nach ihrem Verhältnis zur Religion gefragt wurde. Die meisten der 750 Farmbewohner hatten „nicht stark" eingetragen. Bei 138 stand Protestant, 100 waren Katholiken und 46 jüdischen Glaubens. Nicht einmal die Hälfte der Farmleute war religiös gebunden. Aber nun hatten sie ihr verheißenes Paradies und ihre Religion gefunden, in Stephen.

Zum erstenmal dachte ich darüber nach, ob ich nicht vielleicht auch meinen Gott suchte. Formten sich möglicherweise alle Ereignisse auf meiner Wanderung zu einer ganz bestimmten Erkenntnis? Vielleicht ergaben die einsamen Monate in den Wäldern, Homer und sein Berg, Mary Elizabeth und Texana und jetzt diese Farm hier einen ganz besonderen Sinn? Ich wußte nicht welchen. Ich vermochte die Gedanken in meinem Verstand nicht zu ordnen. Cooper hatte meine Schritte gehört und kam nun angerannt. Er strahlte vor Freude und sprang an mir hoch. Ich würde später darüber nachdenken.

Ein Waldspaziergang

Mein bester Freund und Kumpel war glücklich, daß er mich wiederhatte, und ich freute mich darauf, bald die Farm hinter mir zu lassen und sozusagen in die Welt zurückzukehren. Ich hatte Hunger, aber Cooper wollte unbedingt einen Waldspaziergang machen. Er nahm meine Hand ganz zärtlich in sein großes Maul und zog mich vom Zelt weg. In der vergangenen Woche hatten wir nicht viel Zeit füreinander gehabt, und das wollten wir jetzt nachholen. Im Wald spielten wir unser Lieblingsspiel, das aus Rennen, Ringen und Jagen bestand.

Ein großes Gebiet der Farm war noch ursprünglicher Nadelwald, den die Natur obendrein noch mit großen Felsbrocken und munteren Quellen ausgestattet hatte. Wir folgten einem Wildwechsel, und dann konnten wir unbehindert rennen. Hier fühlte ich mich wirklich frei, hier engten mich keine Regeln ein. Mein grünes T-Shirt flatterte im Wind. Ich hatte Turnschuhe an und Turnhosen. So galoppierte ich hinter Cooper her, der natürlich wie immer in seinen Pelzmantel gekleidet war.

Mit seiner begabten Nase hatte Cooper natürlich schnell die Spur eines Tieres aufgenommen, und die wilde Jagd ging los. Es war nicht leicht, diesem windschnellen Cooper zu folgen. Ich machte lange Schritte, sprang über verrottete Baumstämme und moosbedeckte Felsen. Bei dieser Rennerei spürte ich erst so richtig, welchen Druck die Farm auf mich ausgeübt hatte. Ihr ganzes Gerede hatte mich in eine Welt gezwungen, die ich nicht wollte. Eigentlich war ich ein Gefangener gewesen, war ich in einer Falle gesessen, nie allein, immer mit zehn oder noch mehr Menschen in einem Zelt eingepfercht, niemals außerhalb der Farm gewesen. Vom ersten Tag an hatten sie mich mit Fragen unter Druck gesetzt. „Wann begreifst du endlich, daß du hierher gehörst?" Oder: „Gib deinen Marsch auf, Peter, hier hast du doch gefunden, wonach du gesucht hast." Wie sehr sie auch in mich drangen, wie sehr sie mich auch zu beeinflussen versuchten, mich konnten sie nicht überzeugen.

Mary Elizabeth hatte bei unserem ersten Zusammentreffen gesagt, es sei ihr gleich, wer und wie ich bin, denn sie habe gesehen, wie sich Cooper zu mir verhalte. Ihre Beurteilung war ebenso einfach wie überzeugend: „Hunde lügen nicht!" Cooper hatte diese Farm nie leiden können, und mir wurde jetzt klar, daß es besser gewesen wäre, wenn ich gleich auf ihn gehört hätte.

Cooper war über einen Hügel gerannt, und ich hatte ihn aus den Augen verloren. Wir waren tiefer in den Wald geraten als sonst bei unseren Sonntagsausflügen. Dann entdeckte ich Cooper. Er lag neben einem Baumstumpf und putzte sich. Ich betrachtete ihn, und wieder einmal wurde mir deutlich, wie schön er war. Sein glänzendes Fell verschmolz mit den anderen Farben der Natur, und doch hob er sich davon ab, wie ein funkelnder Stern in einer wunderbaren Nacht. Für mich war mein Freund Cooper wirklicher, wahrhaftiger und fundamentaler als alles, was Stephen Gaskin zu bieten hatte. Wir tobten weiter durch den Wald, scheuchten Schwärme von faulen Wachteln auf, jagten und fingen einander. Nach einer Stunde waren wir müde und erhitzt, aber wir waren zusammen!

Als dann meine Kleidung völlig vom Schweiß durchtränkt war, suchten wir uns einen kühlen, versteckten See. Cooper roch das Wasser natürlich zuerst, jagte los und ließ mich weit hinter sich. Als ich am See ankam, lag er schon genüßlich im seichten Wasser. Er begrüßte mich mit einem Lächeln, ich warf meine Schuhe weg und kühlte mich ab. Dann legte ich mich auf einen warmen Felsen und ließ mich von der Sonne trocknen. Cooper kam her und legte seinen Kopf auf meine Brust. Und dann schliefen wir beide ein.

Die Kühle der untergehenden Sonne weckte uns. Ein tiefer Friede erfüllte uns, und wir schwebten fast nach Hause. Ich fürchtete mich, das Zelt zu betreten, und fühlte den starken Wunsch in mir, jetzt gleich mit Cooper die Farm zu verlassen. Unten am Hügel, kurz vor dem Zelt, beschloß ich, Cooper noch zu bürsten, so mußte ich noch nicht zu den anderen gehen. Ich holte die Bürste, und Cooper legte sich gleich auf den Rücken, ohne sich über die bevorstehende Prozedur zu beklagen. Ich entfernte sorgsam die vielen Kletten, die sich in dem dicken Fell verfangen hatten, und dabei entdeckte ich die rosa Narbe auf

217

seinem Bauch. Ich hatte den Tag schon vergessen, als Cooper
mich in einem mörderischen Kampf beschützt hatte. Jetzt kam
die Erinnerung wieder.

Es war fünf Meilen vor Murphy gewesen, auf der Route 19 in
North Carolina. Es war mittags, und wir hatten gerade die
Kuppe eines langgezogenen Hügels erreicht. Auf der Straße
dröhnten die Motoren von Holzlastern, die sich den Berg
hinaufquälten. In diesem Höllenlärm konnte man nichts anderes
hören, aber ich spürte, daß Coopers tropfende Zunge nur
Zentimeter von meinen Hosenbeinen entfernt war. Ohne besonderen Grund blickte ich nach links und sah zu meinem Schrek-
ken, wie ein knurrender und zähnefletschender deutscher Schäferhund zum Sprung auf mich ansetzte. Seine weißen Zähne
zielten genau auf meinen Oberschenkel. Coopers sonstige Aufmerksamkeit und Wachsamkeit waren durch die lärmenden
Laster gestört und abgelenkt gewesen, aber in der letzten
Zehntelsekunde bemerkte er den Schäferhund und sprang ihm
entgegen, um den Angriff abzublocken. Der Schäferhund hatte
eine solche Wucht, daß beide Hunde gegen meinen Körper
geschleudert wurden und wir alle drei den Hügel hinunterkugel-
ten und in einer Staubwolke landeten. Ich lag da, mit Blut
bespritzt aus der Wunde an Coopers Bauch, während die Hunde
wie wild weiterkämpften.

Noch nie hatte mich ein Mensch oder ein Hund angegriffen.
Cooper reagierte wie von Sinnen, in seinem Bestreben, mich zu
beschützen, und würde erst mit dem Kampf aufhören, wenn
dieser Teufel getötet war. Ich hatte wirklich Angst vor der
Wildheit in seinem Gesicht. Die blanke Mordlust stand in seinen
Augen. Ich mußte dazwischengehen, mußte das Risiko einge-
hen, selbst ernstlich gebissen zu werden. Ich warf meinen
Rucksack ab, stand über diesem Bündel aus Fellen und reißen-
den Zähnen und versuchte Cooper zu packen. Im selben
Moment, als ich Cooper fest im Griff hatte, versetzte ich dem

Coopers Geburtstagskuchen

Schäferhund einen gewaltigen Tritt, und er flog, sich um die eigene Achse drehend, ein paar Meter zurück. Damit war Ruhe. Aus mir unerfindlichen Gründen wedelte der Schäferhund gleich darauf mit seinem langen, buschigen Schwanz und versuchte meine Hand zu lecken.

Cooper traute dem jetzt braven Schäferhund noch nicht, er behielt seine steife Haltung bei, jederzeit bereit zu töten. Der Schäferhund kroch unterwürfig zu Cooper hin, und dann begannen beide mit dem Schwanz zu wedeln. Es war so, als ob die beiden stärksten Burschen in einer Klasse gerade einen Kampf ausgetragen hatten und nun Freundschaft schlossen.

Was für Erinnerungen! Wir waren wirklich echte Freunde, Cooper und ich, und nicht nur wegen der vielen Abenteuer und Aufregungen, die wir gemeinsam auf unserem Marsch erlebten.

Er liebte mich, und ich liebte ihn, und die gegenseitige Zuneigung wurde mit jedem Erlebnis stärker. Während ich mir so die Jahre mit viel Spaß, mit Aufregungen und Abenteuern ausmalte, die noch vor uns lagen, bürstete ich sanft Coopers Fell. Über unsere Köpfe hinweg flog ein Schwarm Wildgänse in V-förmiger Formation. Der Wunsch, mich auch in die Lüfte zu erheben und dahinzugleiten, ergriff mich. Genau in diesem Moment beschloß ich, die Farm am Mittwoch, dem 16. Oktober 1974 zu verlassen. Es war ein Tag nach dem ersten Jahrestag unserer Wanderung durch Amerika.

Leb wohl, Cooper!

Am nächsten Morgen gingen Cooper und ich nach dem Frühstück zum Zelt der Leute in der Straße Nr. 3. Ich sollte heute mit auf dem Wasser-Transporter arbeiten, einem umgebauten Lastwagen, der auch als Feuerwehrwagen diente. Und heute wollte ich auch den Leuten auf der Farm mitteilen, daß Cooper und ich nun gehen würden. An diesem Montagmorgen pfiff ich auf dem ganzen Weg vor mich hin, und Cooper flitzte nach jedem Holzstück oder nach jedem Ast, den ich warf. Sein wunderbares Fell fing die Sonnenstrahlen ein und reflektierte sie wie einen Heiligenschein, wenn er mit dem Stock zu mir zurückgelaufen kam. Dann mußte ich immer einen heftigen Kampf mit ihm ausfechten, eine Art Tauziehen, bis er das Wurfgeschoß endlich losließ und ich es dann erneut wieder weit wegschleudern konnte.

Auf der Ladefläche des Lasters war ein Tank voller Wasser montiert, das an die verschiedenen Stellen der Farm transportiert werden sollte. Michael, der Fahrer, kam herbeigerannt und setzte sich hinters Lenkrad. Zwei andere Burschen kletterten noch in die Fahrerkabine, und ich schwang mich auf den kühlen Wassertank, ritt auf ihm wie ein Rodeoreiter auf einem bockenden Maultier. Die Wege waren zerfurcht und holprig. Cooper trottete in sicherer Distanz hinter uns her, so wie er es schon unzählige Male bei Schleppern, Lastwagen oder anderen Fahrzeugen gemacht hatte. Wir fuhren die Straße Nummer 3 hinunter und kamen dann an einen Abschnitt, wo sich der Weg allmählich verengte. Ich sah mich nach Cooper um, obwohl ich wußte, daß ich mir keine Sorgen zu machen brauchte. Cooper rannte auf der etwa einen halben Meter hohen Böschung neben dem schaukelnden und hüpfenden Lastwagen her. Er ließ den Lastwagen nicht vorbeifahren, sondern sprang von der Böschung herunter, direkt unter den hinteren Teil des Wagens. Ich wußte, daß er gleich wieder auftauchen würde. Aber da kippte der Lastwagen zur Seite, holperte über eine tiefe Querrinne.

Michael dachte, er wäre zu nahe an die Böschung geraten und hätte sie gerammt, aber vor meinem geistigen Auge rollte der ganze Vorgang noch einmal in Zeitlupe ab. Cooper lag unter den Rädern! Er konnte überlebt haben, obwohl das ganze Gewicht des Lastwagens auf seinen Körper gedrückt hatte, denn Cooper würde nie sterben. Nichts konnte ihn umbringen.

Ich sprang vom Tank herunter und schrie, sie sollten sofort anhalten. Ich flog zu der Stelle, wo mein Freund hustend und keuchend nach Atem rang. Ich kniete mich zu ihm hin und hielt seinen Kopf in meinen zitternden Händen. Er sah völlig unverletzt aus. Mir fiel der Tag in Alfred ein, als er von einem Auto angefahren worden war und er den Wagen mächtig eingebeult hatte. In meinem Innern tobte es. Nein, ihm fehlte bestimmt nichts, er war höchstens bewußtlos. Ich preßte mein Ohr auf seine Brust, um den Herzschlag zu hören. Ich mußte ihn hören. Aber ich hörte nichts. Oder doch? War er nur so gedämpft durch das dicke Fell?

Ich befahl Michael, der in einer Art Schockzustand war, er solle uns in die Klinik fahren, wo ein Zahnarzt während dieser Zeit gerade mit Forschungsarbeiten beschäftigt war. Der Zahnarzt mußte doch feststellen können, worauf Coopers Bewußtlosigkeit zurückzuführen war. Ich hob den leblosen Körper hoch, und wir fuhren in die Klinik. Cooper lag auf meinem Schoß, wie er es schon so oft getan hatte. Minuten, Stunden, Jahrhunderte vergingen, bis wir endlich dort waren. Ich war wie betäubt. Aber ich wußte, daß Cooper gleich aufwachen und mit mir spielen oder hinter einem Stock herjagen würde. Er lag ganz ruhig da, hatte sich noch nicht bewegt, als wir die Klinik erreichten. Um den Zahnarzt waren viele Erwachsene und Kinder versammelt, deren Zähne er für seine Forschungsarbeiten untersuchte. Ich hob Cooper aus dem Lastwagen und legte seinen Körper sanft auf den Boden. Der Zahnarzt mußte die Panik in meinem Gesicht bemerkt haben, denn er hörte mit seiner Tätigkeit auf und sah mich an. Ich schrie wie ein Verrückter: „Beeilen Sie sich! Kommen Sie her, Doktor! Schnell, sagen Sie es mir. Muß ich

meinen Hund zu einem Arzt bringen? Ich glaube, er ist bewußtlos oder in so einer Art Koma."

Die Burschen, die mit auf dem Lastwagen gewesen waren,
sagten nichts. Ich glaubte ihren traurigen Gesichtern nicht,
wollte ihnen nicht glauben. Der Zahnarzt holte ein Stethoskop
und legte es an Coopers Brust. Nach ein paar unendlich langen
Sekunden sah er mich voller Mitgefühl an und sagte leise: „Es tut
mir leid, aber Ihr Hund ist tot!" Das Wort „tot" dröhnte in
meinem Kopf, aber mein Verstand wollte es nicht akzeptieren.
Ich weigerte mich, es zu glauben. Ich kniete mich wieder neben
meinen Freund, meinen Kumpel für alle Zeiten, dessen Körper
langsam kalt wurde. Ich fühlte mich auch wie tot, aber schlimm
genug, ich lebte noch.

Zu den besten Freunden von Cooper auf der Farm hatten die
kleinen Kinder gehört. Ich kniete noch immer neben Cooper,
unfähig, mich zu bewegen, und sah, wie sich die kleinen Füße
rings um uns versammelten. Dann standen alle still. Es war so
totenstill, daß ich die Kinder atmen hörte. Nach einer Weile hob
ich Coopers steifen Körper, hob ich meinen Freund und Bruder
auf den Lastwagen. Ich spürte, wie der Haß gegen diesen
Lastwagen in mir hochstieg. Dann verdrängten die Erinnerungen alle anderen Empfindungen. Blitzartig zog alles an mir
vorbei, was ich mit Cooper erlebt hatte. Mein Freund Cooper,
lebe wohl! Wir fuhren zum Traktorenschuppen, wo ich eine
Schaufel holte, um Cooper begraben zu können.

Einer meiner besten Freunde auf der Farm war der 18jährige
James, den auch Cooper sehr gerne gehabt hatte. Die beiden
hatten oft miteinander gespielt, wenn ich auf den Feldern
gearbeitet hatte. Jetzt kam James zu mir und umarmte mich. Er
fragte, ob er mit mir zusammen um Cooper weinen dürfe und ob
er helfen dürfe, unseren Freund zu begraben. Ich wollte allein
sein mit Cooper, aber ich brauchte auch jemanden, mit dem ich
diesen Alptraum teilen konnte und der mir half, über diese

lähmenden, lautlosen Schmerzen und Leiden hinwegzukommen.

James lenkte den Lastwagen, während ich den friedlichen
Cooper auf meinem Schoß hielt. Zärtlich hielt ich seinen Körper, wiegte ihn in meinen Armen und glaubte, das Herz würde
mir zerspringen. Ich legte ihn sanft an den Straßenrand und
suchte nach einem versteckten Platz, wo Cooper für immer
bleiben sollte. Ich entdeckte eine schmale Lichtung, wo die
Sonnenstrahlen durch die Baumkronen den Boden erreichen
konnten. Zum letztenmal trug ich Cooper durch den Morgen-
dunst, vorbei an den majestätischen Bäumen, auf die Lichtung.
Der Boden war sehr hart, als ob sogar die Erde nicht wollte, daß
Cooper tot war. Zum erstenmal in meinem Leben weinte ich vor
Trauer, ich weinte und weinte. Die Tränen ergossen sich auf
Coopers Grab aus Erde und Lehm. Dann konnte ich vor lauter
Tränen nichts mehr sehen, und James mußte graben. Ich war so
schwach, daß mich das Gewicht der Schaufel beinahe in das
Grab hinuntergezogen hätte. Warum konnte nicht ich dort drin
liegen statt Cooper!

Während wir gruben, lag Cooper so da, wie er Hunderte von
Malen im Wald gelegen und geschlafen hatte. Ich erwartete, daß
er gleich aufspringen und bellen würde, als wollte er sagen „Mir
geht's gut!" Er tat es niemals mehr.

Als das Grab fertig war, legte ich Coopers herrlichen, unver-
letzten Körper hinein und bedeckte ihn sanft mit einer Decke aus
brauner Erde. Sogar da hoffte ich noch, er würde aus dieser
verdammten Erde lebend herausspringen. Coopers unendliche
Liebe und Energie, seine unbegrenzte Freiheit waren das Leben
selbst gewesen. Jetzt, da die Erde ihn für immer zu sich
genommen hatte, wußte ich, daß ein Stück von Cooper immer in
mir sein würde, bis mich selbst die Erde bedeckte.

Die Menschen auf der Farm halfen mir in meinem Kummer.
Allmählich begann ich wieder zu leben. Sie versuchten immer

Leb wohl, Cooper!

noch, mich für die Farm zu gewinnen, aber ich war jetzt noch fester entschlossen, meinen Weg zu gehen. Neun Tage, nachdem Cooper getötet worden war, wanderte ich die staubige Straße entlang, die uns beide hierhergeführt hatte. Nun wanderte ich allein, wirklich allein.

Alabama ist ganz anders

Tennessee und die Farm ohne Cooper zu verlassen, das war so, als ob ich meine Wanderung ganz von vorne begänne. Der Verlust meines Freundes, der so plötzlich unter die todbringenden Räder geraten war, hatte ein Stück von mir mitgenommen. Ich hatte nicht mehr die gleiche Energie, den gleichen Mut und die gleiche Ausdauer, die mich beflügelten, als er noch bei mir war. Jetzt mußte ich mich richtig zwingen, am Morgen aufzustehen oder eine halbe Meile zu wandern. Am liebsten hätte ich den Marsch beendet und aufgegeben. Aber wo sollte ich hingehen? Zurück nach Connecticut oder anderswohin konnte ich nicht. Ich war allein, hier mitten in Tennessee, und konnte nichts anderes tun, als weiterwandern.

Ich hatte immer angenommen, der Lebensfunke in einem Menschen würde ewig sprühen, aber jetzt fühlte ich mich leer, ausgebrannt, leblos. Wenn jemand auf der Farm in der Woche nach Coopers Tod seinen Namen erwähnt hatte, war ich immer unvermittelt in Tränen ausgebrochen. Ich war immer noch nicht fähig, über Coopers Tod zu reden. Deshalb konnte ich auch nicht zu Hause oder bei der *National Geographic Society* anrufen. Ich wollte es später tun, wenn ich über den Tod meines Freundes hinweggekommen war, falls mir das jemals gelingen würde.

Möglichst weit weg von der Farm zu kommen, das war mein einziges Bestreben. Ich wanderte schnell und hatte doch Angst vor jedem Schritt, denn ich hatte nichts, nach dem ich Ausschau halten konnte. Ich hatte kein Ziel. Wenn ich schnell ginge, würde ich in zwei Tagen an der Nordgrenze von Alabama sein. Dann mußte ich diesen ganzen Bundesstaat von Norden nach Süden durchwandern. Davor hatte ich Angst. Ich wußte nicht, wo es schlimmer sein würde, in Alabama oder dann in Mississippi. Während meiner Kindheit und Jugend hatte ich die bösesten Geschichten über diese unzivilisierten, rassistischen Staaten gehört. Ich wanderte an den Landstädtchen Lawrenceburg und Loretto vorbei und stellte mir in meiner ausschweifenden Phantasie vor, was mir alles in Alabama passieren könnte. Die Burschen würden meinen Rucksack sehen, meinen roten Bart und meine Jeans, und würden mich ohne Grund umlegen, mit einem Schuß, höchstens zwei. Wenn ich Glück hatte, würden mich vielleicht ein paar freundliche Menschen verschonen und mich höchstens über den Haufen fahren. Ich schätzte, daß meine Chancen etwa eins zu einer Million stünden, diesen lebensbedrohenden Staat heil zu durchqueren.

Zur schlechtesten Zeit erreichte ich die Grenze, am Freitag abend. Wie fast überall in den USA ist der Freitagabend die Zeit der Autorennen, Saufereien und Räubereien. Ihr Abzugsfinger war sicher schon gekrümmt, dachte ich. Vielleicht half mir diese Angst um mein eigenes Leben, leichter über Coopers Tod hinwegzukommen, nicht mehr so oft an ihn zu denken. Aber es machte mir eigentlich auch nichts aus zu sterben. Das würde ja nur bedeuten, wieder mit Cooper zusammen zu sein.

Und dann hatte ich die Grenze zwischen Tennessee und Alabama erreicht. Ein verwittertes Schild markierte sie auf einem Hügel. Mir war wirklich nicht wohl in meiner Haut. Ich mußte durch. Ich konnte mich zu keiner Flasche flüchten und nicht in Drogen, ich hatte kein Auto, das mich geschützt oder mich irgendwo hingebracht hätte. Gleich nach der Grenze stand

eine große Plakatwand, die jeden willkommen hieß, der die
Grenze nach Alabama überquerte. Es war nicht das traditionelle
„Willkommen in . . .", sondern da lachte das übergroße Gesicht
von Gouverneur Wallace auf mich herunter und sagte fröhlich:
„Legen Sie eine gemütliche Pause im freundlichen Alabama ein!"
Ich traute meinen Augen nicht. Bestimmt galt dieser vierfar-
bige Willkommensgruß nicht mir. Vielleicht war er für Lastwa-
genfahrer, Footballspieler, Farmer, Geschäftsleute und Coun-
trysänger, aber nicht für einen Menschen, der durch Amerika
wandert.

Ich ließ die „schreckliche" Grenze von Alabama hinter mir,
aber nichts passierte. Während ich am Samstagvormittag parallel
zum Shoal Creek auf dem Natchez-Wanderweg dahinging,
beschloß ich, meine ganzen Vorurteile über diese Südstaatler,
die man in Amerika Rednecks nennt, über Bord zu werfen. Im
Bezirk Lauderdale fand ich am nächsten Tag zur Mittagszeit
schon die ersten netten Leute. Ich kam gut voran, und es war
schön, unter dieser Sonne zu wandern, die der Landschaft einen
goldenen Schimmer verlieh. Gegen Abend wurde es dann in den
sanften, melancholischen Stunden Zeit, sich nach einem Wald
für das Nachtlager umzusehen. Diese Stunden waren friedlich
und schmerzlich zugleich. Überall auf den Farmen hörte man
fröhliches Hundegebell, und jedesmal, besonders wenn es tiefe
Laute waren, durchzuckte mich die Erinnerung an Cooper. Und
dann fühlte ich mich wieder so leer und hilflos. Was Cooper mir
wirklich bedeutet hatte, wurde mir erst so richtig klar, seit er
mich verlassen hatte. Wenn ich einen Freund gebraucht hatte,
genügte ein Pfiff, und schon war Cooper zur Stelle gewesen.
Wenn ich jetzt pfiff, antwortete niemand.

Als ich nach einem Lagerplatz Ausschau hielt, stoppte ein
alter, grauer Kombi neben mir. Dort drin, förmlich hineinge-
pfercht, saß die Familie Green: Leonhard, Sara, Sandra, Rusty,
Anthony, David und Mark. Vater Green sprach mich an:

Zwischendurch ein kurzer Plausch

„Hallo, mein Sohn, du bist bestimmt hungrig. Wir wohnen gleich um die Ecke, und du bist herzlich zum Abendessen eingeladen."

Ich gab zu, daß ich Hunger hatte, nahm die Einladung an, und zwar vor allem deswegen, weil ich dadurch einmal wieder mit einer Familie zusammen sein konnte. Während wir aßen, lief unaufhörlich der Fernseher. Gouverneur George Wallace erschien auf der Mattscheibe und redete mit den Zuschauern, als ob er mit seiner Familie spräche. Beim Dessert, dampfende Apfeltorte, kam mir eine Idee. Ich wollte Gouverneur Wallace besuchen, mit ihm reden. Er hatte ja auch mich dazu aufgefordert. Wenn jemand mit ihm reden wolle, dann solle er doch einfach mal bei ihm in der Hauptstadt vorbeischaun, hatte er im Fernsehen gesagt. Darüber hinaus war ich auch neugierig, wie die Menschen in den Städten von Alabama, in Birmingham, Montgomery und Mobile lebten. Ich war schon lange nicht mehr in einer richtigen Stadt gewesen, und nach meinen Erlebnissen mit Homer, meiner schwarzen Familie, der Kommune und mit Coopers Tod war es eigentlich an der Zeit, wieder einmal einen Blick auf das städtische Amerika zu werfen.

Als ich die Karte von Alabama studierte, fiel mir ein junger Mann ein, den ich in Georgia getroffen hatte. Wenn ich in der Nähe wäre, hatte er gesagt, solle ich ihn doch mal besuchen, in Sheffield in Alabama. Nun war ich in der Nähe. Fieberhaft kramte ich in meinem Rucksack nach der Adresse und fand sie schließlich auf einer alten, zerknitterten Postkarte. Vom Namen konnte ich nur noch die letzten fünf Buchstaben entziffern: u-a-l-l-s. Ich erinnerte mich, daß sein Vater Arzt war. In Florence, das von Sheffield nur durch den Tennessee River getrennt wird, ging ich gleich in eine Telefonzelle. Unter Q fand ich den gesuchten Namen, Dr. Qualls.

Das Freizeichen ertönte. Ein bißchen nervös war ich schon. Immerhin rief ich als Yankee aus Connecticut einen mir völlig fremden Menschen im tiefen Süden an, um ihn zu fragen, ob ich bei ihm übernachten könnte. Eine Männerstimme meldete sich: „Hallo, hier bei Qualls."

Ich sagte, wer ich sei und daß sein Sohn mich eingeladen hätte. Etwa eine Minute lang sagte der Doktor nichts.

„Wo, sagst du, bist du jetzt, Peter?"

Er will mich dem Sheriff melden, dachte ich. „Ich bin hier in Florence, die Straße heißt Dairy Queen, ich stehe ganz nahe bei einem großen Einkaufszentrum."

„Prima! Ja, unser Sohn hat uns von dir erzählt, du bist herzlich willkommen, du kannst bei uns bleiben, so lange du willst."

Die Familie Qualls nahm mich auf, als ob ich ein Verwandter wäre. Und sie sorgten sich auch um mich wie um einen Familienangehörigen. Der Doktor bemerkte natürlich meinen starken Husten, und als ich wieder abreisen wollte, ließ er mich nicht fort. „Tut mir leid, Peter", sagte er freundlich aber entschieden, „ich kann dich nicht weglassen."

„Warum?"

„Du bist krank! Du hast dir eine Lungenentzündung geholt. Dein Körper war geschwächt von der ganzen Belastung mit Coopers Tod, und du hast nicht darauf geachtet. Aber wenn du weitermarschierst, wird es schlimmer, und dann landest du, wenn du Glück hast, im Krankenhaus."

Die Gastfreundschaft in den Südstaaten ist keine Legende, wie ich an jenem Tag herausfand. Die fürsorglichen Qualls pumpten mich bis unter die Haarspitzen voll mit Penicillin und umsorgten mich herzlich, bis es mir wieder besser ging. Diese Woche in der Geborgenheit eines gemütlichen Heims, mit Wärme und Fürsorge, das war das, was ich nach Coopers Tod brauchte.

Dann ging es mir bald besser, ich war richtig ausgeruht und machte mich auf den Weg zum Gouverneur. Amerika hatte mir langsam sein Herz geöffnet und nahm mich immer zärtlicher in die Arme, von Meile zu Meile, von Familie zu Familie.

Eine Woche lang wanderte ich vorbei an Baumwollfeldern, Plantagen mit Sojabohnen, grasenden Kühen und immer mitten hinein in wundervolle Sonnenuntergänge. Ich kam durch die verschlafenen Städtchen Mount Hope, Moulton, Wren, Houston, Arley, Sipsey und Graysville, und meistens waren die Menschen aufgeschlossen, freundlich und hilfsbereit. War dies das Alabama, von dem man mir mein Leben lang erzählt hatte? Ich war so beeindruckt, daß der erste Code, den ich über Alabama aufschrieb, so lautete: TVA! Das hieß: Total verblüfft über Alabama.

Diese Verblüffung dauerte an, auch dann, als ich praktisch mitten in das Leben der Menschen hineinmarschierte, zum Beispiel in das von Earl Martin. Eigentlich fuhr er ja in mein Leben hinein. Es war am zweiten Tag, seit ich von Sheffield losgezogen war. Die Novembersonne ging schon unter, und ich hatte es eilig, bald mein Nachtlager aufzuschlagen. Ich wanderte schnell auf dem Highway 24 dahin, der durch braun werdende Baumwollfelder verlief, als Mr. Martin, oder schlicht Earl, angefahren kam. Er hatte mit seinem schwarzen Auto, Baujahr 1940 und so massiv wie ein Panzer, etwa 25 Stundenkilometer drauf. Es passierte mir oft, daß Familien oder Pärchen ganz langsam an mir vorbeifuhren und mich bestaunten, als sei ich ein schwarzer Bär aus dem Yellowstone-Park, aber der alte Earl war da anders.

Er wendete etwa 50 Meter vor mir und fuhr in das Baumwollfeld. Earl stieg aus, lehnte sich gegen sein Auto und wartete auf mich. Dann unterhielten wir uns lange, meistens über mich und meinen Fußmarsch. Earls Augen waren feucht, als er in dem gedehnten Tonfall der Südstaatler sagte: „Ja, Peter, ich würde am liebsten mit dir gehen. Das Land hier ist das größte, ganz bestimmt! Es gibt nicht viele, die es wie du machen und ihrem Herzen folgen, solange sie noch jung sind. Wenn sie dann so alt sind wie ich, merken sie erst, was sie alles versäumt haben."

Earl Martin

Wir unterhielten uns noch lange, und als es für mich Zeit wurde, aufzubrechen, langte Earl tief in seine Uhrentasche, kramte eine 50-Cent-Münze heraus und gab sie mir. Diese Münze hatte Earl seit Präsident Kennedys Ermordung als Glücksbringer aufgehoben. Sie war ihm soviel wert wie 1000 Dollar, und jetzt war sie es für mich. Mit neuem Mut und neuem Schwung ging ich weiter, meine Lebensgeister sprühten wieder, und ich liebte die ganze Welt. Als mich Earl überholte, hielt er noch mal an und schenkte mir eine Pfefferminzstange und einen Riegel Schokolade. Wir schüttelten uns die Hände und gingen dann unserer Wege. Diese kurzen Minuten, die wir zusammen verbracht hatten, werde ich nie in meinem Leben vergessen.

Die nächsten drei Tage durchwanderte ich den William Bank-

Nach einigen Ruhetagen bei den McGuires ziehe ich weiter

head Nationalpark, und hier nahm ich Abschied von meinen Freunden, den Appalachen-Bergen, die mir stets Schutz und Sicherheit geboten hatten. In der sauberen Stadt Mountain Brook verbrachte ich einige Ruhetage. Sie vermittelte mir ein durchaus positives Bild vom städtischen Amerika. Das Ehepaar Roger und Pat McGuire hatte mich eingeladen, bei ihnen ein paar Tage zu bleiben. Die McGuires waren nur widerstrebend von Chicago nach Alabama übersiedelt, aber nun lautete ihre Meinung über den Süden: „Hier gehen wir nie mehr weg, woanders möchten wir nie mehr leben."

Am Montag morgen machte ich mich auf den Weg nach Montgomery. 110 Meilen lagen vor mir. Ich war bereit, Gouverneur Wallace zu besuchen. Wenn ich den Leuten unterwegs erzählte, was ich vorhatte, dann sagten sie nur: „Oh, George!" Alle schienen mit ihm auf du und du zu stehen, ob sie nun Baumwollpflücker, Tankstellenbesitzer, große Geschäftsleute oder Teenager waren. Man sagt, George Wallace hätte schon jedem Einwohner von Alabama die Hand geschüttelt. Meine sollte die nächste sein.

Eingekreist!

Ich überquerte den Cahaba River, ließ Jefferson County hinter mir und wanderte durch Shelby County. Schon bald verließ ich den Highway 280, und nun wurde es ländlich. Städte oder städtisches Leben gab es hier nicht mehr. Nach dem ersten Tag auf meinem langen Marsch nach Montgomery übernachtete ich in einem Wald nördlich von Columbiana. Nach dem zweiten Tag wäre ich beinahe überhaupt nicht zum Schlafen gekommen oder, richtiger gesagt, um ein Haar wäre ich gar nicht mehr aufgewacht. Das war jene schwarze Nacht, in der ich „Die vier Trunkenbolde von Shelby County" traf.

Wenn ich nicht richtig müde war, wurden die einsamen Nächte im Zelt zu einer Qual. Deshalb wanderte ich meistens bis weit in die Nacht hinein. Meine Fähigkeit, auch in mondlosen Nächten die Richtung nicht zu verlieren, hatte sich stark entwickelt. Mein Zelt konnte ich sogar mit geschlossenen Augen aufstellen. Wenn es soweit war, tastete ich mit den Füßen den Boden ab, bis ich den geeigneten Platz für das Zelt gefunden hatte. Die feuchtwarme Dunkelheit dort unten im Süden wurde fast so etwas wie ein Freund.

In dieser speziellen Nacht war ich besonders gut aufgelegt, denn ich wollte zu Hause in Connecticut anrufen. Unterwegs fand ich eine Telefonzelle neben einem Laden, der schon geschlossen war. In dem Geschäft war alles dunkel, bis auf die schwache Beleuchtung der Kühlautomaten für die Getränke. Seit dem zweiten oder dritten Monat meiner Wanderung hatte ich mich gewöhnlich einmal die Woche bei meiner Familie gemeldet. Sie hatten mir erlaubt, per R-Gespräch anzurufen, damit ich mich öfter meldete und sie sich keine Sorgen zu machen brauchten. So ein Ferngespräch mit meinen Angehörigen war immer ein großer Trost für mich.

Die schwachbeleuchtete Telefonzelle, ziemlich weit außerhalb einer Ortschaft, stand in der dunkelsten Ecke des Parkplatzes vor dem einsamen Geschäft. Schon beim zweiten Klingeln hob mein Vater ab. Es klang, als stünde er unmittelbar neben mir, und doch war er Millionen Meilen weit weg. Zu Hause kamen sie alle ans Telefon und erzählten mir, was so alles passiert war. Die Katze von meiner Schwester hatte offenbar so viele Junge geworfen, daß man damit alle Einwohner von Greenwich mit einem Haustier hätte versorgen können. Mein Vater schien erleichtert zu sein, als er meine Stimme hörte. Als ich das letztemal mit ihm sprach, hatte ich ihm von Coopers Tod berichtet.

Während ich meinem Vater gerade erzählte, wie verblüfft ich

über Alabama gewesen sei, fuhr einer dieser kleinen, offenen Lieferwagen langsam auf den Parkplatz. Ich freute mich so über das Gespräch, daß ich nicht so wachsam war wie sonst. Die Scheinwerfer wurden ausgeschaltet, und der Wagen parkte direkt vor mir. Ich dachte, jemand anders wolle ebenfalls telefonieren und warte nun geduldig, bis ich fertig sei. Auf der Fahrerseite stieg ein Mann aus und ging auf die Telefonzelle zu. Ich achtete nicht sonderlich auf ihn. Ich brauchte dieses Gespräch, und ich vergaß, in was für einer gefährlichen Gegend ich mich eigentlich aufhielt.

Aus der Vertrautheit und der Geborgenheit des Gespräches mit meinem Vater wurde ich schockartig in die Wirklichkeit zurückgerissen. Der kräftige Mann schnappte sich meinen Rucksack, der vor der Telefonzelle lag, und ging damit weg. Das war wie ein Schlag mit der Holzkeule. Ich gab mir Mühe, meine Stimme ruhig klingen zu lassen, sagte meinem Vater, jemand müsse dringend einen Notruf machen und ich würde morgen noch einmal anrufen. Ehe er sich verabschieden konnte, legte ich auf und stürmte aus der Zelle.

Als Cooper noch lebte, hatte ich mir nie Sorgen um meinen Rucksack machen müssen. Wehe, wenn dem einer zu nahe gekommen wäre. Dieser Mann hier hätte ihn nicht berühren können, ohne ein Stück von seiner Hand einzubüßen. Jetzt würde es Ärger geben, auf diesem Parkplatz, das war mir klar. Wie sehr wünschte ich, daß Cooper noch bei mir wäre.

Der Mann schwankte wie ein Betrunkener. Und er war nicht allein. Als der Mann meinen Rucksack auf den Kiesboden warf und sich zu mir umdrehte, hörte ich Gelächter aus dem dunklen Auto. Ich blieb stehen und wartete erst mal ab, was nun passieren würde. Der torkelnde Mann war ziemlich groß und sah aus wie Ende Vierzig. Er trug schmutzige Arbeitskleidung, und der dicke, behaarte Bauch schien die Knöpfe zu sprengen. Als er auf mich zuwatschelte, wich ich nicht zurück.

237

Es war fast so wie in einem alten Wildwest-Duell, nur hatte ich keinen Revolver. Seiner lag vielleicht unter dem Fahrersitz. Der Mann kam so dicht heran, daß sein häßliches Gesicht das meinige fast berührte. Er atmete schwer, aus seinen Mundwinkeln floß Tabaksaft. So viel konnte man in dem bläulichen Licht aus dem Laden sehen. Seinen Atem hätte man leicht als Insektenvertilgungsmittel benützen können. Er mußte den ganzen Tag über gesoffen haben, daß er am frühen Abend schon so betrunken war. Er nuschelte, und seine feuchte Aussprache benäßte mein Gesicht.

„Wo kommst du her, du häßlicher, bärtiger Hippie?"

„Aus Connecticut", antwortete ich, ohne zu bedenken, daß es hier tödlich sein konnte, sich als Yankee zu erkennen zu geben.

„He, Jungs", schrie er, „schaut her, das ist ein verdammter Yankee. Soll ich ihn gleich umlegen oder erst später?"

„Schlag ihm den Schädel jetzt gleich ein!" plärrte einer der Kerle im Auto.

„Was tut so ein ausgeflippter Typ in Shelby County?" gurgelte der Betrunkene und schob sein Gesicht noch dichter an meins.

„Ich wandere durch Amerika."

„Habt ihr das gehört, Jungs? Dieser Lügner will uns weismachen, daß er zu Fuß durch Amerika latscht."

Die Männer im Auto lachten. Es klang böse und gemein.

„Ich werd dir jeden Knochen brechen, du Mißgeburt. Du handelst doch mit Rauschgift, und ich leg dich um, bevor du an unsere Kinder kommst."

Mein Marsch war zu Ende, genau hier. Sie würden mich irgendwo hinschmeißen, tot oder fast tot, und keiner würde mich je finden. Noch nie hatte ich solch gräßliche Angst gehabt. Meine einzige Chance war, sanft und vernünftig mit ihm zu reden, bis er wieder zu Sinnen kam. Aber würde er Vernunft annehmen, bevor er mich getötet hatte?

„Hören Sie zu, Mister", sagte ich so sanft wie möglich, „ich habe vielleicht einen Bart und einen Rucksack, aber ich bin ein ebenso guter *redneck* wie Sie. Ich bin kein Rauschgifthändler. Ich nehme keine Drogen, ich trinke nicht einmal, wenn Sie's wissen wollen!"

„Halt das Maul, halt bloß dein Maul, du Yankee-Abfall." Ein wenig schien er von dem beeindruckt zu sein, was ich gesagt hatte. „Ganz egal, ich mach dich kalt, mein Junge!"

Ich sah eine Chance. „Was macht Sie eigentlich so mutig? Dieser Kampf ist nicht fair. Was passiert, wenn ich Sie umlege? Sie sind ja bloß so mutig, weil Ihre Kumpels da im Wagen sitzen. Wenn Sie verlieren, hab ich die alle am Hals, und das wär's dann für mich."

„Du nennst mich einen Feigling, Hippie?" brüllte er, und sein alkoholgetränkter Atem kräuselte mir die Barthaare. Er spuckte in meine Richtung und brüllte weiter: „Ich bin kein Feigling, komm her!" Er fuchtelte mir mit seinen Fäusten vor der Nase herum.

Ich hätte ihm ja zu gerne sein Gesicht eingetreten, aber was hätte es mir schon eingebracht. Ich wollte nicht riskieren, getötet zu werden, nur damit er seine Frustrationen loswurde.

Ich versuchte noch einmal, vernünftig mit ihm zu reden. „Sir, ich wandere wirklich durch Amerika, und ich arbeite für eine Zeitschrift."

Stille!

„Wissen Sie was?"

„Was?" sabberte er, aber jetzt irgendwie wachsam.

„Genau das, was hier passiert, das erwarten die Leute im Norden doch, wenn ein Yankee in Alabama auftaucht. Das ist doch das Vorurteil über Alabama im ganzen Land. Wenn du mich zusammenschlägst, muß ich darüber schreiben, und damit wird all das Gute, was mir in Alabama begegnet ist, wieder kaputtgemacht."

Er war total betrunken, stand da wie ein Betonklotz, aber

irgendwas sickerte doch durch, drang in sein vernebeltes Hirn ein.

Plötzlich setzte er eine friedlichere Miene auf und gab zu: „Du hast ja recht, Yankee-Boy, ich wollte mich nur mit dir anlegen." Sein Tonfall hatte sich geändert, und es war, als ob ich jetzt mehr Luft zum Atmen hätte.

„Du mußt das verstehen", sagte er, „mein Junge hängt an der Spritze, seit er aus Vietnam zurück ist."

Ich stand stocksteif da, mein Herz klopfte immer noch wie wild.

„Ich wollte dich umlegen, weil ich dachte, du bist auch so'n Pusher."

Er fiel fast auf mich drauf, schlug mir mit seiner schwieligen Hand hart auf die Schulter. „Komm mit rüber zum Wagen. Wir trinken ein Bier zusammen."

Ich wollte meinen Ohren nicht trauen. Halb ging ich, halb zog er mich hinüber zum Auto. Ich hatte noch nie jemanden erlebt, der mich innerhalb einer Minute töten und dann mit mir ein Bier trinken wollte. Obwohl ich Bier nicht mag, lehnte ich nicht ab. Jetzt, als ich mich an das Auto lehnte, schmeckte es mir sogar köstlich. Aber trotzdem wollte ich natürlich so schnell wie möglich mein Bier kippen und dann aus der Reichweite dieser Kerle verschwinden. Drei weitere dieser gefährlichen Zeitgenossen saßen vorne auf der Fahrerbank. Einer knipste das Licht im Wagen an, und ich sah, daß überall leere Bierbüchsen und ein paar leere Bierflaschen herumlagen.

Ich trank mein Bier aus, tat so, als ob es mir gut geschmeckt habe, und lächelte die Kerle an, als sich der betrunkene Mann, der auf mich losgegangen war, nachdenlich an seinem kahlen Kopf kratzte, wie wenn er überlegte, ob er nicht doch noch seine Absicht von vorhin in die Tat umsetzen sollte. Ich hatte große Angst, daß der Teufel in ihm wieder zum Vorschein kommen könnte.

Er stotterte herum: „Weißt du was, Yankee-Boy? Du hast einen Bart und bist vielleicht 'n Hippie . . .", er suchte nach Worten, „aber da ist was mit dir . . ., du hast mir und den Kerlen hier die Zähne gezeigt . . ., du hast Mut . . ., und das ist in Ordnung, klar?"

Er schlug mir seinen fleischigen Arm um die Schultern und versicherte mir noch mal lauthals, was für ein prima Kerl ich sei. Ich hatte genug von diesem lebensgefährlichen Spiel und sagte ihm, ich müsse nun weiter und mir einen Lagerplatz suchen.

„Nein, zur Hölle . . ., du gehst mit uns, wir zwitschern noch einen und stellen die Gegend auf den Kopf." Er wurde noch betrunkener.

Jetzt war ich in der Zwickmühle. Ich wollte sie ja nicht verärgern. Also gab ich vor, ich müßte noch ein wichtiges Telefonat erledigen. Einer der jüngeren Burschen im Wagen redete den anderen gut zu: „Los, Jungs, fahren wir. Laßt doch den Hippie seine Sachen erledigen."

„Gut, was macht's schon", maulte mein direkter Gegner, „haun wir ab, bevor ich wieder meine Beherrschung verliere." Er plumpste hinter sein Lenkrad und gab Gas. Der Kies spritzte überall hoch, als sie mit aufheulendem Motor verschwanden.

Ich war wieder allein – und noch am Leben. Ich hockte mich auf den Boden, und erst jetzt wurde mir so richtig klar, wie knapp ich an einer Katastrophe vorbeigeschlittert war. Die Angst saß mir immer noch im Genick, als ich mich auf die Suche nach einem Lagerplatz machte. Jedesmal, wenn ein Auto vorbeifuhr, machte ich einen Hechtsprung in die Büsche, und das war immerhin alle zehn Minuten. Dann kam ich an eine Kreuzung und wußte nicht, welche Abzweigung ich nehmen sollte. So suchte ich mir einen Lagerplatz zwischen ein paar Bäumen, ein Stück von der Straße weg. Kurz danach tauchten wieder Scheinwerfer auf. Es waren die Betrunkenen von vorhin. Suchten sie nach mir? Vielleicht glaubten sie jetzt, ich hätte sie belogen? Was sie auch immer auf der einsamen Straße suchen mochten, ich wußte es nicht. Jedenfalls wollte ich mein Glück nicht noch einmal versuchen und baute das Zelt nicht auf, weil ihre Scheinwerfer es hätten erfassen können. Ich versteckte mich und wartete.

Ungefähr zehnmal kamen sie noch vorbei, der Wagen schaukelte von einer Straßenseite auf die andere. Einschlafen konnte ich in dieser Nacht nie richtig. Alpträume schreckten mich immer wieder auf. Gegen 3 Uhr begann es zu regnen, und ich konnte nichts tun, als mein Nylonzelt wie eine Decke über mich zu breiten, damit ich wenigstens halbwegs trocken blieb.

Ich hatte immer noch Angst, mein Zelt aufzuschlagen. Auf alle Fälle hatten mir diese „Betrunkenen Vier" meine Nachtruhe geraubt.

Gegen Mittag des nächsten Tages wanderte ich müde und lustlos auf der einsamen Straße dahin, da hörte ich hinter mir das Motorengeräusch eines alten Autos. Der Fahrer bremste ab und hielt neben mir an. In dem verrosteten alten Ford saß der Mann von gestern abend. Er lehnte sich aus dem Fenster, sein Gesicht war eingefallen und blaß.

„Erinnerst du dich an mich?"

Ich nickte.

Offensichtlich verlegen murmelte er: „Ich glaube, du bist wirklich zu Fuß unterwegs durch Amerika."

Ich sagte nichts.

Er sah starr die Straße entlang und sagte gepreßt: „Ich mach jetzt meine Mittagspause, um dich zu suchen. Mir tut's echt leid, daß ich letzte Nacht so 'nen Wirbel gemacht habe. Ich war völlig betrunken und nicht mehr zurechnungsfähig. Ich hab mich noch nie bei jemand entschuldigt, aber jetzt tu ich's. Es tut mir wirklich leid."

„Ja, ich weiß . . ." Ich lächelte. „Ich war auch schon ein paarmal mächtig besoffen."

242

„Hör mal", sagte er, „soll ich dir vielleicht was zu essen holen oder dich irgendwo hinfahren?"

„Danke, das ist sehr nett von dir, aber ich gehe ja wirklich zu Fuß durch Amerika!"

Dieser vierschrötige Mensch reichte mir seine riesige Pranke, und ich ergriff sie. Wir schüttelten uns ordentlich die Hände, und alles war wieder in Ordnung.

„Ich wünschte wirklich, ich könnte was für dich tun", sagte er nach einem Augenblick des Schweigens.

„Paß nur gut auf deinen Sohn da auf", hörte ich mich zu meiner Überraschung sagen. Wir winkten uns zu, und er fuhr langsam weg. Ich sah ihm nach, bis sein Auto hinter einer Kurve verschwand. Dann setzte ich meinen Weg fort. Gouverneur Wallace wartete auf mich.

Gouverneur Wallace

Nach dem glückhaft verlaufenen Zwischenfall mit den „Betrunkenen Vier" verlief der restliche Weg zur Residenz von Gouverneur George Wallace problemlos. Drei Tage wanderte ich durch ordentliche Städtchen wie Clanton, Mountain Creek und Pine Level. Ein Ort hieß Cooper. Schlagartig wurde mir wieder bewußt, wie sich meine Wanderung seit seinem Tod verändert hatte. Seit ich allein war, drängte es mich mehr zu den Menschen in den Städten hin. Manchmal dachte ich sogar an Mädchen. So verblüfft ich über Alabama war, so erstaunt war ich über die Mädchen hier. So schöne Mädchen wie im tiefen Süden habe ich nirgends gesehen.

In Birmingham hatte mir Robert McGuire damals die Adresse von Freunden in Montgomery gegeben, die Waldo hießen. Ich hatte ihm versprechen müssen, sie sofort anzurufen, wenn ich in

Eine der berühmten Südstaatenschönheiten

der Stadt war. Die Waldos luden mich auch gleich ein und beschrieben mir den Weg zu ihrem Haus. Es war ein typisches Haus, wie man es in den Vorstädten findet, in dem sechs Kinder aufgewachsen waren, aber jetzt lebte nur noch die jüngste Tochter zu Hause. Mark, der jugendlich wirkende Vater, hatte kurzgeschnittenes weißes Haar. Er arbeitete noch immer als Pastor an der Episkopal-Kirche, die nur sieben oder acht Straßen vom Haus des Gouverneurs entfernt lag.

Sie nahmen mich auf, als ob ich einer ihrer vier Söhne sei, und bei ihnen verbrachte ich das zweite Thanksgiving auf meinem Fußmarsch.

Einen Tag nach meiner Ankunft bei den Waldos begann ich, meinen Besuch bei Gouverneur George Wallace in Angriff zu nehmen. Mein Vorhaben in die Tat umzusetzen, war schwieriger, als ich gedacht hatte. In der Zwischenzeit hatte ich das Glück, viele Familien kennenzulernen. Wie eng die Menschen hier im tiefen Süden innerhalb ihrer Familie miteinander verbunden waren, erstaunte mich immer wieder.

Ich erinnere mich besonders an die Familie Walker, deren Mitglieder so wunderhübsche typische Südstaatenvornamen hatten. Der Vater hieß Jordan Dorman, die Mutter Gloria Stewart und die schöne Tochter Madrue Lanier.

So eindrucksvoll die Bekanntschaften mit den Menschen in Montgomery, die städtisches mit ländlichem Leben geschickt zu kombinieren verstanden, auch waren, ich wartete immer noch auf *das* Ereignis: auf das Treffen mit George Wallace, die Verkörperung all der negativen Seiten der Südstaaten.

Ich wollte unbedingt herausfinden, wie dieser Mann wirklich war. Da das bei den meisten Politikern ungeheuer schwierig ist, fragte ich den Leuten in Montgomery, die sehr verständnisvoll waren, geradezu Löcher in den Bauch. Ich fand heraus, daß nicht alle Fans von George Wallace waren. Das überraschte mich, hatte ich doch angenommen, daß alle Menschen in diesem Bundesstaat ihren Gouverneur verehrten. Aber diese Erkenntnis verstärkte nur noch den Wunsch in mir, George Wallace genauer kennenzulernen. Ich hatte mir eine Art Strategie zurechtgelegt. Ich wollte ihm offen ins Gesicht sagen, welche zwiespältigen Gefühle ich ihm gegenüber hegte, und wie wir im Norden über ihn dachten. Darauf würde er vielleicht so reagieren, daß ich erfuhr, wie er wirklich dachte, und nicht irgendwelche belanglosen politischen Allgemeinplätze von sich geben. Ich hatte auch die Absicht, so wie ich war, in sein Büro zu gehen, mit meinem Rucksack und mit meinem wohlriechenden, gelben Hemd. Übrigens hatte ich ja gar keine andere Wahl.

Eine Sache klang immer durch, wenn ich mich mit den Leuten über „George" unterhielt. Fast alle waren der Meinung, daß George Wallace die Menschen gern hatte, und das sagten sogar jene, die ihn haßten. Die Leute sagten auch, George Wallace habe sich damals, als er noch nicht durch jenes Attentat zum

245

Krüppel geschossen worden und noch nicht an den Rollstuhl gefesselt war, oft aus seinem Büro heimlich davongeschlichen. Dann hätten ihn seine Leibwächter Stunden später in einer Tankstelle oder in einem Café entdeckt, wo er sich mit ganz normalen Leuten unterhalten habe. Auch dort war er immer „George" gewesen, einfach George, und der Gouverneur habe auf diese Weise herausgefunden, was die Menschen in seinem Staat für Sorgen hätten und was sie bewegte. Nach dem, was ich über ihn hörte, war er keiner von denen, die sich vom „einfachen Volk" abkapselten. Er klebte nicht in seinem weißen Capitol fest, um sich dort nur von den Männern in den teuren Anzügen, mit den dicken Brieftaschen und dem großen Geld auf der Bank hofieren zu lassen.

Und dann traf ich ihn tatsächlich. Er saß an seinem berühmten Tisch, an dem er sich schon mit der halben Einwohnerschaft von Alabama hatte fotografieren lassen. Das Vorzimmer war gesteckt voll mit einflußreichen Geschäftsleuten aus dem Norden. Zusammen mit diesen feinen Herren in ihren gestreiften Anzügen, mit ihren frisch rasierten Gesichtern und ihren glänzenden Schuhen, saß ich da und hatte auch eine Verabredung mit dem Gouverneur, genau wie sie.

Der Gouverneur war durch eine grausame Kugel zum Krüppel geworden, aber das hielt ihn nicht davon ab, für diesen Staat genauso hart zu arbeiten wie damals, als er Meisterboxer dieses Staates war. Jetzt boxte er noch härter. Und wie die meisten Boxer, zeigte auch George Wallace nicht, daß er von einem harten Schlag getroffen worden war.

Heute war der 9. Dezember, draußen herrschte eine Temperatur von 20°. Das erste, was ich am Capitol, dem Regierungssitz, bemerkte, war die konföderierte Flagge, die Fahne der Südstaaten, die nur ein paar Zentimeter unter dem Sternenbanner, der Flagge der USA, flatterte. Wäre es legal gewesen, wäre bestimmt die Südstaaten-Fahne ganz oben gewesen. Als ich zusammen mit den vier vornehmen Geschäftsleuten aus dem Norden im Vorzimmer wartete, trampelten ein paar gemütliche Viehzüchter mit offenem Hemd herein. Sie trugen keine Sporen, aber einen Cowboyhut in der Hand.

„He, Süße", sagte einer zur Sekretärin, „ist George da? Wir hätten den alten Knaben gern gesprochen."

„Einen Augenblick, bitte", sagte sie, „ich schau mal im Terminkalender nach. Nehmen Sie doch Platz."

Das hübsche Mädchen verschwand durch eine Flügeltür aus dicker Eiche. Eine Minute später öffnete sich die Tür, und da saß der Gouverneur in seinem Rollstuhl und schaute zu uns heraus. Er deutete auf mich und sagte, dieser junge Mann da, der zu Fuß durch Amerika wandert, soll hereinkommen. Ich war richtig erschrocken. Ein riesiger Leibwächter führte mich zum Gouverneur und behielt mich dabei stets im Auge.

Dann waren wir allein im Büro des Gouverneurs, nur er und ich. Während ich noch kein Wort herausbrachte, sprach er mich ohne Umschweife an.

„Willkommen, Peta, in unserem großen Staat. Ich habe von Ihnen gehört, seit Sie nach Florence und Sheffield gekommen sind. In diesem Staat passiert kaum etwas, von dem ich nicht erfahre."

„Ja, Sir. Das habe ich schon gehört, Gouverneur Wallace. Ich habe über Sie auch schon sehr viel gehört."

„Das glaub ich Ihnen gerne, das ist doch nichts Neues, oder?" sagte er lächelnd. „Wissen Sie, warum ich Sie vor all diesen Geschäftsleuten vorgelassen habe, die unserem Staat Millionengeschäfte bringen wollen?"

„Nein, Sir, das weiß ich nicht. Warum haben Sie das gemacht?"

Der Gouverneur dachte eine Sekunde lang angestrengt nach, und dann sagte er mit echter Anteilnahme: „Ich weiß, warum Sie durch Amerika wandern. Sie wollen alles genau wissen. Sie tun das, was ich früher gemacht habe. Sie wollen die Menschen kennenlernen, die wirklich zählen. Die hart arbeitenden Leute, von denen man sonst kaum etwas erfährt. Stimmt das?"

„Ja, das stimmt. Woher wissen Sie das?" fragte ich, überrascht davon, daß er soviel von mir wußte.

„Ich sagte Ihnen ja, Peta, in diesem Staat entgeht mir nicht viel.

Empfang bei Gouverneur Wallace

Dieser Artikel in der *Birmingham News!* Ich habe ihn ein paarmal gelesen. Er war wirklich gut. Und ich sage Ihnen noch was. Ich finde es großartig, daß Sie Alabama eine Chance geben, daß Sie sich eine eigene Meinung bilden wollen. Prima, das schätze ich sehr."

Obwohl ich so überrascht war, wie gut der Gouverneur über mich informiert war, wollte ich auf alle Fälle noch meine Vorurteile loswerden. Während einer seiner bulligen Männer einen kurzen Blick durch die Tür warf, um sich zu überzeugen, daß alles in Ordnung sei, plapperte ich nervös drauflos. „Gouverneur Wallace, ich habe immer gedacht, dieser Staat und überhaupt der ganze Süden sind die übelste Gegend auf der ganzen Erde. Ich habe immer nur gehört, daß hier die Schwarzen nur so zum Spaß geschlagen und gequält werden, daß ihr in elenden Bruchbuden lebt, den ganzen Tag in trüben Teichen fischt und kein Mensch eine Ausbildung hat. Und daß die meisten Leute in Alabama von der Wohlfahrt leben."

George Wallace schwieg. Dann lachte er kurz auf. „Peta, das wird Sie vielleicht schockieren, aber ich werde Alabama oder den Süden nicht verteidigen, um Sie eines Besseren zu belehren. Aber ich will, daß Sie ein Wagnis unternehmen, mehr kann ich nicht für Sie tun."

„Was ist es?"

„Bleiben Sie hier, leben Sie mit den Leuten in diesem Staat zusammen, mit Schwarzen und Weißen. Nehmen Sie sich Zeit, halten Sie Augen und Ohren offen, lernen Sie die Menschen richtig kennen. Nicht so wie diese Fernsehleute, die sich mal kurz einfliegen lassen. Wenn Sie das tun, dann garantiere ich Ihnen was, Sie werden erkennen, daß dieser Süden zu den schönsten und großartigsten Fleckchen auf dieser Erde gehört. Außerdem sind Sie ja mit Ihrem sonnengebräunten Gesicht viel eher ein redneck als ich!"

Als der Gouverneur seine Rede beendet hatte, steckte ein

Verwaltungsbeamter seinen Kopf durch die Tür. „Entschuldigung, Sir, aber da draußen warten noch ein paar sehr wichtige Leute. Sind Sie mit Mr. Jenkins bald fertig?"

„Nein, ich bin noch nicht fertig", bellte der Gouverneur, „die Jungs können schon noch ein bißchen warten. Dieser Junge ist schließlich den ganzen Weg von New York hierher gewandert, um mich zu besuchen!"

Nach einer kurzen Pause wandte sich George Wallace wieder mir zu: „Mein Sohn, ich sage Ihnen, ich stehe hundertprozentig zu diesem Staat, aber wenn ich rede, hören viele Leute gar nicht zu. Wenn Sie bereit sind, in den Dörfern und in den Städten, die Sie durchwandern, einen Halt einzulegen und an den Schulen kurze Vorträge zu halten, dann könnte ich dafür sorgen, daß Ihnen alle Kosten für Ihre weitere Reise erstattet werden. Ich kenne viele Leute, die das tun würden."

Ich war schockiert, daß er so dachte. Dieses Angebot konnte ich natürlich nie und nimmer annehmen.

„Vielen Dank, Sir, ich bin stolz, daß Sie verstehen, was ich tue, aber ich kann doch dafür kein Geld annehmen. Es ist sehr wichtig für mich, mir mein Geld für diese Reise selbst zu verdienen."

Als er den Telefonhörer abnahm, schien er an tausend Dinge zugleich zu denken. „Bitte kommen Sie herüber", sagte er in den Hörer. Er drehte sich zu mir um. „Sicher, ich verstehe Ihre Einstellung, Peta, ich wollte Ihnen ja nur helfen."

Ein großer, athletischer Mann kam herein, und der Gouverneur stellte ihn als Direktor des Sicherheitsdienstes vor.

„Peta, es ist ein langer Weg von hier zum Golf von Mexiko und nach Mobile. Ziemlich einsam, kaum Menschen. Dieser Herr hier", er deutete auf seinen Geheimdienstchef, „er wird seinen Leuten draußen im Land sagen, daß sie ein Auge auf Sie haben sollen. In dieser Zeit soll Ihnen nichts zustoßen."

„Das ist wirklich prima, Gouverneur Wallace", stotterte ich, ganz überwältigt von seinem Angebot.

Dieser Mann war wirklich ganz anders, als ich ihn mir vorgestellt hatte. Ich reichte ihm die Hand, und er schüttelte sie fest. Ich verließ sein Büro und war jetzt stolzer, ein Amerikaner zu sein, als vor dem Treffen mit diesem Mann, der für immer an seinen Rollstuhl gefesselt war.

Gouverneur Wallace begleitete mich noch ein Stück in seinem Rollstuhl und sagte zum Abschied: „Gott segne dich, mein Sohn!"

Kurze Zeit später verabschiedete ich mich auch von den Waldos und von den Walkers und verließ Montgomery. Ich wollte durch die berühmte Stadt Selma gehen, und so wählte ich den Weg, den der berühmte schwarze Bürgerrechtler Martin Luther King, der bei einem Attentat ums Leben kam, und seine vielen tausend schwarzen Anhänger damals bei ihrem legendä-

Auf der Edmund-Pettus-Brücke, die den Alabama River überspannt.

ren Marsch 1965 nach Washington gegangen waren. Jetzt, zehn Jahre später, sahen die Baumwollfelder und das Vieh auf den Weiden sicher noch genauso wie damals aus. Aber in Selma hatte sich seitdem viel verändert.

Ich ging über die weltberühmte Edmund-Pettus-Brücke, die den Alabama River überspannt, und kam am Nachmittag des zweiten Tages in Selma an, wo ich gleich das Restaurant aufsuchte, das die besten Hamburger servierte. Im Lokal saßen genauso viele Schwarze wie Weiße. Ein kaffeebrauner Mann setzte sich neben mich. Er sprach wie jemand, der in Harvard oder Oxford studiert hatte. In Wirklichkeit aber war dieser Calvin Osborne in Selma geboren, aufgewachsen und zur Schule gegangen. Er besaß ein kleines Unternehmen für die Verarbeitung von Rohbaumwolle, schickte seine Kinder auf eine Privatschule und liebte Amerika. Wir verspeisten unsere Hamburger und sprachen über Politik. Er zeigte mir ein Bild an der Wand, auf dem der Stadtrat von Selma abgebildet war. Es waren elf Männer, fünf Schwarze und sechs Weiße! Selma wurde von fünf schwarzen und sechs weißen Männern verwaltet! Nachdem ich Calvin und die Stadt Selma kennengelernt hatte, kam ich aus dem Staunen über Alabama nicht mehr heraus.

Miss Margaret und M.C.

Ich war mittendrin in Dallas County, ohne zu merken, daß ich mich ganz in der Nähe eines Ortes befand. Ob es eine kleine Stadt oder nur ein Dorf war, konnte ich nicht erkennen. In diesem stürmischen, beißenden Wind sah ich lediglich eine gelb blinkende Verkehrsampel, die an einem Kabel hing und hin und her schwankte. Auf den Straßen waren mehr Traktoren als Autos. Am schnellsten bewegten sich die Fontänen aus Staub und roter Erde, die der Sturmwind aufwirbelte. Es gab ein paar öde Läden, die ihre Besitzer offenbar aufgegeben hatten. Ihre Schaufenster waren mit Plakaten vollgepflastert, auf denen Vieh-Auktionen angekündigt wurden. Und da war ein silberglänzender Wassertank, übersät mit Rostflecken. Es sah wie eine Geisterstadt aus.

Links von mir befand sich ein heruntergekommener Laden mit altmodischen Benzinpumpen und einer ölverschmierten Auffahrt. Der Laden war geöffnet, denn ich konnte das Summen der Kühlanlagen hören. Ich stieß die kreischenden Schwingtüren auf.

Drinnen fragte ich die ängstliche Frau hinter dem Ladentisch, wo ich sei.

„Das hier ist Orrville, Alabama. Wo wollen Sie denn hin?"

Ich beantwortete diese Frage zum x-ten Male und erfuhr, daß dies Sealy's Laden war, wo man Benzin, Arbeitskleidung für Farmer, Eisenwaren und Lebensmittel kaufen konnte, der einzige Laden in Orrville. Draußen war der Dezemberwind noch stärker geworden und rüttelte mächtig an dem wackligen Dach. Nachdem ich etwas gegessen hatte, ging ich ins Postamt, gleich nebenan, um ein paar Postkarten zu schreiben. Während ich mich über den Schalter lehnte, hörte ich hinter mir das scharfe Klicken von Absätzen auf dem Fußboden. Es waren Geräusche, wie sie nur Cowboystiefel machen. Dann hörten sie auf.

„Was machst du, boy?"

Ich schrieb weiter, weil ich dachte, die Stimme spräche zu jemand anders.

„He, boy, wohin gehst du?"

Ich drehte mich um und sah einen Mann, der die ganze Tür ausfüllte. Er trug einen Cowboyhut, der fast so alt war wie er selbst. Ich schätzte den Mann auf Anfang Sechzig. Er stand da, stark wie ein Bulle, die Beine in den Cowboystiefeln gespreizt, die Hände in die Hüften gestützt, als ob er gleich seinen Colt

253

ziehen wollte. Er hatte tatsächlich einen Revolvergurt umge-
schnallt, und im Halfter auf der rechten Hüfte steckte eine
Waffe. War meine Reise durch Alabama schon zu Ende? Wenn
nur einer von den versprochenen Polizisten auftauchen würde,
die laut Gouverneur Wallace auf mich aufpassen sollten!

„Reden Sie mit mir?" fragte ich.

„Aber sicher, wo willst du hin?"

„Ich wandere durch die USA." Seine Stiefel waren mit Kuhmist
beschmutzt. Ich fragte mich, ob er wirklich ein Cowboy war.

„Ich hab grad bei Sealy's von dir gehört, als ich meine Zeitung
holte. Mein Name ist M. C. Jenkins." Er streckte seine Hand
aus. „Ich hab gehört, du bist auch ein Jenkins."

Er nahm mich genau unter die Lupe, meine langen Haare,
meinen Bart. „Bist du sicher, daß du ein Jenkins bist?" fragte er
voller Zweifel.

„Ja, Sir, ich heiße Peter Jenkins, ich bin einer von den Jenkins
aus dem Norden, ein Yankee", antwortete ich ein wenig gereizt.

„Du wirst erfrieren, wenn du heut nacht da draußen rum-
rennst. Es wird Frost geben." Er legte eine Pause ein und
betrachtete noch einmal mißbilligend meinen Bart. „Bist du auch
bestimmt keiner von diesen Hippies?" Er zögerte und fuhr dann
fort: „Wenn du wirklich ein Jenkins bist, okay, ich werd doch
keinen von meiner Sippe in den Wäldern schlafen lassen,
bestimmt nicht! Du kommst mit zu mir nach Hause."

Ich war sprachlos. M. C. Jenkins besah sich eingehend meinen Rucksack und meine zu Mißverständnissen führende Haar-
und Barttracht. Das geht alles zu schnell, dachte ich, soll ich eine
Einladung annehmen oder nicht? Dieser Mann mit dem Revolver sah ja ziemlich bärbeißig aus, aber er schien sich tatsächlich
um mein Wohlergehen zu sorgen. Ich warf ihm einen letzten
prüfenden Blick zu, diesem M. C. Jenkins in seinen Jeans,
seinem Flanellhemd und seiner Jeans-Weste, in denen er
bestimmt schon herumgelaufen war, noch ehe die Blue-jeans-

Welle über die USA geschwappt war. Sein weißbraunes Haar
war kurz geschnitten und zum größten Teil von dem riesigen
Hut bedeckt.

„Danke, Mr. Jenkins. Ich denke, ich werde Ihr freundliches
Angebot annehmen."

„Nenn mich M. C., hörst du."

„Gut, M. C."

„Pack deinen Sack draußen in mein Auto. Meine Frau wird uns
gleich was Gutes auf den Tisch stellen."

Er kletterte in seinen staubigen Plymouth, zog den Revolver
heraus und legte ihn zwischen uns auf den Sitz. M. C. und seine
Frau Margaret, die er Miss Margaret nannte, lebten seit 30 Jahren
auf ihrer etwa 120 Hektar großen Ranch, die er immer noch
bewirtschaftete. Eineinhalb Meilen fuhren wir aus der Stadt
hinaus und bogen dann auf einen staubigen Feldweg ab.

Nach einer weiteren Meile wechselten wir auf einen anderen
Weg, der von Büschen und Bäumen gesäumt war und wenig
befahren schien. An einer Abzweigung stand ein selbstgemach-
tes Schild mit der Aufschrift *Sackgasse*. Dann fuhren wir auf ein
wunderbar erhaltenes altes Haus zu, das noch aus den Zeiten vor
dem Bürgerkrieg stammte und von mächtigen Bäumen umgeben
war, die noch Sklaven gepflanzt hatten. Es war nur einstöckig,
aber die Zimmerdecken waren so hoch, daß auch ein Riese mit
einem Stetson-Hut genügend Platz gehabt hätte. Die massive,
handgeschnitzte Eingangstür, das weißgetünchte, selbsterbaute
Haus im Kolonialstil, die originalen Möbel aus der Zeit vor dem
Bürgerkrieg, die Fußböden aus Hartholz und die riesige Wohn-
halle – dies alles wirkte so, als betrete man die Kulissen für den
Film „Vom Winde verweht".

M. C.s Cowboystiefel klickten auf dem Boden, als wir gera-
dewegs in die große Küche marschierten. Miss Margaret beugte
sich über das Spülbecken. Ich war alles andere als die erwartete
Abendzeitung.

„Miss Margaret, darf ich dich mit Peter Jenkins bekannt machen. Ob du's glaubst oder nicht, er wandert zu Fuß durch unser Land, und ich sagte ihm, kein Jenkins geht durch Orrville und schläft draußen in den kalten Wäldern!"

„Hallo, Peta, nett dich kennenzulernen." Miss Margaret lächelte. Ihre Stimme hatte einen beruhigenden, singenden Tonfall. Die gutaussehende, grauhaarige alte Dame war so vornehm, wie ihr Mann M. C. offen und erdverbunden war. Sie streckte mir ihre zarte Hand hin, und ich schüttelte sie sanft. Miss Margaret war sehr zurückhaltend und ruhig, aber damit sagte sie mehr als andere mit vielen Worten.

„Stell noch einen Teller hin, Peta wird über Nacht hierbleiben."

M. C. und ich warteten in dem prächtigen Wohnzimmer auf das Abendessen. Wir saßen schweigend da, während mich M. C. noch einmal von oben bis unten prüfend ansah. Ich beobachtete ihn. Er war ein Mann, der sich überall zurechtfand, ob er nun ein Wildpferd einritt oder sich mit dem Präsidenten unterhielt. Aus der Küche wehten die Düfte von Maisbrot und Landschinken herüber. Dieser Mann kann dir sicher viel erzählen, dachte ich. Während des vierstündigen Essens, das aus köstlichen Südstaatenspezialitäten bestand, erfuhr ich eine Menge über diese Namensvettern.

Sie erzählten mir, wie sie aufgewachsen waren und was für harte Zeiten sie hatten durchmachen müssen. M. C. und ich waren grundverschieden, auch wenn wir beide Jenkins hießen.

M. C. war im kalten Winter 1912 in einem Blockhaus auf die Welt gekommen. Sein Geburtsort lag abgeschieden im Hochland von Tennessee, im Bezirk Macon. Arbeit gab es von früh bis spät, und in die Stadt kamen sie höchstens ein- oder zweimal im Jahr. In einem Bach war M. C. zum Christenmenschen getauft worden, und seine Jugendzeit hatte er mit sturen Maultieren verbracht. Immer mußte man schuften, Land bestellen oder

256

neues Land erschließen. Schon die kleinen Kinder mußten nach der Schule harte Arbeiten verrichten, Kühe melken, die Schweine füttern oder Holz hacken. Aufhören, ehe die Arbeit beendet war, das gab es nicht, sonst „sprach der Stock". Die Kinder in Macon County hatten kaum Zeit, am Sonntag zu spielen. Einen Sonntag pro Monat fand ein ganztägiger Gottesdienst statt, da der Prediger es nur einmal im Monat schaffte, diese abgelegene Siedlung zu erreichen.

M. C.s Augen fingen schon an zuzufallen, ohne daß er es wollte. Seine Geschichten hatten mich so gepackt, daß ich die ganze Nacht aufgeblieben wäre. Ich mußte ja am nächsten Tag weiter, deshalb wollte ich soviel wie nur irgend möglich mitkriegen. Als der schläfrige M. C. im Sessel nach hinten kippte und fast herausfiel, wußte ich, daß es nun genug war. Ich hätte immer noch zuhören können.

„Es ist gleich Mitternacht. Miss Margaret und ich sind es gewöhnt, um neun Uhr ins Bett zu gehen. Schätze, es ist höchste Zeit, in die Federn zu kriechen."

„Verzeihen Sie, M. C., aber es war so spannend, was Sie erzählt haben, und die Zeit rauschte nur so vorbei."

„Klar. Ist schon in Ordnung, mir hat's ja auch Spaß gemacht. Tatsächlich, da sind mir doch Sachen aus meinem Leben eingefallen, die ich schon seit Jahren vergessen hatte. Hör mal, Peta. Du sagst, du willst unterwegs arbeiten und Geld verdienen?"

„Ja."

„Prima, ich wollte schon immer, daß ein weißer Jenkins für mich arbeitet. Hier gibt's eine Menge zu tun für dich. Also könntest du auch eine Weile hierbleiben. Vielleicht wird dann noch ein richtiger Südstaatler aus dir, Yankee."

„Nein, bitte, M. C.", schimpfte Miss Margaret, „rede doch nicht so." Sie runzelte die Stirn. „Wir kennen den Jungen doch kaum."

„Was redest du denn da? Er ist ein Jenkins, oder vielleicht

nicht? Er schafft es schon." M. C. lachte.

„Peta, du schläfst im Zimmer von unserem Sohn. Er ist schon verheiratet, und wir haben bereits einen Enkel. Bleibst du?"

Natürlich wollte ich bleiben. M. C. führte mich in ein Schlafzimmer mit einer hohen Decke, einem Kamin und einem so prächtigen Bett, daß ich dachte, vielleicht hat hier schon Robert E. Lee, der berühmte Südstaaten-General im Bürgerkrieg, übernachtet. Vielleicht sollte ich doch besser in der Scheune schlafen. Sie bemerkten mein Zögern und bestanden darauf, daß ich das Zimmer ihres Sohnes nahm. Ich kam mir vor, als verbrächte ich die Nacht bei Verwandten, die ich jetzt erst kennengelernt hatte.

M. C. und Miss Margaret standen um 5 Uhr auf, und um 8 Uhr beugte sich M. C. über meinen schlaftrunkenen Körper. Er war rasiert, hatte gefrühstückt und schon seit Stunden gearbeitet.

„Was machst du noch im Bett, mein Junge?"

Wenn ich nicht gewußt hätte, daß er mich mochte, hätte ich gedacht, er sei böse auf mich.

„Los, steh auf! Ich hab einen Job, den jeder Yankee mal machen sollte. Mein Pferdestall ist schon seit Jahren nicht mehr ausgemistet worden. Wie wär's damit?"

Das leuchtende Gesicht von M. C. bewies, daß ihm diese Sache einen Heidenspaß machte.

„Klingt ja großartig", sagte ich und stieg in meine Hosen. „Geben Sie mir nur eine Schaufel."

„Ich will dir zeigen, daß ein Farmer und Viehzüchter dreimal so hart arbeiten muß wie ein Stadtfrack, um sein Geld zu verdienen."

So schaufelte ich also, half Kälber auf die Welt zu bringen, besserte Zäune aus, tünchte Scheunen und tat noch so allerlei auf der Jenkins-Ranch. Diese zwei Wochen vergingen schneller als ein Tornado, vor allem auch dank der faszinierenden Geschich-

258

ten von M. C. Jeden Abend verblüffte er mich mit einem anderen Abenteuer. Er erzählte mir von berühmten Leuten, die er gekannt hatte, oder wieviel Geld er in schlechten Jahren auf der Ranch verloren hatte. Wir saßen da und redeten, während Miss Margaret stickte oder strickte. Ich erfuhr, daß auch die Weißen im Süden unter Vorurteilen gelitten hatten, wie die Schwarzen. Auf meiner Reise durch Amerika hatte ich das Leben der Schwarzen geteilt, hatte eine Kommune kennengelernt, gesehen, wie die Menschen in den Bergen leben und in den Vorstädten. Nun zeigte mir der 63jährige M. C., wie es wirklich um die oft falsch dargestellten amerikanischen Farmer und Rancher bestellt war.

Nach drei Tagen auf der Jenkins-Ranch wollte ich jedesmal am nächsten Morgen bestimmt abreisen. Aber ich konnte nicht. Immer wieder wußte M. C. eine neue Arbeit für mich oder eine

M. C. Jenkins und Enkel auf der Ranch in Alabama

neue Geschichte. Eines Tages fuhr M. C. z. B. in die Stadt und sah, wie sich ein Mann neben der Landstraße niederhockte, um ein dringendes Bedürfnis zu befriedigen. „Gnädiger Gott", sagte M. C. zu sich selbst, „hier fahren doch auch unsere Frauen vorbei und könnten ihn sehen." M. C. legte seine Schrotflinte an und jagte dem Mann eine Ladung ins Hinterteil. M. C. kicherte, als er sich erinnerte: „Dieser Mann hat diesen Straßenrand nie mehr als Toilette benutzt."

Miss Margaret und M. C. hatten zwei Söhne, von denen der ältere selbst schon wieder einen Sohn hatte, der Packy hieß. Während meiner Zeit auf der Farm war Packy oft da. Es war, als ob in dem fünfjährigen kleinen Cowboy M. C. wiedergeboren war. Wenn sie nebeneinander gingen, klickten ihre Cowboystiefel im gleichen Takt, und beide hatten den gleichen schaukelnden Gang. Nur mußte der kleine Packy immer zwei Schritte machen, wo beim Großvater einer genügte.

Immer im Windschatten des Großvaters

Packy war angezogen wie sein Großvater und verfolgte ihn auf Schritt und Tritt, wie ein junges Fohlen seine Mutter.

M. C. schwor auf das, was er war und wie er lebte. Da gab es nichts zu rütteln. Er wollte, daß Packy genauso wurde. „Warum soll er wie angewurzelt vor diesem verdammten Fernsehkasten sitzen, wenn es doch hier auf der Farm so viel zu lernen gibt."

Zwei Wochen war ich nun schon auf der Jenkins-Ranch, und es wurde Zeit, weiterzuwandern. Es hätte mich schon gereizt, noch länger zu bleiben, aber ich war schon sehr nahe am Golf von Mexiko, und ich spürte, wie mich der Ozean rief.

Um 6 Uhr bereitete mir Miss Margaret mein letztes Frühstück auf der Jenkins-Ranch, das für einen Sohn, der in den Krieg ziehen mußte, angemessen gewesen wäre.

Nach dem fünften Brötchen und dem vierten dicken Stück saftigen Schinken sagte ich scherzend: „Miss Margaret, wenn mich alle Frauen in den Südstaaten so mästen wie Sie, dann werde ich bald durch Amerika rollen wie eine Kugel."

„Was du brauchst, ist eine gute Südstaatenfrau", spann M. C. den Faden fort.

Die beiden standen an der Tür ihres prachtvollen Hauses und winkten mir nach. Es war wie eine Szene im Bürgerkrieg, als ob ich in den Krieg gegen die Yankees zöge. Miss Margaret hatte sogar ein Tränchen in den Augen. Ich wußte, daß ich sie wiedersehen würde, genauso wie Homer und meine schwarze Familie.

Baumdoktor in Mobile

Die 148 Meilen bis Mobile hoffte ich in ungefähr sieben Tagen schaffen zu können. In Safford lockte mich der Duft von Hühnchen und Torte in ein Speiselokal. Die Kellnerin kam freundlich lächelnd an meinen Tisch.

„Sind Sie der, der durch unser Land wandert?"

„Ja, das bin ich." Ich war sehr überrascht, daß sie wußte, wer ich war.

„Bestellen Sie, was Sie wollen, ist schon alles bezahlt."

„Sie wollen mich wohl auf den Arm nehmen", sagte ich. Wer sollte schon mein Essen bezahlt haben?

„Ich darf es Ihnen nicht sagen. Sie haben es mir verboten."

Sofort war ich noch hungriger und bestellte mir zwei Riesen-Cheeseburger, Kartoffeln, eine Cola, ein Milchmixgetränk, dann Kaffee, ein Stück Kuchen und noch eine Cola, bis ich endlich durch war. Das Essen war herrlich, aber die Tat des unbekannten Spenders noch wunderbarer. Vielleicht war einer meiner neuen Bekannten aus Orrville so generös gewesen? Ich tippe auf die Jenkins.

Wohl zu Recht, denn seit ich von den Jenkins aufgebrochen war, zeigten sich Farmer, Rancher und alle anderen Leute sehr besorgt um mich und fragten immer wieder, ob sie etwas für mich tun könnten. M. C. und Miss Margaret kannten zwar jeden hier in der Gegend, aber war es möglich, daß sie dies alles veranlaßt hatten?

Am zweiten Tag hielt mich am Nachmittag ein Fischzüchter namens Harry Miller auf und lud mich zu sich nach Hause ein. Er züchtete auch Bienen, und als ich am nächsten Morgen zeitig aufbrach, wollte er mir eine riesige Büchse Honig mitgeben. Ich mußte leider ablehnen, weil ich keinen Platz dafür in meinem Rucksack hatte, obwohl ich ein ausgesprochener Freund von Honig bin.

Am dritten Tag kamen mir die Sealys nachgefahren, die Leute von dem Laden, wo M. C. zuerst von mir gehört hatte. Es war ein Sonntag, und sie suchten so lange, bis sie mich entdeckt hatten. Auch sie waren besorgt, ob ich auch genügend zu essen hätte oder ob mir sonst irgendwas fehle. Ich brauchte nichts, aber ihre Fürsorge war für mich genauso wichtig wie Essen und Trinken.

Ich kam nun dem Golf von Mexiko immer näher. Die Gegend wurde immer lieblicher, die Namen der Ortschaften wie Pine Hill, Grove Hill, Jackson und Sunflower hatten einen angenehmen Klang. Mobile war nicht mehr weit, und ich nahm mir fest vor, dort eine Weile zu bleiben und mir einen Job zu suchen.

85 Meilen vor Mobile nahm meine Nase schon einen vertrauten Geruch auf, einen Duft, der mir von meiner Jugendzeit in Long Island her wohlbekannt war. Der warme Wind kam direkt aus dem Süden und brachte den Geruch des Ozeans mit. Zum erstenmal, seit ich New York verlassen hatte, würde ich wieder das Meer sehen. Ich war richtig aufgeregt, als ich durch McIntosh, Calvert, Chastang und Creola wanderte.

Am siebenten Tag marschierte ich die Telegraph Road hinunter, hinein ins Zentrum von Mobile. Hier kannte ich niemanden, und ich hatte auch keinerlei vorgefaßte Meinungen über diese Stadt. Aber wenn es mir hier gefiel, dann wollte ich bleiben und mir einen Job suchen. Die Telegraph Road verlief kerzengerade, wie die Pole Cat Bay, die in die Mobile Bay mündete und dann in den Golf floß. Als ich erst einmal an den Schnellimbissen, den Tankstellen mit Selbstbedienung und den Hamburger-Buden vorbei war, zeigte sich Mobile von seiner prächtigsten Seite. Die Stadt schien fast nur aus Parks zu bestehen. Überall blühten wundervolle Azaleen-Büsche, rot, weiß, rosa und orange. Es war ein wahres Farbenmeer.

Aber noch stärker beeindruckten mich die uralten Eichen. Normalerweise beherrschen ja die vielstöckigen Gebäude eine Stadt, aber hier in Mobile waren es diese gewaltigen Eichen, die sich bis in den Himmel zu erstrecken schienen. Über 200 Jahre standen sie schon da, mit ihren grauen Moosbärten. Ihre Kronen breiteten sich weit aus und beschützten Menschen und Häuser. Hier waren nicht die Menschen die einzigen Lebewesen, die zählten. Hier wurden diese Eichen wie Könige verehrt und respektiert.

Unter diesen königlichen Bäumen kam ich mir richtig geborgen vor, obwohl ich niemanden hier kannte. Stundenlang wanderte ich in dieser einzigartigen Landschaft umher. Die Häuser mußte ich oft direkt suchen, so versteckt lagen sie zwischen den Bäumen. Beim Bau der Häuser, Geschäfte und Lokale hatte man äußerste Rücksicht auf das Lebensrecht der Bäume genommen, die Architekten hatten sich nach ihnen gerichtet! Sogar die Verkehrsampeln hingen unter oder zwischen den Zweigen dieser königlichen Bäume. Ich wünschte mir sehr, hier einen Job zu bekommen und diese Stadt näher kennenzulernen, eine Stadt, in der die Bäume sogar den modernen Städteplanern und ihren rauhen Methoden Paroli bieten konnten. Ganz nebenbei, ich hatte auch kein Geld mehr.

In der Spring Hill Avenue saß ein dunkelhaariger Bursche, etwa in meinem Alter, auf einer Parkbank und spielte Gitarre. Da ich nichts Besseres zu tun hatte, setzte ich mich zu ihm und hörte ihm zu. Er nahm gar keine Notiz von mir, sondern spielte unbeirrt weiter. Die Töne schwebten in die ruhigen Bäume hinauf, der Meerwind bewegte das Moos im Rhythmus des Blues. Ich saß da und fühlte mich wie im siebten Himmel.

„He, Mann, wie heißt du?" fragte der Gitarrespieler.

„Peter Jenkins, und du?"

Er improvisierte ein bißchen auf seinem Instrument und sagte: „Randy Brown. Was willst du denn mit deinem ganzen Zeug da und mit dem Rucksack, Pete?"

„Ich wandere zu Fuß durch das Land. Aber ich glaube, ich bleibe hier und suche mir einen Job."

„Klar, Mann, und wo willst du wohnen?"

„Weiß nicht, vielleicht bleibe ich an der Mobile Bay. Weißt du da was, wo ich für ein paar Monate unterkriechen kann?"

„Das wird schwer sein, für eine so kurze Zeit was zu finden. Ich

264

bin durchs Land getrampt und habe Musik gemacht, für Geld. Viele Leute haben mir weitergeholfen. Du weißt, was ich meine?"

Ich nickte.

„Ich wohne drei Straßen von hier. Wenn du bei mir und meiner Freundin für eine Weile bleiben willst, bist du willkommen."

„Großartig!" Ich ging mit ihm in die Stanton Avenue, wo er wohnte.

Nach zwei Ruhetagen begann ich zu überlegen, was für ein Job am interessantesten sein würde. Ich ging spazieren, um nachzudenken, und schlenderte dabei durch die Old Shell Road, die auch von diesen königlichen Eichen beschattet wurde. Da beschloß ich, Arzt zu werden.

Am Donnerstag bekam ich den Job von der Stadtverwaltung und die Anweisung, einen Schutzhelm zu tragen. Unsere Patienten waren sehr alt, meistens über 100 Jahre, und wir eilten von einem zum anderen, um sie zu behandeln. Unsere modernst ausgestattete Ambulanz verfügte über alles, was wir brauchten, um diesen von Arthritis gequälten Patienten zu helfen. Anstelle eines Skalpells benutzten wir bei der Operation Sägen.

Der „Doktor" dieser alten, herrlichen Bäumen zu sein, war etwas ganz Besonderes. Sie zu schneiden und zu stutzen, war ungefähr so, als operiere man eine berühmte Persönlichkeit, denn die Leute kamen von überall her und paßten genau auf, daß ihre geliebten Eichen auch fachmännisch behandelt wurden. Die Menschen rannten aus ihren Häusern, hielten ihre Autos an oder unterbrachen ihre Arbeit, um bei den chirurgischen Eingriffen zuzuschauen.

Meine Mannschaft bestand aus lauter jungen Burschen, die die alten, herrlichen Bäume liebevoll und fachmännisch pflegten. Unser Chefarzt hieß Bossman. Die anderen Ärzte waren Dog Boy, Indian, Brother Dale, Big Boy und ich. Mich nannten sie Feet. Wir hatten alle unsere bezeichnenden Spitznamen.

Mit jeder Operation, die unsere Mannschaft durchführte, wuchs meine Zuneigung zu dieser Stadt. Sie versetzte mich in eine Stimmung, in der ich dauernd hätte singen und jubilieren können. Bis dahin hatte ich geglaubt, alle Städte Amerikas seien dazu verdammt, überfüllte Beton-Dschungel zu sein. Aber Mobile ließ mich hoffen und gab mir den Glauben an die Städte zurück.

Das Operationsteam von Mobile

Die Erweckung

Mein Leben in Mobile wurde allmählich zur Routine. Es war am 21. März 1975, einem Freitagnachmittag. Die Arbeit war für diese Woche getan, und ich hatte meinen ersten Barscheck in der Tasche. Auf dem Heimweg kehrte ich in einem kleinen Restaurant ein und gönnte mir ein frühes Abendessen. Da der junge Bursche hinter der Theke um diese Zeit noch wenig zu tun hatte, kamen wir ins Gespräch. Er hieß Hal. Nachdem wir uns etwa eine Stunde unterhalten hatten, lud er mich zu einer Party in sein Appartement ein. Hal versprach, daß ein paar lustige Mädchen und genug „Stoff" da sein würden. Er kündigte mir eine Party an, „auf der so alles geht".

Ich hatte schon lange keine jungen Leute mehr getroffen, deshalb stimmte ich zu. Als Baumdoktor war ich ein richtiger Stechuhrentyp geworden. Jetzt wollte ich mich wieder einmal austoben. Zum erstenmal seit Coopers Tod hatte ich Lust zu tanzen und zu feiern. Zu Hause nahm ich eine erfrischende Dusche und durchwühlte meinen Rucksack nach einigermaßen anständiger Kleidung. Ich konnte nur eine saubere Trainingsbluse und Jeans finden. Na gut, sie würden es schon tun.

Ich hängte mir meine Kamera um den Hals und machte mich auf den Weg ins Stadtzentrum zu Hals wilder Party. Ich war richtig in Laune, die ganze Nacht durchzumachen, ja das ganze Wochenende. Von der Spring Hill Avenue wechselte ich hinüber auf den Government Boulevard. Es war ungefähr 19.30 Uhr, und weil ich nicht der erste auf der Party sein wollte, trödelte ich noch ein bißchen herum und sah mir das abendliche Leben von Mobile an. Als ich so dahinschlenderte, fiel mir ein schwarzweißes Reklameplakat hoch über den Eichen und Häusern auf. Das

267

Gesicht des Mannes starrte mich an. Auf dem Plakat wurde eine religiöse Veranstaltung, ein „christlicher Kreuzzug" in der Stadthalle angekündigt. Ich stellte mir ein Zelt, Sägemehl, uninteressierte Leute und schreiende Prediger vor. Warum mietet jemand für eine solche Sache eine Plakatwand? Fünf Straßen weiter erblickte ich das gleiche Reklameschild noch einmal. Diesmal blieb ich stehen und las den ganzen Text. Er machte mich neugierig. Diese „Erweckung", diese christliche Mission, fand heute abend statt, und dabei trat ein Evangelist namens James Robinson auf.

Jetzt wurde es aber höchste Zeit, zu meiner wilden Party zu kommen. Ich ging an einer großen Kirche vorbei, und nun leuchtete mir diese Reklametafel zum drittenmal entgegen. Da schoß mir ein Gedanke durch den Kopf: Ich besuche diese Veranstaltung und mache ein paar Fotos. Partys hatte ich ja eigentlich schon genug erlebt, und sie waren immer gleich gewesen.

Ich drehte mich um und ging zum Auditorium. Ich hatte das Gefühl, als riefe mich jemand, wie es bei Homer gewesen war und bei meinem Traum von meiner schwarzen Familie. Allmählich begann ich, diesen Intuitionen Aufmerksamkeit zu schenken.

Meine Erwartungen waren ziemlich unklar. Über solche Veranstaltungen wußte ich wenig, hatte aber natürlich schon von diesen „Kreuzzügen", die die Menschen wieder zum Christentum führen sollen, gehört. Ich hielt nach dem erwarteten Zelt Ausschau, sah aber nur das Auditorium, eine gewaltige Kuppelhalle.

An der Cedar Street waren die Parkplätze mit Hunderten von Autos belegt. Die meisten sahen neu aus oder zumindest frisch gewaschen und poliert. Diese Autos waren doch sicher nicht wegen dieses Revivals, dieser Erweckungs-Veranstaltung, hier. In der Stadthalle mußte ein Rockkonzert stattfinden, dachte ich.

Ich konnte kein Zelt finden, also ging ich rund herum um die große Kuppelhalle. Nirgendwo ein Zelt. Vielleicht hatte ich die Ankündigung auf dem Plakat falsch verstanden. Auf jeden Fall wollte ich in das Auditorium hineingehen, um zu sehen, was dort drin los war. Als ich näher kam, hörte ich Gesang. Und dann sah ich zu meiner großen Verblüffung, daß der riesige Konzertsaal bis auf den letzten Platz gefüllt war. Ein großer Chor sang eine Hymne. Meiner Schätzung nach waren da mindestens zehntausend Menschen versammelt, und ich fragte mich, ob ich überhaupt noch einen Sitzplatz finden würde.

Zwischen den vordersten Stuhlreihen und der erhöhten Bühne war ein etwa 30 Meter breiter freier Raum. Ich atmete tief durch, nahm meinen ganzen Mut zusammen und setzte mich auf den Boden unterhalb der Bühne. So konnte ich gute Bilder machen und war außerdem noch mittendrin im Geschehen.

Nachdem sich der Chor gesetzt hatte, trat ein Mann in einem teuren braunen Anzug ans Mikrofon und begann zu singen. Seine Stimme war so klar wie Bergluft und so beruhigend wie der Arm einer Mutter. Da ich im Blickfeld der Besucher saß, versteckte ich mich hinter meiner Kamera. Hinter dem Sänger saßen einige Geistliche und starrten mich an, als ich auf dem Boden herumkroch. Ich war so darauf versessen, gefühlsgeladene Szenen auf meinen Film zu bannen, daß ich gar nicht mehr darüber nachdachte, warum ich hier war und nicht auf meiner wilden Party. Immer wieder betätigte ich den Auslöser der Kamera.

Nach dem Sänger erschien eine Frau in einem langen, fließenden Gewand und sang ebenfalls. Ihr Haar glänzte und leuchtete wie ihr Gesicht. Ich saß mit gekreuzten Beinen auf dem Boden und schob immer wieder mein langes Haar aus dem Gesicht, um unbehindert fotografieren zu können.

Ein großer Mann sprang von seinem Sitz am hinteren Ende der Bühne auf und stürmte zum Mikrofon wie der Verteidiger einer

Footballmannschaft. Dieser riesige Texaner sah aus, als würde er gleich ein paar Leute tüchtig durchschütteln. Er hatte eine abgenutzte Bibel in der Hand und begann sofort mit seiner Botschaft. Bereits nach seinen ersten Worten trat völlige Stille ein.

„Ich werde euch nicht lange aufhalten, aber ich will euch heute von Gott erzählen. Ich bringe euch gute Nachrichten. Eure Aufmerksamkeit kann euer ganzes weiteres Leben und euer ewiges Leben bestimmen." Vor den zehntausend Zuhörern legte James Robinson nun eine so lange Pause ein, daß sich dieser Gedanke festsetzen konnte. Ich glaubte ja nicht wirklich an diesen Unsinn über das ewige Leben, aber ich war jetzt doch mehr interessiert, als ich zugeben wollte.

Man spürte förmlich die Aufmerksamkeit der Zuhörer, als James Robinson dann rief: „Ich will euch zu der Erkenntnis bringen, daß Reue und Buße notwendig sind, um Gott zu erkennen. Reue und Buße, das sind vergessene Wörter im heutigen Amerika, aber ich vergesse sie nicht, denn sie stehen in der Bibel. Ihr könnt Baptisten sein und doch in die Hölle verbannt werden. Im Zuchthaus von Huntsville in Texas haben sie eine Zählung durchgeführt. Und 72 Prozent der Insassen waren Baptisten."

Gelächter brach die Spannung. Er rief laut: „Es kümmert mich nicht, ob ihr Methodisten seid oder Katholiken oder Presbyterianer. Es kümmert mich nicht, ob du ein Pastor bist oder ein Professor. Was du bist, mein Freund, kümmert mich nicht. Deine Errettung wird nicht allein schon dadurch garantiert, daß du einer Kiche angehörst."

Das meiste, was er über Gott erkennen, über büßen und über die Errettung sagte, verstand ich nicht ganz. Aber ich spürte, daß hier etwas Echtes und etwas Wahres passierte.

Verwirrt und doch alles ganz bewußt wahrnehmend, blieb ich auf dem Boden sitzen, eingesperrt zwischen den 10 000 Men-

Der Evangelist James Robinson

Der Evangelist zieht auch die Kinder in seinen Bann

schen und dem Prediger. Meine Kamera baumelte nun an meinem Hals, sie verbarg mich nicht mehr vor den Augen des Predigers.

„Ich will, daß du weißt, daß die meisten Entscheidungen, Mitglied in einer Kirche zu werden, nicht anders fallen als die, einem Club beizutreten. Aber diese Art von Mitgliedschaft hält die Leute davon ab, Gott zu erkennen. Nur Mitglied einer Kirche zu sein, rettet dich nicht und ändert dein Leben nicht. Du kannst aufhören zu trinken, Rauschgift zu nehmen, zu stehlen, du kannst mit allem aufhören und einer Kirche beitreten, und doch wirst du keine Reue empfinden. Du kannst ein guter Mensch werden und doch Gott nicht erreichen. Wenn du dich deines Lebens ohne Gott erfreust, hast du niemals bereut und bist niemals von Gott geboren worden."

James Robinson schwieg und trat dann weiter nach vorne. Er zeigte auf die Zuhörer, aber es sah so aus, als zeige er direkt auf mich. Schweißtropfen standen auf seinem geröteten Gesicht und schienen vor meinen Augen durch die Hitze seiner Predigt zu verdampfen. Er beugte sich nieder, ein paar Zentimeter vom Ende der Bühne entfernt.

„Wenn ich euch heute abend frage, ob ihr Christen seid, dann werden viele von euch sagen, sie gehören einer Kirche an." Er kreischte beinahe: „Zu einer Kirche zu gehören, macht euch genausowenig zu Christen, wie euch der Lions-Club zu Löwen macht!"

Seine Worte wurden durchdringend: „Vom Tag eurer Geburt an habt ihr nur das getan, was ihr wolltet und seid Rebellen gegen Gott gewesen. Wenn ihr Gott wirklich erkennen und erleben wollt, dann müßt ihr diese Rebellion bereuen, diese Rebellion, die die Bibel Sünde nennt."

Wie ein Bohrer mit einer Diamantspitze durchbrach diese Botschaft die harten Wände meiner Persönlichkeit. Aus keinem logischen Grund fühlte ich mich innerlich zerrissener als bei Coopers Tod. Irgend etwas starb in mir, dort auf diesem leeren Boden. Mein Leben glitt an mir vorüber.

James Robinson erhob seine Stimme zu voller Lautstärke: „Religion ist nicht die Antwort. Die Antwort heißt Erlösung! Erlösung heißt, daß du dein Leben Jesus Christus anvertraust und an ihn glaubst. Aber Jesus ist kein Freifahrtschein in den

Himmel. Wenn du dich zu ihm bekennst, dann mußt du glauben, daß er Gottes einziger Sohn ist, den Gott zu den Menschen schickte, damit er für ihre Sünden starb."

James Robinson wischte sich den Schweiß von der Stirn und ging auf der Bühne hin und her. Er räusperte sich, als ob er uns sagen wollte, daß er uns noch mehr einhämmern wolle.

„Ich erinnere mich an einen Evangelisten, der eines Nachts zu einem Mann unter den Zuhörern ging. Dieser Mann sah ihn ganz finster und mißbilligend an. Der Evangelist legte dem Mann die Hand auf die Schulter und fragte ihn, ob er Christ werden wolle. Der Mann knurrte den Evangelisten an: ‚Ich bin Diakon in dieser Kirche!' Und der Evangelist sagte: ‚Das sollte Sie doch nicht davon abhalten.'"

Die meisten Zuhörer lachten. James Robinson sprach weiter: „Es ist möglich, Diakon zu sein, Kirchenvorsteher, Kirchendiener, Lehrer in der Sonntagsschule oder sein ganzes Leben lang in die Kirche zu gehen – und den Herrn doch nicht zu kennen."

Ich war immer noch voller Zweifel und Zynismus. Manches an dieser Szene machte mich nervös und war mir unbehaglich. Doch plötzlich begannen mir Tränen über das Gesicht zu rinnen. Eine weiche Hand löste etwas aus meinem Inneren heraus, etwas, was ich behalten wollte.

Der Texaner mit seiner biblischen Botschaft sprach respektvoll von all denen, die genauso wie ich tief bewegt waren. Seine Stimme war jetzt weich und beruhigend.

„Menschen aus allen Lebensbereichen haben schon ihr Leben Jesus Christus verschrieben. Heute abend werde ich viele von euch bitten, nach vorne zu kommen und zu bekennen, daß sie ihr Leben Ihm widmen wollen. Ich muß euch darum bitten, denn die Bibel sagt, man muß Jesus Christus vor den Menschen bekennen, wenn man Ihn vor dem Vater bekennen will. Ich möchte, daß jeder von euch nun seinen Kopf senkt, jeder Kopf beugt sich, alle Augen sind geschlossen. Ich will, daß ihr andächtig zuhört."

Ganz ruhig wurde es an diesem Ort mit seinen vielen tausend Männern, Frauen und Kindern. Eine ehrfurchtsvolle Stille legte sich über alle. Ich beugte meinen Kopf und versuchte die Fassung zu bewahren.

„Ich möchte euch eine Frage stellen, und ich will, daß ihr mir die Wahrheit sagt. Seid ehrlich zu Gott, seid ehrlich zu euch selbst. Meine Frage lautet nicht: Bist du religiös? Sie lautet nicht: Gehörst du einer Kirche an?"

Es trat eine lange Pause ein. Das war meine erste Erweckung, und jetzt war der Prediger dabei, „die" Frage zu stellen. Ich war ja eigentlich ablehnend und obendrein nur ein Beobachter, also warum sollte ich mich darum sorgen, was für eine Frage er stellen würde? Und dann hatte ich doch Angst vor dieser abschließenden Frage, die James Robinson nun aussprechen würde. Verzweifelt versuchte ich, klar zu denken, und dabei fühlte ich, daß ich mich nicht mehr unter Kontrolle hatte, daß ich hilflos war.

Dann wurde die Frage ausgesprochen: "Hast du jemals deine Sünde bereut und dein Leben Jesus Christus geweiht? Bist du gerettet?"

Ich war dabei zu sterben. Das Licht leuchtete in die verstecktesten Ecken meines Wesens. Gott schaute in meine Seele.

Als die Frage mit einem mächtigen Echo verhallte, gestand ich zum erstenmal in meinem Leben ein, daß ich Gott brauchte. Das mußte der Gott sein, nach dem ich gesucht hatte. Das mußte der Gott sein, den sie in Murphy in der Mount-Zion-Kirche verehrt hatten. Der Evangelist schwieg lange Zeit voller Ehrfurcht.

Dann sagte er: „Ihr alle, die ihr vortreten und Jesus Christus als euren Retter anerkennen wollt, bitte, hebt eure Hände."

Ich kümmerte mich nicht darum, was die anderen taten. Ich war bereit. Ich streckte meine Hand zum Himmel empor.

Der Prediger bat dann alle, die ihre Arme erhoben hatten,

vorzutreten, Jesus Christus vor den Menschen zu bekennen und öffentlich zu beten. Obwohl ich meine Hand hinauf zu Gott erhoben hatte, war ein öffentliches Gebet doch etwas ganz anderes. Mein Verstand kämpfte dagegen an. Aber dann stand ich auf, widerstrebend, aber ich erhob mich. Ich war demütig vor Gott, vor den Menschen und vor mir selbst.

Ich stand ganz vorne, und die Menschen strömten herbei. Wie eine verlorene Herde, die endlich Wasser gefunden hatte. Sie kamen zu Hunderten. Neben mir stand ein wunderschönes Mädchen und weinte. Vor mir kniete ein weißhaariges Paar in ganz teurer Kleidung. Links von mir wartete ein vierschrötiger Ölarbeiter mit schmutzigen Fingernägeln. Und da war ein junger Basketballspieler, der die Jacke seiner Universitätsmannschaft trug. Alle, die sich vor der Bühne versammelt hatten, die nun ein Altar war, schienen Gott nahe zu sein.

Ich war ruhig und besonnen, als James Robinson uns aufforderte, ihm ein Gebet nachzusprechen. Ich hörte mich sagen: „Heiliger Jesus, ich möchte das Geschenk des ewigen Lebens. Ich bin ein Sünder und habe nur immer mir selbst vertraut. Ich widerrufe mein Vertrauen in mich selbst und richte meine Hoffnung und mein Vertrauen nur auf dich. Ich erkenne dich als meinen Retter an. Ich glaube, daß du für meine Sünden gestorben bist, und ich möchte, daß du in mein Leben trittst und mich rettest. Ich möchte, daß du der Führer meines Lebens bist, mein Gott. Hilf mir, daß ich meinen Weg verlasse und dir folge. Ich bin es nicht wert, aber ich danke dir, Gott, daß du mich gerettet hast. Amen."

Wir beendeten unser Gebet, und meine nächste Erfahrung war nicht von dieser Welt. Ich fühlte, wie etwas mit mir vorging, wie aus dem alten Peter Jenkins ein neuer wurde. Es schien viel zu simpel zu sein. Aber ich fühlte mich klarer, reiner, ganz anders als jemals in meinem Leben. Es war, als ob ich mein früheres Leben abgestreift hätte. Irgend etwas hatte mich völlig verändert.

Es war dunkel in der Innenstadt von Mobile, als ich heimging. Ich spürte das Lächeln auf meinem Gesicht und den Glanz des Himmels um mich herum. Meine Seele war eine zitternde Kompaßnadel gewesen, aber nun zeigte sie genau nach Norden. Ich hatte die Richtung meines Lebens gefunden. Der salzige Wind streichelte mich, und ich merkte, daß Gott wie der Wind war. Ich konnte ihn überall fühlen.

Nun wußte ich, was die Menschen damit meinten, wenn sie von der *Amazing Grace* sangen.

Am Golf von Mexiko

Ich verließ das geliebte Mobile mit dem Gebet, eines Tages wieder hierher zurückkommen zu dürfen. Es war Anfang April und schon so heiß, daß der Asphalt schmolz. Es dauerte nur noch drei oder vier Wandertage bis zur Küste von Mississippi. War es denn möglich, daß ich schon so nahe am Golf war? Bald war ich an dem südlichsten Zipfel meiner Wanderung angelangt.

Am Vormittag des nächsten Tages war ich dann im Bundesstaat Mississippi. Ich brauchte mehrere Tage, um die grünen Städtchen Moss Point, Pascagoula, Gautier und Ocean Springs zu durchwandern. Sie lagen alle nahe am Golf, aber nicht nahe genug. Das salzige Wasser lockte mich. Eineinhalb Jahre lang hatte ich immer an den Ozean gedacht, und nun war ich so nahe, daß ich das Salz in der Luft schmecken konnte. Nichts hätte mich aufhalten können.

In Biloxi lagen Strand und Golf parallel zur Straße. Ich war so begeistert, daß ich um die Welt hätte wandern, vielleicht sogar schweben können. In dieser Nacht schlug ich mein Zelt nur ein paar Schritte von den ruhigen Wellen entfernt auf, die mir dauernd einen lobenden Klaps zu geben schienen, weil ich es so weit geschafft hatte. Als ich früh am Morgen erwachte, lag dichter Nebel über dem Golf und hielt sich bis in den späten Vormittag.

Die gepflegten Sandstrände zogen sich so weit hin, wie der Blick reichte und fast bis hinein nach Louisiana. Dorthin führte mein weiterer Weg, immer am Golf entlang, durch Städte wie Pass Christian oder Bay St. Louis, die von Hurrikanen heimge-

Nach eineinhalb Jahren Fußmarsch endlich am Golf

sucht worden wären. Aber wer kümmert sich schon um Hurri-
kane, wenn er in verzauberten und verträumten Dörfern am
Ozean leben darf.

Fast 1900 Meilen hatte ich mit meinen Füßen bezwungen.
Jetzt barfuß durch die Brandung zu gehen, das war fast wie im
Himmel. Nur wenn ich einen Hund sah, der einem Ball
nachjagte, wie es Cooper einst getan hatte, und mich dann die
Erinnerungen überwältigten, war es die Hölle. Vor mir, die
Küste hinunter, lag New Orleans. Dort hoffte ich eine Weile
leben und Arbeit finden zu können. Ich mußte auch meinen
Artikel für die *National Geographic* schreiben. Dann wollte ich
noch zwei oder drei Jahre weiterwandern und arbeiten, um den
Pazifischen Ozean, das endgültige Ziel meines langen Marsches,
zu erreichen, der 1973 in Alfred begonnen hatte.

Der erste Teil meiner langen Wanderung war nun fast vorbei.
Ich war losgegangen mit einem Gefühl der Bitterkeit über mein
Land. Aber mit jedem Schritt war ich eines Besseren belehrt
worden. Amerika und seine Menschen hatten mich eingefangen
auf tausend phantastische Arten.

Vom ersten Tage meiner Suche an hatte ich ein Leben voller
Extreme gelebt. Ich hatte in den Bergen der Smokies gehungert
und mich im Süden vollgestopft. Ich hatte mir die Füße in West
Virginia fast erfroren und in Alabama das Gehirn verbrannt. Ich
hatte äußere und innere Räume mit einem Einsiedler in den
Bergen geteilt und war von einer liebevollen schwarzen Familie
Albino genannt worden. Ich wäre in einer Schutzhütte beinahe
gestorben und hatte auf einer Alabama-Ranch einen Pferdestall
ausgemistet. Ich hatte meinen unvergeßlichen Freund Cooper
geliebt und ihn für immer verloren. Ein namenloser Mann hatte
mich in Virginias Bergen mit fünf roten Äpfeln aufgerichtet, und
ich war von einem mutigen und großzügigen Gouverneur
namens George freundschaftlich empfangen worden. Ich hatte
mich in einer Sägemühle in North Carolina abgeschuftet und in

einem Haus in Montgomery ein bequemes Leben geführt. Ich hatte in einer Kommune in Tennessee gearbeitet und hatte in Mobile gelernt zu beten.

Ich war losgezogen auf der Suche nach mir selbst und nach meinem Land und hatte beides gefunden. Ich hatte Gott gesehen und ihn anerkannt. Aber soviel ich auch erlebt hatte, da wartete noch mehr auf mich. Begonnen hatte alles mit einem Gefühl von Düsternis und Verzweiflung. Nun war ich wieder voller Spannung und Vorfreude auf neue Entdeckungen.

Infos

Wandern

Es heißt, daß Amerikaner nicht zu Fuß gehen, wenn es sich irgendwie vermeiden läßt. Das mag stimmen, aber es ist etwas ganz anderes, wenn sie mit dem Rucksack zu Fuß unterwegs sind. Dann ist man nämlich „ein Hiker". (Das Verb *to hike* bedeutet im Amerikanischen die Tätigkeit, die wir im Deutschen als wandern bezeichnen würden. Der Rucksack heißt *backpack*, und *backcountry* sind die Gebiete, in denen der Hiker unterwegs ist, denn für Autos sind sie nicht erreichbar oder zugänglich.)

Als Hiker ist man völlig „in" im gesundheits- und fitnessbesessenen Amerika. So gibt es Tausende regionaler Wanderclubs, die in ihren Wandergebieten Wanderwege anlegen und pflegen, Hütten unterhalten, Karten herausgeben und geführte Wanderungen organisieren.

Anders als in Europa, wo fast überall gewandert wird, beschränkt sich in den USA das Wandern fast ausschließlich auf die vielen National- und Staatsparks. Das liegt zum einen an der so weitläufigen Landschaft, in der man oft tagelang wandern kann, ohne daß die Landschaft sich sehr verändert, zum anderen gibt es fast keine Fußwege, die durch privates Land führen. Der Wanderer ist deshalb auf die Straßen angewiesen (was auch in diesem Buch deutlich wird).

Die National- und Staatsparks

sind dagegen ganz auf Wanderer eingestellt. Allerdings muß man sich hier an einige Regeln halten:
– Zuerst bei der Parkverwaltung *(park headquarters)* eine Genehmigung einholen.
– Die markierten Wege nicht verlassen.

– Zelten und Feuermachen nur an den dafür vorgesehenen Stellen.
– Keinerlei Dreck und Zerstörung hinterlassen (aber das ist ja wohl überall eine Selbstverständlichkeit).

Bei der Planung einer Wanderung in einem National- oder Staatspark sollte man außerdem folgendes beachten:

– In der Hauptwanderzeit zwischen Mai und September sind viele der schönsten Parks regelrecht überlaufen. Man sollte sich also rechtzeitig um eine Genehmigung bemühen, da diese manchmal nur in beschränktem Ausmaß erteilt werden. Oder besser noch, man sieht sich gleich nach einem weniger gefragten Ziel um, wenn man dem Massentourismus entgehen will. Das gleiche gilt auch für schöne Wochenenden im Sommer oder an den Feiertagen.
– Wanderungen von Hütte zu Hütte, wie in europäischen Wandergebieten oft üblich, sind nur sehr selten möglich. Es gibt zwar auch einzelne bewirtschaftete Hütten oder auch unbewirtschaftete Übernachtungsmöglichkeiten, die dann auf den Wanderkarten eingezeichnet sind und die auch den Infos der regionalen Wanderclubs zu entnehmen sind, aber am sichersten ist es, wenn man ein Zelt mitnimmt.
– Die Parks sind meist wirkliche Wildnis, d.h. kein landwirtschaftlich erschlossenes Land, eben *backcountry*. Das bedeutet, daß man oft tagelang nicht an einem Laden oder Restaurant vorbeikommt und deshalb Proviant im Rucksack mitnehmen muß. Dafür gut geeignete Trockennahrung kann man allerdings in jedem Sportgeschäft in großer Auswahl bekommen. Geschmack und Geldbeutel sind kaum Grenzen gesetzt. Als Faustregel beim Planen und Einkaufen gilt etwa ein halbes Pfund Trockennahrung pro Tag und Person. Bei längeren Touren ist es manchmal empfehlenswert, ein Paket mit Trockennahrung postlagernd *(general delivery)* an das Postamt eines kleinen Ortes zu schicken, durch den die Wanderung führt.

Beschreibung einiger Nationalparks in den Appalachen

Allegheny National Forest. Ein recht hübscher Park, jedoch keine richtige Wildnis, da es viele Straßen und kleine Städte gibt. Ein Besuch dort ist aber ein schönes Erlebnis für den Wanderer, der einen der ältesten Bundesstaaten Amerikas sehen will.

Shenandoah National Park. Der *Appalachian Trail* führt durch diesen Park und ist häufig überlaufen, aber es gibt auch zahlreiche kleinere Wanderwege durch Laubwälder und Hügellandschaft.

Great Smoky Mountains National Park. In diesem wunderschönen Park gibt es 16 Berge, die alle fast 2000 m hoch sind. Hier muß man zu jeder Jahreszeit auf Regen eingestellt sein. Deshalb findet man hier auch eine besonders üppige Vegetation (über 14 000 Arten blühender Pflanzen!).

Chattahoochee National Forest. Dieser Park ist der südliche Eckpunkt des *Appalachian Trail.* Auch hier regnet es das ganze Jahr über, aber trotzdem ist er zum Wandern in jeder Jahreszeit gut geeignet.

Kisatchie National Forest. Die Anziehungskraft dieses Parks liegt in dem warmen Klima im Winter und der üppigen Flora und Fauna begründet. Zwischen Februar und April blühen die Blumen am schönsten, auch das Wetter ist in dieser Zeit zum Wandern recht angenehm.

Fernwanderwege

Außer den Wanderwegen in den Parks gibt es noch einige Fernwanderwege (zusammen etwa 10 000 Kilometer lang). Der älteste, längste und bekannteste ist der

Appalachian Trail, der z. T. durch die Gegenden führt, die im vorliegenden Reisebericht beschrieben werden.

Laurel Highlands Hiking Trail. Er ist nur 110 km lang, dafür aber einer der schönsten Wanderwege in dieser Gegend. Das gilt besonders im Herbst, wenn der Wald bunt gefärbt ist. Auf diesem Wanderweg gibt es viele Schutzhütten.

Tuscarora Trail. Dieser 168 km lange Wanderweg verläuft durch die Staaten Pennsylvania und Maryland und kreuzt andere große Wanderwege in diesem Gebiet.

Chesapeake und Ohio-Kanal. Dieser Weg (297 km lang) führt an einem stillgelegten Kanal entlang. Dieser ständig ebene Weg mit seinen vielen kleinen Schutzhütten ist wohl im Frühjahr am schönsten.

Reisezeiten

Für die im vorliegenden Reisebericht beschriebenen Gegenden sind ganz verschiedene Reisezeiten empfehlenswert:

In *New England* (das sind die Bundesstaaten Maine, Vermont, New Hampshire, Massachusetts, Rhode Island und Connecticut) ist das Wetter sehr veränderlich und kann schnell von einem Extrem ins andere umschlagen. Obwohl die Berge im Sommer fast schneefrei sind, ist ein gelegentliches Schneegestöber im Juli nichts Ungewöhnliches. Die meisten tödlichen Unfälle bei Wanderern in diesem Gebiet sind auf Erfrieren zurückzuführen. Das geschieht häufig gerade im Sommer, wenn man morgens in kurzen Hosen und T-Shirt losgeht und nachmittags in einen Schneesturm gerät. (Überhaupt sollte man ab 2000 m Höhe das Wetter sehr ernst nehmen. Das gilt besonders auch für Gewitter in dieser Höhe.) Die schönsten Jahreszeiten zum Wandern sind der Spätsommer und der Herbst. Es gibt nur noch wenige Insekten, und die Tage sind meistens klar, die Temperaturen mäßig bis frisch. Am wenigsten eignen sich März und April zum Wandern, weil Regen und Schneeschmelze die Wege häufig in Schlamm verwandeln.

Südliche Appalachen (Pennsylvania, Virginia, Carolina, Tennessee, Georgia). In diesen Staaten kann man den ganzen Winter über wandern, ohne mit sonderlich viel Schnee rechnen zu müssen, jedoch ist das Frühjahr sicherlich die beste Zeit. Es gibt hier nicht so viele lästige Insekten wie weiter nördlich, deshalb ist auch das späte Frühjahr bis zum Frühsommer sehr gut zum Wandern. Die Sommermonate sind im allgemeinen heiß und schwül, während der Herbst das ideale Wetter bringt und die Wälder in den buntesten Farben leuchten.

Alabama, Mississippi, Louisiana. Hier ist es im Sommer für Wanderungen zu heiß. Im Winter dagegen oder im frühen Frühjahr (bis März) kann man hier gut wandern.

Zum Schluß ein Tip für die Planung: Wer eine größere Wandertour genau planen will, muß erst die Gegend, seine Kondition und die Ausrüstung kennenlernen. Also vom Schreibtisch aus nur das Notwendigste organisieren und sich an Ort und Stelle nach den Gegebenheiten richten!

REISEN, MENSCHEN, ABENTEUER

Die neue Taschenbuchreihe SIERRA bei Frederking & Thaler will über die äußeren und inneren Reisen berichten, sie will unterhalten und informieren, Verständnis für Fremdes wecken, die Schönheiten und Wunder unserer Welt aufzeigen, aber auch vor der Zerstörung des Lebensraumes warnen.

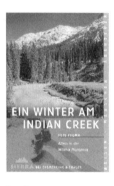  

Pete Fromm
Ein Winter am Indian Creek
Allein in der Wildnis Montanas
277 Seiten, 19 s/w-Fotos, 1 Karte
ISBN 3-89405-073-X

Burkhard Schäck
Die Panamericana auf dem Motorrad
Von Alaska bis Feuerland
240 Seiten, 39 s/w-Fotos, 2 Karten
ISBN 3-89405-075-6

Bill Irwin, David McCasland
Dunkle Nacht am hellen Tag
Ein Blinder auf dem Appalachian Trail
204 Seiten,
8 s/w-Fotos, 2 Karten
ISBN 3-89405-099-3

REISEN, MENSCHEN, ABENTEUER

Werner Kirsten
Westcoast-Story
Auf dem Pazifik-Highway
nach Süden
208 Seiten, 44 s/w-Fotos
ISBN 3-89405-082-9

 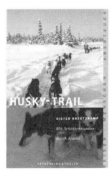 

Konrad Gallei
Gaby Hermsdorf
Blockhaus-Leben
Ein Jahr in der Wildnis von
Kanada
221 Seiten, 32 s/w-Fotos,
2 Karten
ISBN 3-89405-014-4

Dieter Kreutzkamp
Husky-Trail
Mit Schlittenhunden
durch Alaska
248 Seiten, 52 s/w-Fotos,
4 Karten
ISBN 3-89405-080-2

Jonathan Waterman
**Kajak-Abenteuer
Baja California**
800 Meilen durch das
mexikanische Meer
208 S., 24 s/w-Fotos,
1 Karte
ISBN 3-89405-076-4